铸牢大学生
中华民族共同体意识

黄　昕 等◎著

北京联合出版公司
Beijing United Publishing Co.,Ltd.

图书在版编目（CIP）数据

铸牢大学生中华民族共同体意识 / 黄昕等著 .
北京 : 北京联合出版公司 , 2025. 1. -- ISBN 978-7
-5596-8110-2

Ⅰ . C955.2-49

中国国家版本馆 CIP 数据核字第 2024S5Z077 号

铸牢大学生中华民族共同体意识

作　　者：黄　昕等
出 品 人：赵红仕
责任编辑：李艳芬
版式设计：豆安国
责任编审：赵　娜

北京联合出版公司出版
（北京市西城区德外大街 83 号楼 9 层　100088）
北京华景时代文化传媒有限公司发行
河北鹏润印刷有限公司　　新华书店经销
字数 292 千字　　710 毫米 × 1000 毫米　　1/16　　19 印张
2025 年 1 月第 1 版　　2025 年 1 月第 1 次印刷
ISBN 978-7-5596-8110-2
定价：59.80 元

前　言

　　从深远的历史文化传统来看，中华民族认为宇宙起源于一个整体，天道与人道是整合贯通、互相交融的。因此，从中华民族的视角出发，每个人都是社会中的一个圆点，推而广之，一个家族、一个国家、全人类都分别是一个整体。习近平总书记指出："中华民族历来讲求'天下一家'，主张民胞物与、协和万邦、天下大同，憧憬'大道之行，天下为公'的美好世界。"① "天下一家，中国一人"的说法始见于《礼记》。在传统社会里，你只要了解一个中国人，就能懂得所有中国人。以一家喻天下，以一人喻中国，正是"中华民族一家亲"的原初意义，从而使得中华民族成为一个包含语言文化、地域文化、经济文化、生态文化、心理文化等一体化的共同体。

　　在处理人与人之间的关系上，中国人大多以儒家的"仁"为基本规范。"仁者，人也。""仁"就是做人的道理，即人与人之间的相处之道。出自《孟子·离娄下》的"仁者爱人"，"爱人"是"仁"的起点，也是"仁"的过程。孔子主张"泛爱众"，其核心是强调平等的观念，即要广泛地、无差别地爱众人。《说文解字》还有"仁从千心"的说法，意即仁爱之人心里装着成千上万的人。也就是说，越是仁爱之人，心里装的人越多，格局也就越大。中国是个大国，又是一个多民族国家，56个民族中有55个少数民族，14亿多人口中

---

① 习近平：《携手建设更加美好的世界——在中国共产党与世界政党高层对话会上的主旨讲话》，《人民日报》2017年12月2日。

1

少数民族人口约占 1.2 亿，因此携手同心、融合发展的多元一体格局已成为广大人民的共识。中华民族共同体的稳定发展，需要人人成为有大格局之人。

中国自古就是一个统一的多民族国家。有人对民族关系作过形象的描述：四川麻辣烫"烫"到边疆，兰州拉面馆"开"进城乡，新疆羊肉串"串"遍全国。各美其美、美美与共的文化包容拓宽了各族人民的和乐空间，呈现出手足相亲、政通人和、近悦远来的生动局面。汉族离不开少数民族，少数民族离不开汉族，各少数民族之间也相互离不开。这既是民族团结进步的要求，也是各族群众联系日益紧密的客观现实。

世界是相互联系的一个整体，各个国家、民族的前途命运彼此联系、互相交融，形成了人类命运共同体。文化是一个民族的魂魄，文化认同是民族团结的根脉。中华民族历来讲信修睦、以和为贵、与人为善，希望天下太平，强调亲睦邻里、兼爱有礼，强调助邻为乐、博施济众，强调文化包容、宽厚互谅。习近平总书记指出，"世界好，中国才能好；中国好，世界才更好"。"建设一个什么样的世界、如何建设这个世界"是人类文化永恒的主题。

"信言不美，美言不信"，"讷于言而敏于行"，"社会主义是干出来的，新时代是奋斗出来的"。中华民族历来崇尚实干，反对空谈。当前，世界之变、时代之变、历史之变正以前所未有的方式展开，中华民族以不可阻挡之势走向伟大复兴。我们正在走着前人从来没有走过的前景无比光明的道路，正在干着前人从来没有干过的极其光荣伟大的事业。我们比以往任何时候都更加需要科学理论指导和强大精神支撑，比以往任何时候都更加需要依靠学习走向未来的坚定和执着。

习近平总书记指出："铸牢中华民族共同体意识、推进新时代党的民族工作高质量发展，是全党全国各族人民的共同任务。""把铸牢中华民族共同体意识作为新时代党的民族工作和民族地区各项工作的主线，是我们党坚持'两个结合'、着眼'两个大局'，深刻总结国内外民族工作经验教训，深刻洞察中华民族共同体发展趋势，取得的重大理论和实践成果。"①回望中华

---

① 习近平：《铸牢中华民族共同体意识 推进新时代党的民族工作高质量发展》，《求是》2024年第3期。

民族共同体形成和发展的历程，正是各民族几千年的交往交流交融、折冲磨合碰撞，为"中华民族"这一概念的形成提供了深厚的历史底蕴和人文滋养。事实充分说明，对中华民族的形成和发展起决定作用的是对中华民族共同体的认同。"党的十八大以来，我们党强调中华民族大家庭、中华民族共同体、铸牢中华民族共同体意识、推进中华民族共同体建设等理念，鲜明提出把铸牢中华民族共同体意识作为新时代党的民族工作的主线、作为民族地区各项工作的主线，进一步拓展中国特色解决民族问题的正确道路，形成了党关于加强和改进民族工作的重要思想，开辟了马克思主义民族理论中国化时代化新境界，党的民族工作取得新的历史性成就。"[①] 新时代新征程，只有把习近平新时代中国特色社会主义思想转化为内化于心、自律于身、笃实于行的实际成效，才能推进中华民族共同体意识教育走得稳、走得好，才能把世界建设得更加美好。

钱穆说："我可以告诉诸位，只有中国文化，最坚强，最持久。""只要我们对民族国家有信心，自会有出路，有前途，自会有一个努力的方向。"张楚廷说："想别人没想过的思路，做别人没有做过的事情，说别人没有说过的话语——这就是我梦想中的大学。"谁来想？谁来做？谁来说？当然主要是人民教师。想别人没有想过的，做别人没有做过的，说别人没有说过的，这就是我们的追求和向往。我们正在试着想，试着做，试着说，并努力在教书育人的实践中着力推动中华民族共同体意识入脑入心。

大学阶段是青年大学生的世界观、人生观、价值观形成的重要时期，也是树立国家观、历史观、民族观、文化观的重要阶段。高校肩负培养德智体美劳全面发展的社会主义建设者和接班人的重要任务，要真正做到为党育人、为国育才，就要将铸牢中华民族共同体意识教育纳入高校教育体系，引导大学生牢固树立休戚与共、荣辱与共、生死与共、命运与共的共同体理念，做铸牢中华民族共同体意识的践行者、促进者、守护者。

本书第一至四章为总论部分。第一章回顾历史，坚定中华民族共同体的

[①] 习近平:《铸牢中华民族共同体意识 推进新时代党的民族工作高质量发展》,《求是》2024年第3期。

历史自信；第二章总结新时代十年铸牢中华民族共同体意识的伟大成就与工作经验；第三章贯彻习近平新时代中国特色社会主义思想，明确新时代新征程铸牢大学生中华民族共同体意识的根本遵循，坚定历史自信，增强历史主动；第四章展望未来，明确新时代新征程铸牢大学生中华民族共同体意识的重大意义与主要任务；第五至九章为分论部分，分别从大学生民族经济教育、民族法治教育、民族文化教育、民族音乐教育、民族体育教育五大方面着力构建铸牢大学生中华民族共同体意识的新发展格局；第十章为湖南实践，着重介绍湖南创建铸牢大学生中华民族共同体意识的宣传教育体系、开展丰富多彩的活动、实施少数民族学生帮扶工程等方面的主要成绩与工作经验。

本书内容涵盖铸牢大学生中华民族共同体意识的十大方面，既有新锐的前沿理论和教学实践，又有传统大学精神的坚守。文章的作者都是一线教师和教学管理人员，既有成熟稳重的教授，也有初出茅庐的年轻博士，目的是展现我们教学活动和教育思想的原生态。

本书与其说是关于铸牢大学生中华民族共同体意识的思想集锦，不如说是一种实践和相关思考的探索，一种探寻日常教学甚或是教育生活的期待。我们深深地知道，要达到这种期待还任重道远，但我们毕竟出发了。

黄　昕

2024年10月6日

目 录

第一章

中华民族共同体的形成与发展

中国共产党第二十次全国代表大会，是在全党全国各族人民迈上全面建设社会主义现代化国家新征程、向第二个百年奋斗目标进军的关键时刻召开的一次十分重要的大会。习近平总书记在这次大会上指出，要"动员全体中华儿女围绕实现中华民族伟大复兴中国梦一起来想、一起来干……形成共同致力民族复兴的强大力量"[①]。铸牢中华民族共同体意识，是实现中华民族伟大复兴的必然要求，对于维护国家统一和民族团结，凝聚海内外中华儿女的力量，实现中华民族伟大复兴具有重要意义。

我国自古以来就是统一的多民族国家，中华民族的多元一体格局是在漫漫历史长河中逐渐形成和发展起来的。历史和现实充分表明，中华民族是一个命运共同体，一荣俱荣、一损俱损；民族团结是我国各族人民的生命线，各民族共同团结进步、共同繁荣发展是中华民族的生命所在、力量所在、希望所在。

第一节　"中华民族"概念的起源

中国作为多个民族组成的多民族国家，多个民族生活在共同的疆域中，民族实体在历史的长河中早就已经形成，但"中华民族"这个家喻户晓的称谓，则是在近代以来才开始出现的，泛指长期居住、劳动和繁衍在中国境内

---

① 习近平：《高举中国特色社会主义伟大旗帜 为全面建设社会主义现代化国家而团结奋斗——在中国共产党第二十次全国代表大会上的报告》，人民出版社2022年版，第39—40页。

的所有民族。

一、"民族"一词的由来

关于"民族"一词的由来，时下有这样三种流行的说法：

一是"民族"一词来源于欧洲。古希腊的史学家希罗多德在其著作《历史》中，有两百多处使用了"民族"一词。[①]"民族"一词对应的英文是nation或ethnic group。nation除了可以译为民族以外，也常常译为国家，意在强调共同的血统、历史、文化、语言、地域，在早期的欧洲社会，形成了一个国家就是一个民族的思想认识。而ethnic group则常常泛指种族、族群。这与我们现代汉语中的"民族"含义有着明显的差别。

二是"民族"一词来源于日本。1840年，西方列强使用坚船利炮强行暴力打开了古老的中国大门，中国面临着国家危亡的关键时刻，国内涌起了救亡图存的热潮，当时国内先进的思想家也被迫去重新思考许多问题。梁启超是我国近代著名的思想家、政治家，戊戌变法失败后，他曾流亡日本，日本当时十分渴望能够效仿德国迅速崛起的模式，从而引入了近代民族国家的概念，使"民族"一词在当时的日语中得到普及。于是，梁启超回国后，率先将"民族"一词引入中国思想界。1899年，梁启超在《东籍月旦》中介绍日本历史时，多次使用了"东方民族""民族之变迁"等词，成为近代中国赋予"民族"一词比较科学意义的第一人。[②]

三是"民族"一词在中国古代就开始使用。唐代李筌所著的《太白阴经》中，就曾提出："过此以往非，神不足以见天地之心，非心不足以知胜败之术。夫心术者，尊三皇、成五帝。贤人得之，以伯四海、王九州；智人得之，以守封疆、挫勍敌；愚人得之，以倾宗社、灭民族。"后又有学者研究发现，"民族"二字在更早时期就有提出。南朝梁时期萧子显的著作《南齐书·高逸传》，就有"今诸华士女，民族弗革"。这些史料强有力地表明，

---

① 参见胡腾：《铸牢南疆高校大学生中华民族共同体意识研究》，喀什大学硕士论文，2019年。
② 参见卢义：《民族概念的理论探讨》，《云南民族大学学报（哲学社会科学版）》2006年第4期。

"民族"一词并非外来词,虽然其与近代以来"民族"一词的含义有所不同,但已具备了血缘、地域和文化等方面的属性。

二、"中华民族"概念的提出

(一)梁启超首次提出"中华民族"概念

1902年,作为改良派代表人物的梁启超在《论中国学术思想变迁之大势》中率先提出了"中华民族"一词。"齐,海国也。上古时代,我中华民族之有海思想者厥惟齐。故于其间,产出两种观念焉:一曰国家观,二曰世界观。"[①]由此我们可以看出,梁启超此时所指的"中华民族"仍然是华夏族,也就是汉民族,它的内涵与如今我们国人心中的"中华民族"是有差异的。但由于当时我们国内的民族关系十分复杂,为了顺应当时社会,使全体国人团结起来,梁启超认为,汉民族还是我国的主体民族,但要将满、蒙、回、藏等民族融合进入汉民族,并紧密联系在一起,从而形成强大的中华民族。

1905年,梁启超发表著名文章《历史上中国民族之观察》。在这篇文章中,梁启超从历史演变的角度分析了中华民族的由来,并以事实进行论证,证明先秦时华夏族之外的各个民族,在经过历史的洗礼后,最终大都融入了华夏族。从而证明"中华民族自始本非一族,实由多民族混合而成"。这种表述便表明了,此时的梁启超尽管仍旧将"中华民族"作为汉民族的代名词,但显然,汉民族已经不再是一个单一民族,而是由多民族"混合而成",是由多个民族融入后形成的。

(二)杨度为"中华民族"注入文化内涵

在同一时期,作为改良派的重要人物之一的杨度也曾两度赴日本留学,著有《金铁主义说》。杨度在文中谈及清朝政治状况时,就已经明确表达了自己所理解的"中华民族"。《金铁主义说》中的原文为:"中国自古有一文化较高、人数较多之民族在其国中,自命其国曰中国,自命其民族曰中

---

① 梁启超:《论中国学术思想变迁之大势》,《饮冰室合集(文集之七)》,中华书局1989年版。

华。"这就表示国家与国家的差别在于地域，而民族与民族的差别则在于文化。中华民族不受地域限制，也不受血脉限制，而是因文化而区分的。

将"中华民族"以文化来作为界定，是杨度为"中华民族"注入的文化内涵。在杨度看来，"汉为刘家天子时代之朝号，而非其民族固有之名也"，所以，简单地将"中华民族"理解为汉民族，十分不准确，如果要给我国的主要民族一个总的称呼，那应该用一个区别于我国国名"中国"的称呼，那就是"中华"。很显然，这样的认识，是在中华文化视野下定义中华民族。我们回顾历史，其实杨度这样的认识也不是开创之举，清朝的著名学人纳兰性德就已经在他的词《长相思》中表达过。"山一程，水一程，身向榆关那畔行，夜深千帐灯。风一更，雪一更，聒碎乡心梦不成，故园无此声。"

首次提出"中华民族"概念的学者为梁启超，而且梁启超也明确表达了他认知的中华民族其实就是汉民族。后来杨度在梁启超的基础上引入了文化的因素，以中国历史文化为基再度对"中华民族"这一概念进行概括。

三、"中华民族"成为国家官方称谓

1894年11月，兴中会成立。兴中会为孙中山筹备创建，也是当时中国的第一个革命团体。孙中山在为兴中会起草的章程中，提出"本会之设，专为联络中外有志华人，讲求富强之学，以振兴中华"，并第一次提出了"振兴中华"的口号，表达了孙中山心中以挽救国家危亡为己任的使命感，而"振兴中华"也成为无数海内外中华儿女的最大愿望和最大梦想，同时也成为无数仁人志士的历史使命。

1912年1月5日，作为南京临时政府大总统的孙中山，向世界各国发布《对外宣言书》。《对外宣言书》提到"中华民族"的句子为"吾中华民族和平守法，根于天性，非出于自卫之不得已，决不肯轻启战争"[1]。而这也是首次以政府文件的形式来肯定"中华民族"的存在并向全世界进行宣告。从此，在国家官方话语中便开始频繁使用"中华民族"的称谓。

"中华民族"称谓的出现，反映了在当时那个特殊的历史时期，我国人

---

[1] 《孙中山全集》第二卷，中华书局1982年版，第8页。

民对建立一个各民族都认可的统一国家的迫切追求。我国著名人类学家费孝通就曾经提出过这样的重要论断:"中华民族作为一个自觉的民族实体,是近百年来中国和西方列强对抗中出现的,但作为一个自在的民族实体则是在几千年的历史过程中所形成的。"[①]论断的提出,得到了学界的公认与赞同。"自在"和"自觉",看似相差不大,其实不然。客观存在的实体为"自在",也就是中华民族中的各个子民族在中华民族几千年的历史中是客观存在的,而且在历史发展的长河中各个子民族之间也在不断地加强内在联系,但彼此之间还缺乏一些自觉的认识,特别是缺乏对彼此是一个整体的认识,缺乏对彼此之间是一个共同的利益体的认同。而彼此之间的共同体认识和认知即为"自觉",中华民族中的各个子民族都能够有彼此是共同体的强烈认识,同时"中华民族"这个称谓或符号也是各个子民族对彼此之间的共同认知,彼此之间的一体性得到认同。所以,今天的中华民族之所以能够以全新的面貌屹立于世界民族之林,离不开各学者、思想家、政治家对国家以及民族理论的思考和分析。

第二节 "中华民族共同体"的理论发展

中华民族共同体是指以中国地域为主要区域,形成的具有中华民族历史文化联系、稳定经济活动特征和心理素质的民族综合体。

多民族是我国的一大特色,从费孝通"自在"和"自觉"的论断中可以清晰看出,中华民族是在中国历史进程中形成了中华民族共同体,而在近代中国人民反侵略的斗争中觉醒,形成了中华民族共同体意识。对"共同体"进行深刻的理解,有利于我们准确把握"中华民族共同体"的内涵。

---

① 费孝通:《中华民族的多元一体格局:民族学文选》,生活·读书·新知三联书店2021年版,第364页。

一、"共同体"的定义

"共同体"是德国社会学家斐迪南·滕尼斯在《共同体与社会》中提到的经典概念。在《共同体与社会》中,斐迪南·滕尼斯用母权社会向父权社会过渡的历史展现了"共同体"的最初关系形态。他认为,一个家庭里母子之间的关系其实就呈现了人类意志完美统一的原型,母亲孕育孩子,就直接地体现了身体本能的结合,是共同体最自然的存在。但这一纯粹的自然关系还是要让位于由精神或者心灵主导的父子关系。简单的家庭关系同样也是遵循着从自然到心灵的脉络,继而衍生出更多更复杂的共同体关系。比如说以家族、宗族和部落为主的血缘共同体的关系,以乡村、社区为主的地域共同体的关系,以及以行会、协会、联盟为主的精神共同体的关系等。①

简要地讲,共同体就是建立在传统习俗、共同记忆的基础之上的一个综合体,对有机整体的内外都能产生现实作用。

二、"中华民族共同体"的提出

"中华民族共同体"其实在20世纪60年代就已经提出。1962年,考古学家夏鼐在他的著作《新中国的考古学》中就提出了"中华民族共同体",这是首次提出"中华民族共同体"的概念。在夏鼐的《新中国的考古学》中,涉及"中华民族共同体"的原文是这样的——"现今全国的少数民族还很多,他们虽和汉族不同,但各兄弟民族的祖先在悠久的历史过程中,与汉族的祖先建立起日益紧密的联系,今日大家一起构成了中华民族共同体。各兄弟民族的形成和发展过程的文字史料,大多是残缺不全的,这便需要考古资料来补充"②。但在当时"中华民族共同体"的提出并没有引起足够的关注,国内的学术界也并没有过多地去探讨,并且在后来较长的一段时间内,都没有学者对"中华民族共同体"的概念再次进行界定和释义。

而关于"中华民族共同体"这个概念开始得到官方关注和学界的重视,

---

① 参见王孟山:《马克思、恩格斯公有制理论研究》,《全国商情·经济理论研究》2009年第17期。
② 夏鼐:《新中国的考古学》,《考古》1962年第9期。

是在 2011 年由两岸和平发展论坛主办的"面对两岸关系和平发展新局,当前青年世代的展望与出路"研讨会上提出了"中华民族共同体的凝聚,是推动两岸关系进一步走向和解与国家统一不可少的工作"的主张。①

三、"中华民族共同体"的理论发展

中华民族是一个经历了几千年风雨后形成的血脉相通的共同体,中华民族共同体是在历史发展的进程中形成的。近代以来,中华民族共同体意识在反对西方列强侵略斗争的过程中逐渐觉醒,并完成从"自在"到"自觉"的转变。

(一)关于"中华民族本为一体"的理论探讨

1935 年华北事变后,顾颉刚、傅斯年等人提出了"中华民族本为一体"的概念。1939 年,顾颉刚在《中华民族是一个》一文中明确提出:"我们从今以后要绝对郑重使用'民族'二字,我们对内没有什么民族之分,对外只有一个中华民族。"顾颉刚认为,以现代的政治观念来看,在中国只存在一个"中华民族"。同一时期的学者傅斯年也曾表达过类似的观点:"汉族一名,在今日亦已失其逻辑性,不如用汉人一名词。若必言族,则皆是中华民族耳。"②

而在当时,国内学者们对顾颉刚等人所提出的"中华民族一体论"的认识是褒贬不一的。赞同者认为,首先,"中华民族一体论"这种观点能够对近现代中华民族国家民族观念的建构起到较强的促进作用,同时也丰富和发展了近现代中华民族思想体系。其次,"中华民族一体论"这种观点是从中华民族整体性的角度,从历史学出发,对中华民族一体格局的合理性进行了论证,为后来费孝通的"中华民族多元一体格局"理论的提出提供了有益的思想资源,具有较高的学术价值。1943 年,蒋介石发表的《中国之命

---

① 参见曹威伟、刘新春:《新中国 70 年来中国共产党"民族复兴"话语的演进》,《理论导刊》2019 年第 12 期。
② 参见马戎:《如何认识"民族"和"中华民族"——回顾 1939 年关于"中华民族是一个"的讨论》,《中南民族大学学报(人文社会科学版)》2012 年第 5 期。

运》，主张"中华民族是多数宗族融合而成的"，认为汉、满、蒙、回、藏五族并不能称为"民族"，只能将其理解成"民族"之下的层级，也就是"宗族"，这与顾颉刚一派理论也有所呼应。[①]但是也有批评和反驳者的声音。费孝通就曾提出不同的意见和观点。在顾颉刚的《中华民族是一个》文章发表不久后，他就在《益世报·边疆周刊》上专门发表了一篇名为《关于民族问题的讨论》的文章，针对"中华民族是一个"的问题在文中进行了深入的分析，指出顾颉刚等学者没有必要否认中国存在拥有不同文化、语言和体制的团体，也不需要否认这些团体就是民族。面对国家分裂的局面，重要的不是否定民族的存在，而是要真正实现民族之间的平等。而后来，面对费孝通提出的问题，顾颉刚又写了一篇文章《续论"中华民族是一个"——答费孝通先生（续）》在《益世报·边疆周刊》上发表，用以文对文的方式来对费孝通提出的问题给予回答。在当时，反对顾颉刚观点的学者还有一些，比如历史学家翦伯赞也认为顾颉刚的观点否定了国内少数民族存在的意义，其错误在于过于看重民族意识甚至达到替代民族的地步。

后来，北京大学的马戎从顾、费两位学者的阅历、年龄等方面给出了他们为何会就这个问题进行争论的一个看法：关于"中华民族是否是一个"的问题，顾颉刚和费孝通等一些学者进行了相关学术争论，而这些学术争论都充斥着历史的考虑与现实的考量。顾颉刚1893年出生，到1939年时已46岁。此前，顾颉刚曾出版过著作《古史辨》，因此他在中国的史学界很有影响力。他半生的时间都扎根在历史学领域的学习研究中，非常熟悉中华民族演变的历史，对中国是一个政治实体的认识、对中华民族是统一的整体的认知根深蒂固。而费孝通出生于1910年，在1938年于伦敦大学取得了社会人类学博士学位，那时28岁的他十分年轻。费孝通是在英国学习的人类学的理论，他师从马林诺夫斯基，受到西方人类学研究思维的影响，特别注重和强调群体间差异的重要性，担心如果强调了中华民族是统一的整体，人们就会忽视人类学家所关注的文化、语言、体制上的多样性。在发表《关于民族

---

① 参见贺东航、谢伟民：《中国国家认同的历程与制约因素》，《马克思主义与现实》2012年第4期。

问题的讨论》一文时，他刚刚学成回国后不久，对中国的时势掌握还不全面。所以，基于以上几点，他的观点跟顾颉刚尚不一致，从而导致两位学者围绕着"中华民族是否是一个"的问题进行了学术争辩。但如今回望，发生在20世纪三四十年代的两个年龄阶段、两个学科背景和研究经历的学者之间的对话以及他们之间关注和研究重点的差异，同样可以给我们提供许多超越现实和具体观点的重要启示。并且，马戎还对费孝通的人生经历和学术研究方向及成果进行了深入的分析。他认为，费孝通在20世纪50年代后，基本接受了1939年顾颉刚对"中华民族"的观念、特征和发展的描述。那时的费孝通回国已久，对中华民族形成和发展的历史研究更加深入，特别是对中华民族的历史脉络以及现实情况把握更深，从而认可了"中华民族"是一个自觉的"民族实体"。[①]

其实，针对"中华民族是否是一个"这个问题的学术探讨，最关键的部分就在于对"民族"二字的理解。1993年，费孝通出席顾颉刚先生百年诞辰纪念会，在会上再次谈到了"中华民族是否是一个"的问题。他认为，顾颉刚在1939年时其实已经受到了西方民族国家理论的影响。但当时之所以形成学术争论局面的最大一个原因是，顾颉刚存在一个非常大的误区，就是他承认了中华民族就不能承认中国境内的其他民族成分。

（二）费孝通提出"中华民族多元一体格局"

费孝通在1988年就提出了"中华民族多元一体格局"的概念。"中华民族多元一体格局"的提出，表明了费孝通认可"中华民族"这样一个自在实体的客观存在，同时，也认为它的主流是由许许多多分散孤立存在的民族单位组成的。这些分散孤立存在的民族单位，经过接触、混杂、联结和融合，同时也经过了分裂和消亡，最终形成了我们现在所看到的你来我去、我来你去，我中有你、你中有我，极具个性的多元一体。[②]这样的理论探讨其实就

---

① 参见马戎：《如何认识"民族"和"中华民族"——回顾1939年关于"中华民族是一个"的讨论》，《中南民族大学学报（人文社会科学版）》2012年第5期。

② 参见郝亚明、赵俊琪：《"中华民族共同体"：话语转变视角下的理论价值与内涵探析》，《北方民族大学学报（哲学社会科学版）》2018年第3期。

是对"中华民族多元一体"非常重要的解释和表述。

现在的"中华民族"一词，常常用来代指目前中国疆域里，具有民族认同的14亿多中国人民。中华民族是一体的，其下的56个民族单位是多元的存在。56个民族与中华民族虽然都称为"民族"，但层次有所不同。中华民族作为一个自觉的民族实体，是在近代百年以来中国和西方列强对抗中出现的，但作为一个自在的民族实体，却是在几千年的历史过程中形成和发展起来的。[①]"中华民族多元一体格局"的提出，开创了将中华民族当成一个民族实体进行表述的先河。并且，用多元一体格局的理论对中华民族和各少数民族的关系进行精妙的概括，即中华民族共同体意识是各民族已经具备的高层次的民族认同意识，而56个民族对自己民族的认同为基层民族低层次的认同，高层次的民族认同也并不需要取代基层民族低层次的认同，不同层次的认同，同样可以发掘出新的民族特色。所谓"高层次"和"低层次"的认同，跟学术界所提出的"民族"和"族群"的概念类似。"民族"对应英文nation，"族群"对应英文ethnic group。在西方的学术话语体系里，这两个词可能是同一个意思，同一种表述。但是在我国，这两个词实际上的翻译是不同的。民族指的是我们有56个民族。族群是各个民族之下的、次一个层次的、民族内部的各个群体，称为ethnic group。林耀华认为人们认识和理解中国的民族和文化的有力工具就是中华民族多元一体理论，并认为实际上费孝通是在创造性地引出了一个符合客观实际的崭新理论，是认识中华民族整体结构的钥匙。[②]

"中华民族多元一体格局"的提出，在学术界引起了轩然大波，就中华民族"多元"与"一体"的关系，学者们展开了广泛的讨论。学术界的热烈讨论对研究和发展中华民族多元一体格局理论内容大有裨益，也对正确梳理和丰富我国的民族关系有重要的意义。自此，"中华民族"的内涵得到了充分印证与发展，而"多元一体论"也成了国内人类学界、民族学界、社会学

---

① 参见周丹、王相红：《习近平关于"共同体"思想的传承与创新》，《上海市社会主义学院学报》2019年第5期。

② 参见王延中、宁亚芳、章昌平等：《中华民族多元一体格局形成的经济、文化、心理因素析论》，《西南民族大学学报（人文社会科学版）》2021年第9期。

界的共识，成为社会各界理解中华民族共同体的一种理论范式。

同时，随着学术界对"多元"与"一体"的研究不断深入，中华民族统一体的基本理论框架也逐渐构成，这也是指导我们认识中国各民族以及中华民族的提纲式的理论。此后，我国还举行、进行过许多对中华民族共同体意识等重要议题的学术会议和讨论，这样的会议和讨论也多是在肯定"中华民族多元一体格局"理论的基础之上再进行展开的。

第三节　铸牢中华民族共同体意识是中华民族走向伟大复兴的思想基础

世界百年未有之大变局席卷而来，只有铸牢中华民族共同体意识，构建起维护国家统一和民族团结的坚固思想长城，才能凝聚起全面推进中华民族走向伟大复兴的磅礴伟力。

一、"铸牢中华民族共同体意识"的提出过程

中华民族共同体意识是在实践过程中不断形成和发展的。铸牢中华民族共同体意识是习近平总书记作出的重大原创性论断，从"牢固树立"到"积极培养"，再到"铸牢"中华民族共同体意识，都体现了中华民族共同体意识内涵的不断丰富和新时代我国民族工作的稳步推进。

2014年5月，习近平总书记在第二次中央新疆工作座谈会上发表重要讲话，提出"要高举各民族大团结的旗帜，在各民族中牢固树立国家意识、公民意识、中华民族共同体意识"[1]。此后，"中华民族共同体意识"便成了固定搭配，并在新时代的政治话语中出现。

2014年9月，习近平总书记在中央民族工作会议暨国务院第六次全国民

---

[1] 《习近平在第二次中央新疆工作座谈会上强调 坚持依法治疆团结稳疆长期建疆 团结各族人民建设社会主义新疆》，《人民日报》2014年5月30日。

族团结进步表彰大会上提出："加强中华民族大团结，长远和根本的是增强文化认同，建设各民族共有精神家园，积极培养中华民族共同体意识。"①再次强调了中华民族共同体意识的重要性。

2017年，党的十九大胜利召开，中国特色社会主义进入新时代，习近平总书记强调："全面贯彻党的民族政策，深化民族团结进步教育，铸牢中华民族共同体意识，加强各民族交往交流交融，促进各民族像石榴籽一样紧紧抱在一起，共同团结奋斗、共同繁荣发展。"②在党的十九大党章修正案中，"铸牢中华民族共同体意识"作为习近平新时代中国特色社会主义思想的重要内容进行了增写。从此，在政治话语中，"中华民族共同体"的概念就不断拓展，地位也逐步上升，不仅是学术界研究的热点，同时也成了新时代中国共产党民族理论的基础性概念，更是中国共产党民族工作话语体系的核心概念。

2019年，在全国民族团结进步表彰大会上，习近平总书记发表重要讲话，强调"坚持促进各民族交往交流交融，不断铸牢中华民族共同体意识"③。同年又在党的十九届四中全会上将"坚持各民族一律平等，铸牢中华民族共同体意识，实现共同团结奋斗、共同繁荣发展"总结为我国国家制度与国家治理体系的显著优势之一。

2020年，在中央第七次西藏工作座谈会、第三次中央新疆工作座谈会上，习近平总书记把"铸牢中华民族共同体意识"纳入新时代党的治藏方略、治疆方略。

2021年8月，在中央民族工作会议上，习近平总书记强调，"以铸牢中华民族共同体意识为主线……推动民族地区加快现代化建设步伐"④。

2022年10月，党的二十大胜利召开，习近平总书记在党的二十大报告中再次强调，"以铸牢中华民族共同体意识为主线……加强和改进党的民族

---

① 习近平：《论坚持人民当家作主》，中央文献出版社2021年版，第107页。
② 《习近平著作选读》第二卷，人民出版社2023年版，第33页。
③ 习近平：《在全国民族团结进步表彰大会上的讲话》，人民出版社2019年版，第3页。
④ 习近平：《论坚持人民当家作主》，中央文献出版社2021年版，第325页。

工作"①。

由此可见，铸牢中华民族共同体意识是在实践过程中不断演进而来的，也是以习近平同志为核心的党中央对民族工作作出的重要决策，是需要一以贯之的正确政治方向，必须毫不动摇地坚持。

二、铸牢中华民族共同体意识的战略地位

铸牢中华民族共同体意识是以习近平同志为核心的党中央审时度势，从国家发展全局的高度、从民族工作的实际出发所提出的重要论述。

（一）铸牢中华民族共同体意识是新时代党的民族工作的主线

在2021年的中央民族工作会议上，习近平总书记指出，回顾党的百年历程，党的民族工作取得的最大成就就是走出了一条中国特色解决民族问题的正确道路，形成了党关于加强和改进民族工作的重要思想，提出："必须以铸牢中华民族共同体意识为新时代党的民族工作的主线，推动各民族坚定对伟大祖国、中华民族、中华文化、中国共产党、中国特色社会主义的高度认同，不断推进中华民族共同体建设。"②

2022年10月，习近平总书记在党的二十大报告中再次强调："以铸牢中华民族共同体意识为主线，坚定不移走中国特色解决民族问题的正确道路……加强和改进党的民族工作，全面推进民族团结进步事业。"③

习近平总书记在庆祝中国共产党成立100周年大会上的讲话中就指出："以史为鉴、开创未来，必须加强中华儿女大团结。"④回顾我国近代史，中华民族也曾遭遇"数千年未有之变局"，国人的中华民族共同体意识在内忧外患中被唤醒，各族人民团结起来对抗外敌，中华民族共同体意识成为凝聚

---

① 习近平：《高举中国特色社会主义伟大旗帜 为全面建设社会主义现代化国家而团结奋斗——在中国共产党第二十次全国代表大会上的报告》，人民出版社2022年版，第39页。
② 习近平：《论坚持人民当家作主》，中央文献出版社2021年版，第326页。
③ 习近平：《高举中国特色社会主义伟大旗帜 为全面建设社会主义现代化国家而团结奋斗——在中国共产党第二十次全国代表大会上的报告》，人民出版社2022年版，第39—40页。
④ 习近平：《在庆祝中国共产党成立100周年大会上的讲话》，人民出版社2021年版，第18页。

国人意志的精神纽带。而当今世界格局正在飞速运转，我们正面临着世界百年未有之大变局，国际社会变幻莫测、局势不稳，我们面临的发展机遇和挑战前所未有，各族人民只有同心同德，才能够应对复杂的世界形势，抵抗分裂势力的渗透和破坏。铸牢中华民族共同体意识是新时代党的民族工作的主线，同时也是在新时代中处理民族关系、民族问题，实现民族团结的重要保证。

所谓"主线"，是对民族工作提出的新要求，要把铸牢中华民族共同体意识从头至尾贯穿于民族工作始终，是对新时代民族工作的重心和主轴的强调。同时，衡量新时代民族工作质量的评判准则也是铸牢中华民族共同体意识，对新时代民族工作的标准和尺度的强调。要紧抓主线，不断推进中华民族共同体建设。

（二）铸牢中华民族共同体意识是新时代党的民族工作的"纲"

在2021年的中央民族工作会议上，习近平总书记强调："做好新时代党的民族工作，要把铸牢中华民族共同体意识作为党的民族工作的主线。"[1]"铸牢中华民族共同体意识是新时代党的民族工作的'纲'，所有工作要向此聚焦。"[2]

"纲"指的是具有统领性、权威性的法律文件，或者是具有总揽性、全局性的国家大政方针。如党章中，就分为总纲和条文两个部分，总纲部分在整个党章中起到了概括性的作用，对党在社会主义初级阶段各个方面的要求、党的发展思路、党的目标愿景、党的建设、党对党员的要求等都在总纲中进行概括，而党章的条文部分其实就是总纲部分的具体体现。一般而言，"纲"就是最核心的部分，能够在事物发展中发挥核心和统领作用。

"纲"强调铸牢中华民族共同体意识是民族工作的重点和核心，体现了在新时代的民族工作中，要坚持中国特色解决民族问题，同时凸显了马克思主义民族理论的中国化创新发展。

---

[1]　习近平：《论坚持人民当家作主》，中央文献出版社2021年版，第327页。
[2]　习近平：《论坚持人民当家作主》，中央文献出版社2021年版，第329页。

（三）新时代民族团结进步创建工作要坚持以铸牢中华民族共同体意识为根本方向

2019年10月，中共中央办公厅、国务院办公厅印发了《关于全面深入持久开展民族团结进步创建工作铸牢中华民族共同体意识的意见》（以下简称《意见》），《意见》指出，新时代民族团结进步创建工作要坚持以铸牢中华民族共同体意识为根本方向，坚持以加强各民族交往交流交融为根本途径，坚持以"中华民族一家亲，同心共筑中国梦"为总目标，坚持依法治理民族事务促进民族团结，遵循社会团结规律，坚持正面引导，坚持齐抓共管、形成合力。

回顾历史，我们各民族共同书写了文成公主进藏、锡伯族万里戍边等历史佳话；在近代面对亡国灭种的危机时有土家三千士兵奔赴沿海抗倭等流传至今的美谈，各个民族共同培育了"天下兴亡，匹夫有责"的伟大民族精神。熟读中国历史可以发现，中华民族能够像滚雪球一样越滚越大，离不开其强大的凝聚力和兼收并蓄的包容力。我们在大步迈向新时代的今天，要想实现中华民族伟大复兴的梦想，各个民族能够共同繁荣发展，更需要将铸牢中华民族共同体意识作为努力的根本方向。

三、铸牢中华民族共同体意识的重大意义

在2021年的中央民族工作会议上，习近平总书记站在党和国家事业发展的高度对铸牢中华民族共同体意识的重大意义作出了新的全面阐述，提出了四个必然要求。①

（一）铸牢中华民族共同体意识是维护各民族根本利益的必然要求

我国各民族在一起历经各种苦难，生死与共。不论是国家危亡之际，还是遭受外部封锁之时，抑或改革开放时期，党领导全国各族人民，奋力抗争夺取全国政权，独立自主发展国民经济，建设中国特色社会主义。各族人民安定富足的生活，在中华民族共同体强大的经济实力以及和谐稳定的社会环

---

① 参见习近平：《论坚持人民当家作主》，中央文献出版社2021年版，第327—328页。

境基础上得以实现，这一实际利益惠及各族人民。铸牢中华民族共同体意识，就是让各族人民在实践中体会到国家统一和民族团结的重要性，守好这一坚固的思想长城，借此团结之力不断实现共同的美好愿景。没有这一理念的支撑，各族人民的意愿与行动难以聚合统一，甚至会背道而驰，最终会伤及各民族的共同利益。

（二）铸牢中华民族共同体意识是实现中华民族伟大复兴的必然要求

党在百年历程中经历无数风雨逐渐发展壮大，正在带领各族人民改变命运、克服困难、创造辉煌。在实现中华民族伟大复兴的前行路上，国际格局日益变幻，世界形势更为复杂。中华民族想要在众多大国中站稳脚跟，需要各族人民共同维护国家主权、安全、发展利益。

从国际上看，当今来自世界各方的挑战仍然严峻。从国内来看，国内社会主要矛盾也逐渐显露。我们想要更好地应对民族工作中的风险隐患，需要各族人民坚持党的领导，在党的领导和带领下，各族人民一道努力，共同致力于维护国家完全统一和社会和平稳定。铸牢中华民族共同体意识，就是面对挑战不胆怯，让同呼吸、共命运、心连心的各族人民，坚定思想的引领与奋斗的目标，在实现中国式现代化的道路上，共同抵御风险挑战，在实现全面发展的过程中，相互给予精神动力。

（三）铸牢中华民族共同体意识是巩固和发展平等团结互助和谐社会主义民族关系的必然要求

对于世界而言，中华民族大家庭中的任一成员都代表着中国形象，面对同胞，进步或退步都会互相影响牵连。各族人民同悲同喜、休戚与共、共生共荣、荣辱与共，像石榴籽那样紧紧抱在一起。各民族既同享五千多年中华文明的润泽，也同受近代以来艰难困苦的压迫。各族人民应深刻认识到巩固民族关系的重要性，必须将自身发展建立在中华民族发展基础之上，必须增强和坚持平等互利的意识，巩固和发展社会主义民族关系，使中华民族长久续存和蓬勃发展。铸牢中华民族共同体意识能够保障各族人民平等的权利和切身利益，能够增强各民族发展进步的信心与动力，能够增进各民族的团结和国家的统一，各民族在铸牢中华民族共同体意识的指引之下，能够在彼此交往互动中互帮互助增进感情，营造更加和谐愉快的共处氛围，保持国家长治久安。

（四）铸牢中华民族共同体意识是党的民族工作开创新局面的必然要求

为了顺应时代的发展，我们党和国家也基于各民族发展阶段与状况，不断改进工作方法，完善党的民族理论与政策，在原有经验上调整过时的方向、坚持正确的方向，朝着增进共同体的道路努力，使新时代的民族工作既符合国情实际，又契合时代要求。时代在进步，人也在发展，我们在不断追求美好物质生活的同时，不能忘记补充精神食粮。各族人民正是在共同奋斗的艰苦岁月中，从自发到自觉，从被动到主动，不断在共同抵御外敌、共同谋求解放、共同开拓创新的过程中凝聚共识，中华民族共同体的内在有机性，在这一过程中被持续培植，不断加强凝聚。党要开创民族工作新局面，就要将中华民族共同体意识的作用发挥到最大，并熔铸成巨大的核心力量，使中华民族成为铜墙铁壁一样的共同体，能够无坚不摧。

第四节　铸牢中华民族共同体意识的实践要求

习近平总书记在党的二十大报告中明确提出："以铸牢中华民族共同体意识为主线，坚定不移走中国特色解决民族问题的正确道路……加强和改进党的民族工作，全面推进民族团结进步事业。"[1]这是新时代民族工作必须坚持的指导思想和总方针。习近平总书记的重要讲话精神，为教育引导全国各族人民铸牢中华民族共同体意识指明了前进方向，提供了行动指南，明确了实践要求。

---

[1]　习近平：《高举中国特色社会主义伟大旗帜 为全面建设社会主义现代化国家而团结奋斗——在中国共产党第二十次全国代表大会上的报告》，人民出版社2022年版，第39—40页。

一、强化政治保障：加强和完善党的全面领导

在2021年的中央民族工作会议上，习近平总书记就明确指出："加强和完善党的全面领导，是做好新时代党的民族工作的根本政治保证。"①党政军民学，东西南北中，党是领导一切的。忆昔抚今，正是在党的坚强领导下，各民族和谐交往、互帮互助，关系日益紧密，形成了空前的大团结局面。民族地区告别过去的落后穷困，走向兴旺昌盛，整体面貌发生巨变。历史和实践充分证明，只有中国共产党才能聚拢各民族、发展各民族、振兴各民族，带领人民赓续创造新的伟绩与胜利。

（一）贯彻和落实习近平新时代中国特色社会主义思想

习近平新时代中国特色社会主义思想中所蕴含的民族复兴理论、民族团结思想和民族工作指导方针等，为新时代解决民族问题指明了正确方向，为铸牢中华民族共同体意识提供了政治保障和思想指引。习近平新时代中国特色社会主义思想能够有力地应对民族分裂思想和宗教极端主义思潮，从主流和正面的角度看待民族关系，理解民族团结的光明面。要使我们党和国家的民族理论以及民族政策能够有力实施，必须解决这种思想层面上的问题。

要求从民族关系的主流和民族团结的光明面看待民族关系，是应对民族分裂主义思想、宗教极端主义思潮的有力武器。解决了思想上的问题，才能够保障党的民族理论和民族政策更加有效地执行实施。党章明确规定，习近平新时代中国特色社会主义思想是全党全国人民为实现中华民族伟大复兴而奋斗的行动指南，必须长期坚持并不断发展。

（二）坚持和完善民族区域自治制度，维护国家统一和民族团结

要想正向、积极解决民族问题，必须制定制度保障。而所制定的制度保障也必须确保与国家法律法规的方向一致，确保党中央的政令畅通，确保各民族地区、各族人民能够公平、平等地享有生存和发展的权益。民族区域自治制度就是能够维护国家统一、保障民族团结的重要制度。

---

① 习近平：《论坚持人民当家作主》，中央文献出版社2021年版，第330页。

1947年5月，中国共产党领导建立了我国第一个少数民族自治区——内蒙古自治区。新中国成立以后，又相继建立了新疆维吾尔自治区、广西壮族自治区、宁夏回族自治区、西藏自治区。当前，我国已经建立了5个少数民族自治区、30个少数民族自治州、120个少数民族自治县（旗）等民族自治地方，这些民族自治地方，都是我们民族区域自治制度的具体表现。在坚持和完善民族区域自治制度的过程中，需要坚持做到"两个结合"：

一是要坚持统一和自治相结合。所谓区域自治，并不是绝对的自治，而是在宪法规定的范围之内坚持社会主义道路、坚持国家统一、坚持在中国共产党领导之下的区域自治。

二是要坚持民族因素和区域因素相结合的自治。所谓民族自治，就是自主地管理本民族事务。民族事务包括：语言文字与风俗习惯、宗教信仰、民族干部和专业人才、民族教育和民族文化、名胜古迹、民族医药等。自治地方可以在这些领域立法，制定民族自治立法的一些单行条例。例如，西藏自治区，就在婚姻制度方面制定了变通条例，将《民法典》第五编的婚姻家庭规定的男女法定结婚年龄（男22周岁，女20周岁）分别降低2岁，男年满20周岁、女年满18周岁就可以结婚。并且，废除一夫多妻制和一妻多夫制等封建婚姻制度，但对执行本条例前已经形成的一夫多妻和一妻多夫制的婚姻关系，凡不主动提出解除婚姻关系者，准予维持。除此之外，西藏自治区还在执行全国性法定假日的基础上，将"藏历新年""雪顿节""贡布新年"等西藏传统节日列入西藏自治区法定节假日。在我们将民族自治和区域自治相结合的时候，同样需要做到两点：一是不能超越某个区域之外，二是要兼顾各民族的要求和利益。民族区域自治，指的是在某个区域内实行"以自治的少数民族为主、兼顾各民族要求和利益的自治"，不能错误地认为是某个民族的自治。

（三）培养和利用好民族地区干部，加强各民族干部队伍建设

一是把加强干部的政治建设摆在首位。从1990年起，中央组织部、中央统战部和国家民委三个部门，联合开展了西部地区和其他少数民族地区挂职锻炼干部培训班，以培训的方式对干部进行思想、政治和业务方面的充

实。除培训以外，还开展挂职锻炼活动，将少数民族、西部地区的干部打乱派分到国家、地方机关以及国有企业进行挂职锻炼。到目前为止，参加培训和挂职的少数民族、西部地区的干部已经超过1万名，这实际上就是我们国家培养民族干部的一个举措。

二是明确提出了民族地区好干部的标准。2014年9月，中央民族工作会议基于好干部的"二十字"标准进一步提出了民族地区好干部的"三个特别"标准："明辨大是大非的立场特别清醒、维护民族团结的行动特别坚定、热爱各族群众的感情特别真诚。"[1]这是党中央第一次明确提出判断民族地区好干部的标准，在政治立场、行动能力和感情作风三个方面为民族地区的干部队伍建设提出了要求。在2021年8月召开的中央民族工作会议上，习近平总书记再一次指出："要坚持新时代好干部标准，努力建设一支维护党的集中统一领导态度特别坚决、明辨大是大非立场特别清醒、铸牢中华民族共同体意识行动特别坚定、热爱各族群众感情特别真挚的民族地区干部队伍，确保各级领导权掌握在忠诚干净担当的干部手中。"[2]

从"三个特别"到"四个特别"的变化，使得好干部的标准在空间和维度上有了丰富和发展，除了立场、行动和感情以外，还增加了"态度"作为新的标准。并且从"民族团结"到"铸牢中华民族共同体"的行动特别坚定的变化，凸显了新时代我们党和国家民族工作的主线。

三是加强民族政策的理论教育。在领导中国革命、建设和改革的过程中，中国共产党做到了"两个结合"，成功地走出了一条中国特色解决民族问题的正确道路。为促进少数民族政治、经济、文化等各项事业的全面发展，中国共产党始终坚持党的民族理论的指导地位，大力发展少数民族地区经济和文化事业、培养少数民族干部、发展少数民族地区科教文卫等事业、使用和发展少数民族文字、尊重少数民族风俗习惯、尊重保护少数民族宗教信仰自由。坚持民族平等团结、民族区域自治。

---

① 习近平：《论坚持人民当家作主》，中央文献出版社2021年版，第108页。
② 习近平：《论坚持人民当家作主》，中央文献出版社2021年版，第331页。

二、铸牢经济基础：扎实推进民族地区的共同富裕

党的二十大报告指出，中国式现代化是全体人民共同富裕的现代化，实现全体人民共同富裕是中国式现代化的本质要求之一。[①]所以，要实现我们的中心任务，实现中华民族伟大复兴，必须坚定不移地走共同富裕的中国式现代化道路。

我们要牢牢把握铸牢中华民族共同体意识这条主线，将各族人民群众的根本利益作为经济发展的出发点和落脚点，以生态文明顶层设计来推动经济发展。具体而言，应在以下3个方面下功夫：

（一）将各族人民群众的根本利益作为经济发展的出发点和落脚点

要满足人民群众对美好生活的向往，让各族人民群众过上好日子是中国共产党一直以来的奋斗目标，驱动着我们党和人民把民族地区的社会经济发展作为民族工作的头等大事，将各族人民群众的根本利益作为经济发展的出发点和落脚点，投入大量的人力物力并以优惠政策支持民族地区的脱贫攻坚工作和乡村振兴工作。

在中央支持下，民族地区将不断缩小与东部地区在公共服务、基础设施通达程度等方面的差距。《中共中央 国务院关于新时代推进西部大开发形成新格局的指导意见》明确提出，加强横贯东西、纵贯南北的运输通道建设，拓展区域开发轴线。强化资源能源开发地干线通道规划建设。进一步提高农村、边远地区信息网络覆盖水平。作为民生的重要方面，教育和医疗的投入也需要不断增加。要加快民族地区义务教育学校标准化建设和寄宿制学校建设，办好中等职业教育和高等教育。同时，加快改善医疗卫生条件，加强基层医疗卫生人才队伍建设。2013年，习近平总书记在湖南省湘西土家族苗族自治州考察时，首次提出了"精准扶贫"的理念，走出了一条社会经济可持续发展道路，共同创造了中国特色减贫模式。

[①] 参见习近平：《高举中国特色社会主义伟大旗帜 为全面建设社会主义现代化国家而团结奋斗——在中国共产党第二十次全国代表大会上的报告》，人民出版社2022年版，第22—24页。

（二）以"一带一路"为契机促使民族边疆地区的区位劣势转化为区位优势

"一带一路"倡议是以习近平同志为核心的党中央立足于现实国情和世情所提出的统筹国内国际两个发展大局的"中国方案"。[1]

"一带一路"倡议的实施，使得原来国内经济发展的"边缘"地区变为国内国际经济交流的链接中心。"一带一路"倡议的实施，使得边疆地区获得了巨大的发展机会，地区之间也发生了资源的转化，充分发挥了边疆地区的区位优势，给民族交流带来了经济基础，也给中华民族共同体的建设夯实了物质基础。[2]

（三）以生态文明顶层设计来推动民族地区特色经济发展

党的十九届五中全会立足资源环境承载能力构建国土空间开发保护新格局，将全国划分为"城市化地区、农产品主产区、生态功能区三大空间格局"。[3]发展是解决民族地区各种问题的总钥匙。民族地区不能简单地追求国民生产总值的增长率，可以立足独特的旅游资源、文化资源以及环境资源优势，将这些资源优势转化为经济效益，使得民族地区的群众的满足感、获得感和幸福感得到进一步的提升。

共同富裕不仅是经济问题，而且是关系党的执政基础的重大政治问题。习近平总书记指出："共同富裕是社会主义的本质要求，是人民群众的共同期盼。"[4]

三、构建心态秩序：建设各族人民共有精神家园

费孝通曾经说过这个社会"需要一个所有人均能遂生乐业、发扬人生价

---

[1]　参见戚玲玲：《马克思世界历史理论语境中的"一带一路"倡议研究》，内蒙古大学博士论文，2022年。

[2]　参见阎瑞雪、魏众：《百年来中国共产党领导下的共同富裕理论与实践》，《财贸研究》2022年第12期。

[3]　参见《中国共产党第十九届中央委员会第五次全体会议文件汇编》，人民出版社2020年版，第45页。

[4]　中共中央党史和文献研究院编：《习近平关于尊重和保障人权论述摘编》，中央文献出版社2021年版，第57页。

值的心态秩序"[①]，构建心态秩序其实和我们铸牢中华民族共同体意识有着一样的目标，那就是建设各族人民共有的精神家园，使各族人民能够像石榴籽那样紧紧抱在一起，使各族人民能够在思想上达成统一，心往一处想，劲往一处使。建设各民族共有的精神家园，是中国共产党在新时代构建民族心态秩序的实际办法。

（一）将社会主义核心价值观融入中华文化观的教育中

纵观历史，中华文化在我国五千多年的文明进程中发挥着巨大的作用，形成无与伦比强大的合力，这种合力使得中华民族能够突破任何困境、任何泥沼。回顾这漫长的历史，中华文化其实是各族群众"共性"的投射。可以说，中华文化是一种自我认识，也是一种集体认识，中华民族的民族自信、民族特性彰显其中，是今天我们构建心态秩序、建设各民族共有精神家园的基础。

我们党一直致力于对中华文化的培育。各民族共有的精神家园能够凝练各民族共享的文化符号，能够为中华民族伟大复兴提供强大的精神动力。例如，在2023年的央视春节联欢晚会上，我们看到中华文化韵味十足，不仅在道具、服装、音乐、舞美中呈现了许多中华文化的元素，而且在表演人员的选择上，无论是主持人还是演员，都有不同民族的成员参与，各个民族的交往交流交融在春晚的舞台上展现得淋漓尽致，这是我们中华民族多元一体的具体展现。

（二）深入开展民族团结进步创建工作，加强中华民族共同体意识教育

早在20世纪50年代，我国的民族团结进步创建工作就已经开始萌芽，新中国成立初期，民族识别和民族调查工作就已在全国范围内开展。无论人口多少、所在地域大小、社会发展水平高低、历史发展的长短，只要具备单一民族的认定标准，就在政治上将其认定为某一少数民族，使得少数民族都

---

① 转引自王俊秀：《社会心态理论前沿（社会心理建设丛书）》，社会科学文献出版社2018年版，第187页。

能够在政治上享受国家的平等待遇，真正做到了民族平等。

20世纪60年代初，"三千孤儿入内蒙古"的新闻被传为民族团结的佳话。后来，1988年第一次召开全国民族团结进步表彰大会。随之我们便经常开展"民族团结进步活动"。此后，每隔5年，我国便召开一次全国民族团结进步表彰大会，至2021年，我国共召开了7次全国民族团结进步表彰大会。2012年，国家民委印发《关于推进武陵山片区创建民族团结进步示范区的实施意见》，这是针对民族团结进步创建区域层面的政策文件，它的发布推动了地方民族团结进步创建工作的开展。

习近平总书记高度重视民族团结进步创建工作。习近平总书记曾强调："要深入开展民族团结进步创建，着力深化内涵、丰富形式、创新方法。"[1]表彰民族团结进步先进典型、创建民族团结进步示范区是一项面向全体中国人民的教育工作，同时也是一种强调主流价值观的积极向上的教育方法。

（三）构建民族互嵌式社区环境，促进各民族交往交流交融

随着经济的发展、时代的进步，越来越多的少数民族群众涌入城市工作、生活。同时，为了加快少数民族地区的发展，也有越来越多的汉族群众来到少数民族聚居地区工作、生活和学习。随着社会的变迁和人口居住空间的转移，我国各个民族之间的来往越来越密切。从构建民族互嵌式的环境着手，来促进各民族交往交流交融，营造良好的民族关系。民族互嵌具体包括：民族生存空间的互嵌，民族人口的互嵌，婚姻的互嵌，文化的互嵌，以及经济、政治的互嵌，这些互嵌都很好地营造了交往环境。推进构建各民族相互嵌入式的社会结构和社区环境，应该着重把握以下路径。

首先，重视嵌入工作的思想基础。习近平总书记指出："要坚持就业第一，增强就业能力，引导各族群众有序进城就业、就地就近就业、返乡自主创业。"[2]就业使得各个民族的人民能够在一起工作生活，在这样紧密的共处中，各族人民必然会互相了解，增进交流。

---

[1] 习近平：《论坚持人民当家作主》，中央文献出版社2021年版，第330页。
[2] 《习近平在第二次中央新疆工作座谈会上强调 坚持依法治疆团结稳疆长期建疆 团结各族人民建设社会主义新疆》，《人民日报》2014年5月30日。

其次，重视嵌入工作的交流基础。人们交流的工具是语言和文字，要重视"双语"教学，"双语"指的是本民族的语言与汉语言。实行"双语"教学，一方面保留了本民族语言，对本民族的认同得到加强；另一方面也要有对普通话和汉字的学习，这对于加强各民族的交流、增进各民族之间的情感十分重要。例如，西双版纳傣族自治州景洪市的城市标志性建筑都标注了汉字和傣文两种文字，便于扫除沟通交流障碍。

四、完善民族事务治理：提升民族事务治理体系和治理能力现代化

改革开放以来，我国的政治体系发生了重大的转变，从统治体系向管理体系再转为治理体系，我国的民族事务也随之转为治理体系，这表明了，党和国家会以更加开放和包容的态度来对待和处理各种民族事务。现代化就是要坚持以人民为中心，与时俱进，将民族事务与实现民族工作的高质量发展相结合。

（一）建立健全民族工作机制，提高治理效能

建立健全民族工作机制，能够使党和国家的民族政策得到有效贯彻落实，是提高治理效能的有效方式。在社会生活越来越丰富的今天，多元化是一个趋势，治理方式、治理模式也要朝多元化发展。习近平总书记曾表示："做民族工作，说到底是做人的工作。"因此，我们要将共建、共治、共享的民族事务治理理念贯彻到日常工作和生活中，并且不断拓宽参与渠道，使之覆盖到物质文化建设和精神文化建设的各个环节当中。例如，西藏拉萨籍的"90后"青年洛桑塔青，2018年从南京林业大学毕业后，原打算回到拉萨就业，当得知西藏籍的少数民族高校毕业生可以考录自治区以外的公务员时，便报名参加了上海市浦东新区城管执法局的考试，成了浦东区的一名一线执法人员。

近年来，我国一些少数民族地区人口不断流入沿海城市、一线城市、省会城市，如广州、深圳等，而这些少数民族人口流入的主要城市就需要和少数民族人口流出较多的城市建立起跨区域的协作机制，使得人们能够在党和

国家行使社会管理职责的时候，享受到更多的便利和更加优质的服务，这也是党和国家不断健全和完善民族工作机制的方式方法之一。

（二）依法治理民族事务，促进民族工作法治化

民族事务本身带有双重属性，既是问题事务，又是民族事务，如果处理不好，容易影响民族关系，也容易造成民族问题。依法妥善处理涉及民族因素的问题，要坚持在法律范围内、法治轨道上正确处理涉及民族因素的问题，不能把涉及少数民族群众的民事和刑事问题归结为民族问题，不能把发生在民族地区的一般矛盾纠纷简单归结为民族问题。

依法处理民族事务，是法治思维与民族工作的结合。例如，党的十八大以来，相关部门在制度层面出台了《国家民委法律顾问工作方案》《国家民委公职律师工作方案》等；在政策层面出台了《关于全面深入持久开展民族团结进步创建工作铸牢中华民族共同体意识的意见》《国家民委"十三五"少数民族语言文字工作规划》等；在法律层面将"中华民族"一词写入《中华人民共和国宪法》，并颁布了一系列部门规章和地方性法规、自治条例等。

（三）改善民生，推动基本公共服务均等化

要紧紧围绕推进国家治理体系和治理能力现代化加快转变政府职能，使服务型政府让人民更加满意，这就要求政府将更多的资源向基本公共服务这一领域倾斜，向服务型政府转变。但我国目前的社会主要矛盾依然是人民日益增长的美好生活需要和不平衡不充分的发展之间的矛盾，所以对民族地区基本公共服务水平偏低且不均衡状态进行改善就成了国家治理体系和治理能力现代化的重点方向。因此，织牢服务、民生的安全网络便成了政府的头等大事，强化地方政府的公共服务功能是改善民生的重中之重。

在发展民生方面，西藏自治区取得的成就令人瞩目。根据国家统计局资料，以及中央电视台"中国经济生活大调查"栏目调查显示，拉萨市在2007—2012年连续6年被常住居民打分为中国幸福指数最高的城市。2019年底，西藏自治区农村居民的人均居住面积达41.5平方米，比2012年增长1.4倍。在医疗卫生方面，西藏自治区三甲医院增加了11家，实现了三甲医院的全覆盖。在教育方面，截至2021年5月，高中阶段的学校共有50所，在

校生75004人，中职技术学校12所，在校学生32120人，高中阶段毛入学率达到了90.2%，与全国高中阶段毛入学率91.2%相比只相差了1个百分点，基本实现了县域义务教育均衡发展。而这样的进步，可以从西藏自治区政府工作资料和数据中得到证实。2018年起，西藏自治区坚持将每年财力的70%投向民生。除此之外，还有重点人群和区域划分，财力投入均重点向农牧区倾斜、向弱势群体倾斜。这样的长期投入使西藏自治区的民生得到很大的改善，使西藏各族群众深切感受到了党中央和国家的关怀爱护，提高了西藏各族群众的获得感和幸福感，进一步增强了西藏各族群众的"五个认同"。

实现基本公共服务均等化是解决新时代社会主要矛盾的有效手段，不断推进发展成果全民共享，是铸牢中华民族共同体意识的重要民生保障。

第二章

新时代十年铸牢中华民族共同体意识的伟大成就

党的十八大以来，以习近平同志为核心的党中央着眼新时代民族工作面临的新形势新特点，深刻把握党和国家事业发展对民族工作提出的新任务新要求，谋长远之策、行固本之举，创造性提出"铸牢中华民族共同体意识"①这一重大论断。在习近平总书记的亲自部署下，经过党中央和全国各族人民的共同努力，铸牢中华民族共同体意识已经深入人心，各族人民休戚与共、荣辱与共、生死与共、命运与共的共同体理念逐步形成，各民族地区和各族儿女奋力拼搏，完成了脱贫攻坚和全面建成小康社会的历史创举，兑现了"全面建成小康社会，一个民族都不能少"的承诺，我国各民族面貌、民族地区面貌、民族关系面貌、中华民族面貌发生了翻天覆地的变化，全国各族人民得到实实在在的获得感，对伟大祖国、中华民族、中华文化、中国共产党、中国特色社会主义的认同达到了一个新高度，民族地区和少数民族与全国人民一道迈上了现代化建设的新征程。

第一节　铸牢中华民族共同体意识的政治基础进一步稳固

强有力的政治基础是铸牢中华民族共同体意识的根本保证。党的十八大以来，经过不断总结与发展，形成了习近平总书记关于加强和改进民族工作

---

① 习近平：《决胜全面建成小康社会 夺取新时代中国特色社会主义伟大胜利——在中国共产党第十九次全国代表大会上的报告》，人民出版社2017年版，第40页。

的重要思想，明确了铸牢中华民族共同体意识是新时代民族工作的主线，形成了党委统一领导、政府依法管理、统战部门牵头协调、民族工作部门履职尽责、各部门通力合作、全社会共同参与的新时代民族工作格局，为铸牢中华民族共同体意识提供了根本遵循。

一、形成了习近平总书记关于加强和改进民族工作的重要思想

党的十八大以来，习近平新时代中国特色社会主义思想成为我们做好各项工作的行动指南。习近平总书记以马克思主义政治家、思想家、战略家的宏阔视野和雄才伟略谋划中国民族问题，提出了一系列治国理政新思想新理念新战略，形成了习近平总书记关于加强和改进民族工作的重要思想，为做好新时代党的民族工作指明了前进方向、提供了根本遵循。

习近平总书记十分重视民族工作，从民族工作的历史方位、重要任务、工作主线，以及必须坚持正确的中华民族历史观、坚持各民族一律平等、高举中华民族大团结旗帜、坚持和完善民族区域自治制度、构筑中华民族共有精神家园、促进各民族广泛交往交流交融、坚持依法治理民族事务、坚决维护国家主权安全发展利益、坚持党对民族工作的领导等十二个方面明确提出了主张，简称"十二个必须"①。"十二个必须"全方位系统阐释了新时代民族工作的战略地位、历史方位、工作主线、重要任务、工作格局、规律方法，科学回答了我们如何铸牢中华民族共同体意识的系列问题，深刻阐释了铸牢中华民族共同体意识的内在规律②，具有强大的理论引领力、实践指导力和积极的世界影响力，为做好新时代党的民族工作指明了前进方向。十年来，我们坚持不懈地用习近平新时代中国特色社会主义思想武装干部、教育群众，引导各族群众以铸牢中华民族共同体意识为己任，切实履行宪法赋予的维护民族团结的义务，为建设中华民族共同体作出巨大贡献。

---

① 参见习近平：《论坚持人民当家作主》，中央文献出版社2021年版，第326—327页。
② 参见习近平：《论坚持人民当家作主》，中央文献出版社2021年版，第325—331页。

二、明确了铸牢中华民族共同体意识是新时代党的民族工作的主线

把铸牢中华民族共同体意识作为新时代党的民族工作的主线，这是我们在实践中做好民族工作的行动指南。具体可以理解为：以铸牢中华民族共同体意识为"纲"，作为制定政策、规划的指导原则和根本指针；以铸牢中华民族共同体意识为"魂"，像芯片一样植入各项工作之中；以铸牢中华民族共同体意识为"度"，作为评价工作成效的根本标准和重要尺度。确立这样的主线使民族工作更加突出，增进共同性，更加聚焦中华民族共同体建设，把民族工作推向了一个崭新的历史阶段。①

历史告诉我们，各民族共同创造了悠久的中国历史和灿烂的中华文化，共同培育了伟大的中华民族精神。历史也告诫我们，中国各民族是一个命运共同体，一荣俱荣，一损俱损。党的十八大以来，我们科学应对民族工作面临的新特征、新形势、新挑战，牢牢把握住了这一根本主线，扎实有力地推动民族工作，民族团结进步取得了前所未有的伟大成就。2014年5月，习近平总书记首次提出"中华民族共同体意识"重大论断；同年9月，习近平总书记在中央民族工作会议上强调"打牢中华民族共同体的思想基础"；2017年10月，党的十九大正式把"铸牢中华民族共同体意识"写入党章；2018年，"中华民族"被写入了十三届全国人大一次会议通过的宪法修正案，同时将"铸牢中华民族共同体意识"写入了新修订的地方各级人大和政府组织法，推动7个省、区、市制定了民族团结进步条例，将铸牢中华民族共同体意识逐步纳入法治化轨道。至此，"铸牢中华民族共同体意识"这一新时代民族工作主线，正式制度化、法制化、规范化，成为习近平新时代加强和改进民族工作重要思想的核心内容。

随后，习近平总书记多次强调要把"铸牢中华民族共同体意识"这一主线贯穿于民族工作的指导思想、战略目标、重点任务、政策举措。2019年，在全国民族团结进步表彰大会上，习近平总书记指出"以铸牢中华民族共同

---

① 参见《国家民委：铸牢中华民族共同体意识 为实现中华民族伟大复兴汇聚磅礴力量》，中国新闻网2022年8月17日。

体意识为主线做好各项工作"，并强调从坚持党的领导、实现全面小康和现代化、构建各民族共有精神家园、促进各民族交往交流交融、依法治理民族事务等5个方面落实好这一主线。在党的十九届四中全会上，习近平总书记强调，坚持各民族一律平等，铸牢中华民族共同体意识，实现共同团结奋斗、共同繁荣发展，是我国国家制度和国家治理体系的显著优势之一。[①]在2020年的中央第七次西藏工作座谈会上，习近平总书记要求"全面贯彻新时代党的治藏方略……铸牢中华民族共同体意识"，这就是要求把主线与地方民族工作战略相结合。党的十九届五中全会通过的"十四五"规划，更是把"中华民族凝聚力进一步增强"列入"十四五"时期经济社会发展主要目标，为我们做好新时代的民族工作提供了遵循和主线。

总之，铸牢中华民族共同体意识是维护各民族根本利益的必然要求，是实现中华民族伟大复兴的必然要求，是巩固和发展平等团结互助和谐社会主义民族关系的必然要求，是党的民族工作开创新局面的必然要求。[②]这一主线不仅是指导我们做好民族工作的根本方针，更是我们努力践行好习近平总书记关于民族工作重要论述的关键。为了进一步贯彻落实好这一主线，十年来，我们将铸牢中华民族共同体意识教育纳入了国民、干部、社会各级教育全过程；推动铸牢中华民族共同体意识教育进教材、进课堂、进评价体系，纳入各级领导班子中心组学习的重要内容，纳入党校、行政学院培训的核心课程；以文化浸润中华民族共同体意识，通过打造各民族共享的中华文化符号、加大普及推广国家通用语言文字力度等，增强各族群众对中华文化的认同。

三、形成了新时代民族工作新格局

民族工作涉及方方面面，方方面面都有民族工作。党的十八大以来，党中央把民族工作纳入"五位一体"总体布局和"四个全面"战略布局统筹谋

---

① 参见《中华人民共和国简史》编写组：《中华人民共和国简史》，人民出版社、当代中国出版社2021年版，第427页。
② 参见杨丹：《铸牢中华民族共同体意识 为实现民族复兴凝心聚力》，《中国民族报》2022年5月10日。

划推进，形成了党委统一领导、政府依法管理、统战部门牵头协调、民族工作履职尽责、各部门通力合作、全社会共同参与的新时代民族工作格局，在这个格局下，各地党委普遍把民族工作纳入党建和意识形态工作责任制，纳入政治考察、巡视巡察和政绩考核，形成了齐抓共管的合力，使各族群众逐步成为铸牢中华民族共同体意识的参与者、建设者、受益者和评判者，为推动新时代党的民族工作高质量发展奠定了坚实的政治保障。

坚持党的全面领导全面贯彻落实。"办好中国的事情，关键在党。中国特色社会主义最本质的特征是中国共产党领导，中国特色社会主义制度的最大优势是中国共产党领导。坚持和完善党的领导，是党和国家的根本所在、命脉所在，是全国各族人民的利益所在、幸福所在。"①十年来，各级党委政府始终把党的领导贯穿于民族工作全过程，坚持按照马克思主义的基本原理，结合我国国情，制定纲领、路线，确定奋斗目标，并通过法定程序将铸牢中华民族共同体意识上升为国家意志，成为全体人民共同遵循的规范。坚持用习近平总书记关于民族工作的重要思想教育全党和人民，使人民理解并接受党的纲领、路线和相关国家法律政策，自觉贯彻执行。坚持加大对民族干部的培养、选拔和使用，建设了一支维护党的集中统一领导态度特别坚决、明辨大是大非立场特别清醒、铸牢中华民族共同体意识行动特别坚定、热爱各族群众感情特别真挚的民族地区干部队伍。②

推进政府依法管理民族工作。法治是现代国家开展治理活动的基本形式，在新时代，各级政府始终"坚持法定职责必须为、法无授权不可为，健全依法决策机制，完善执法程序，严格执法责任，做到严格规范公正文明执法"的原则，推进了民族事务法治化进程，纠正部分地方政府对民族事务"不敢管"和"不会管"的错误倾向，切实提高民族事务治理能力。

明确统战部门在民族工作中的牵头协调责任。在新时代，各级统战部门切实履行了《中国共产党统一战线工作条例》的精神，党中央将国家民族事

---

① 习近平：《在庆祝中国共产党成立95周年大会上的讲话》，人民出版社2016年版，第22页。

② 参见习近平：《论坚持人民当家作主》，中央文献出版社2021年版，第331页。

务委员会归口中央统战部领导，这为统战部门协调民族工作提供了充足的合法性与合理性。各地也明确了统战部门牵头民族团结进步创建工作，统战部门在民族工作中的协调机制更加顺畅合理，发挥了应有的作用，极大地增强了统战部的权威性。

推进了民族工作部门履职尽责。在新时代，各级民族工作部门确立了民族事务事权的范围，开展了铸牢中华民族共同体意识的系列工作。国家民委重新调整了机构设置，成立协调推进司，专门承担指导和协调铸牢中华民族共同体意识的相关工作。民族工作部门履职尽责的能力进一步加强，民族事务治理能力的现代化水平在铸牢中华民族共同体意识工作中不断提高。

推动了民族工作各部门通力合作的新进程。在新时代，为积极推进各部门通力合作推动民族工作持续有效开展的进程，国家民委委员单位数量不断增加，到2022年，国家民委委员单位达到32家，各地方民委探索委员制作用新途径，明确了人员、职责，充分发挥了民委委员的作用。各级党委、政府还通过民族工作领导小组或者统战工作领导小组来协调各部门之间的关系，推进民族工作有序开展，从体制上走出了"抢着管""都不管""都难管"的困境，推动民族工作持续有效的开展。

形成了全社会共同参与民族工作的新局面。新时代，充分发挥社会各方力量在民族工作中的作用，探索了互嵌式城市民族事务社区化治理新模式，展现了社区在民族工作中维权、管理、联谊和服务等职能；实施了"社区共融"民族工作项目，积极为少数民族群众开展服务，化解少数民族群众纠纷；① 发挥了基层党组织和党员在民族工作中的带动作用，真正实现了全社会共同参与民族工作，推进民族工作与社会治理有机结合。

---

① 参见高朋、朱嫦巧：《社会治理视角下新时代民族工作格局研究》，《北方民族大学学报》2022年第5期。

第二节　铸牢中华民族共同体意识的
思想文化基础进一步夯实

　　历史表明，文化是一个国家的灵魂，是一个民族生存、发展、凝聚的因子。[①]习近平总书记指出："文化认同是最深层次的认同，是民族团结之根、民族和睦之魂。"[②]铸牢中华民族共同体意识，核心是要巩固中华文化认同这个思想基础。党的十八大以来，我们认真学习习近平总书记关于民族工作的重要论述，从广泛深入宣传社会主义核心价值观入手，继承优秀传统文化，大力弘扬社会主义先进文化，促进各民族文化不断向前发展，推动各民族之间不断融合，增强各族群众对中华文化的认同，各族群众的思想观念发生了深刻变革，在增进文化认同中铸牢中华民族共同体意识，使各民族人心归聚、精神相依，为实现中华民族伟大复兴汇聚精神伟力。

一、社会主义核心价值观引领了铸牢中华民族共同体意识的正确方向

　　习近平总书记强调："一个民族、一个国家的核心价值观必须同这个民族、这个国家的历史文化相契合，同这个民族、这个国家的人民正在进行的奋斗相结合，同这个民族、这个国家需要解决的时代问题相适应。"[③]社会主义核心价值观与中华民族共同体意识具有文化底蕴的同质性、内容体系的共生性、价值导引的契合性、实践延展的同向性。具体可以通过以下表格示意。

[①]　参见孙学玉：《担负起铸牢中华民族共同体意识的时代使命》，《政治学研究》2022年第2期。
[②]　中共中央文献研究室编：《习近平关于社会主义政治建设论述摘编》，中央文献出版社2017年版，第157页。
[③]　习近平：《青年要自觉践行社会主义核心价值观——在北京大学师生座谈会上的讲话》，人民出版社2014年版，第8页。

社会主义核心价值观	对铸牢中华民族共同体意识的作用
国家层面：富强 民主 文明 和谐	指引各民族意识服从和服务于中华民族共同体意识
社会层面：自由 平等 公正 法治	促进各族群众广泛交往、全面交流、深度交融
个人层面：爱国 敬业 诚信 友善	引导各族群众在思想观念、精神情趣、生活方式上不断向现代化迈进

因此，社会主义核心价值观从应然角度观照着中华民族共有精神家园构筑，反映着实现中华民族伟大复兴中国梦的深层动力，从实然角度形成了对铸牢中华民族共同体意识的强大实践引领力。①

十年来，我们坚持与时俱进，立足面向现代化、面向世界、面向未来的需要，在社会主义伟大实践中始终坚持社会主义制度、弘扬和践行社会主义核心价值观，创造性地将革命文化优良传统与新时代相结合，"两弹一星"精神、雷锋精神、大庆精神等已在各民族群众心中牢固树立，并对他们的工作实践产生巨大的推动作用，为夯实铸牢中华民族共同体意识提供了价值遵循。十年来，我们谋长久之策，多行固本之举，把民族团结进步宣传教育融入社会主义核心价值观等各类教育中，不断增强了各族群众"五个认同"。②

十年来，我们瞄准重点，集中发力，结合时代特点加大社会主义核心价值观全方位、全领域、全范围的宣传与实践，深刻影响了各民族群众的中华民族自豪感，各民族广大人民群众的国家观、历史观、民族观、文化观、宗教观都得到了淬炼，构筑了各民族群众心中的共同精神高地，让爱我中华的种子在每一个人心中生根发芽。通过新闻报道、访谈节目、专题节目等多种途径，电影、电视、戏曲等多种文艺表现形式，动漫、公益广告等多种现代技术手段，来传播和弘扬，来涵养和浸润，为铸牢中华民族共同体意识做好价值引领。

---

① 孟凡丽：《在有形有感有效上用力 铸牢中华民族共同体意识》，《红旗文稿》2022年第12期。
② 参见刘凯：《将铸牢中华民族共同体意识贯穿立德树人全过程》，《中国民族报》2022年11月25日。

二、中华文化认同走向深入，奠定了铸牢中华民族共同体意识的思想基础

中华文化博采众长，具有各民族所共同认可的价值目标、价值理念，是中华民族繁荣发展的内生动力。在中华文明历史进程中，各民族人民共同创造了中华民族璀璨的文化成果，各民族文化是中华文化的有机组成部分，大量少数民族作品中也都蕴含着中原文化元素，可以说中华文化是各族文化的集大成者，无论是汉族还是各少数民族，都为中华文化的形成和发展贡献了重要的力量。增进中华文化认同，就是整合和凝聚各民族的文化力量，为促进民族团结、民族进步注入强大精神动力。党的十八大以来，我们党引导各族群众正确认识中华文化与各民族的关系，开展一系列活动，增强了各族人民对中华文化的认知、认同和传承，整合了各族人民对国家主权和领土完整、政治民主、经济繁荣、社会稳定的共同价值目标，推动构建中华民族共同体，迈向中华民族伟大复兴的新征程。

十年来，我们不断加强中华文化研究阐释工作，厘清中华优秀传统文化的历史渊源、发展脉络、基本走向，发掘各民族文化的共同性，在思想上提高各族人民对中华文化的认知；积极开展保护和合理开发各民族的文化遗存，重点保护了少数民族特色文化，开发了红色历史遗存，以丰富的生态文明提高各族人民对中华文化的认知。我们围绕"五个认同"开展学习宣传，将相关内容纳入党员、干部培训教学计划中；抓好教师队伍建设，提升宣讲工作者的综合素质。在促进各族人民对祖国、民族、政党、制度认同的基础上，实现文化认同，最大限度地团结和凝聚中华民族每一分子，为铸牢中华民族共同体意识提供强有力支持。我们加大了对中华文化宣传与推介的力度，统筹运用传统媒体和新媒体的力量，充分发挥各种载体的作用，构建全方位、多层次的中华文化宣传传播格局。我们积极推进中华文化走进各族人民心中，把中华文化融入生产生活，通过丰富多样的艺术表达形式实现富有感染力的文化浸润；支持提炼能够凸显中华文化特色的文化元素、文化形象和文化符号；积极开展爱国主义宣传，利用重大历史事件、国家公祭日、烈士纪念日等展示中华文化爱国主义深刻内涵；不断探索丰富和发展各民族共

同节日的文化内涵，形成新的节日习俗等。我们对中华文化进行多元阐释与活态运用，深度嵌入百姓生活，推动铸牢中华民族共同体意识行稳致远。①

十年来，我们高度重视优秀传统文化、红色革命文化、社会主义先进文化在铸牢中华民族共同体意识中的关键作用，积极推动中华优秀传统文化、红色革命文化、社会主义先进文化融入思想道德、文化知识、体育艺术教育中，潜移默化让中华文化认同成为自觉，形成最广泛的文化认同，开创社会主义文体新局面，构筑中华民族共有的精神家园。②充分认识到中华优秀传统文化是中华民族的精神命脉，为铸牢中华民族共同体意识提供了价值观内涵，奠定了铸牢中华民族共同体意识的历史根基。深刻领悟到红色革命文化包含各族人民在革命和建设实践中形成的思想理论、价值追求、精神品格，映射出各族人民在革命奋斗中的鲜明立场和价值追求，赋予了铸牢中华民族共同体意识的价值底色。全面把握到社会主义先进文化体现于中国特色社会主义发展道路中，形成于中华民族在当代社会的共同认知，为铸牢中华民族共同体意识提供了不竭动力。

三、各民族优秀传统文化交融走向深入，汇聚了铸牢中华民族共同体意识的力量

我国是统一的多民族国家。一部中国史，就是一部各民族交融汇聚成多元一体中华民族的历史。③党的十八大以来，我国基本扫除一切阻碍各民族交往交流交融的障碍，推动各族群众在城乡之间、区域之间有序流动，各族群众交往交流交融的广度和深度前所未有。党的十八大以来，民族地区和东中部地区各族群众跨区域双向流动有序推进，各民族逐步实现在空间、文化、经济、社会、心理等方面的全方位嵌入。④各族人民对伟大祖国、中华民族、中华文化、中国共产党、中国特色社会主义的认同达到了前所未有的

---

① 参见《以中华文化推进铸牢中华民族共同体意识》，《江淮时报》2022年10月12日。
② 参见王承就、封艳萍：《中国共产党铸牢中华民族共同体意识的多维实践与伟大成就》，《百色学院学报》2022年第4期。
③ 《铸牢中华民族共同体意识》，《人民日报》2019年11月14日。
④ 参见李志伟、肖静芳、李寅：《新时代十年：汇聚起各民族团结奋斗的磅礴伟力》，《中国民族报》2022年10月14日。

高度，推动了"中华民族一家亲，同心共筑中国梦"的历史进程。

十年来，各民族文化交流不断深入，促进了中华民族共同体意识熔铸。在经济全球化、世界多极化的今天，人与人之间、族群与族群之间的联系越来越紧密，相互之间的交流碰撞不可避免，人们要达到彼此之间去除偏见、增进理解、共创和谐，经常性地接触、交流就成了基本的前提条件。[1]在党的民族工作指引下，各民族日常交流不断深入，婚姻嫁娶、农垦商贸、移民移居等方式促进各民族之间的自然交往融通，让各民族的习俗风尚在涉及衣食住行的平常生活中吸纳交融；文化交流平台不断完善，各地设立少数民族文化交流中心，建造民族图书馆，开展民族文化旅游节活动，推动民族文化品牌形成，扩大民族文化交流的影响及其效果。民间交流日益丰富，民族文化企业与艺术团体展现了民间民族文化的创造活力，增进了民族文化交流的亲切感。交流的不断深入与融合，涵养了中华民族整体性、一致性，强化了中华民族整体利益和共同利益，推进了铸牢中华民族共同体意识的进程。

十年来，各民族群众交往交流交融不断深入，一系列促进民族交融的政策相继出台。实施了东西部协作和对口帮扶政策，帮助贫困地区少数民族经济社会取得历史性突破，成功告别了千年贫困；加强少数民族流动人口的服务和管理，将他们与其他流动人口一道纳入城市管理服务范畴，依法保障其合法权益；依据国家民委及相关部门的计划，共同开展了"各族青少年交流计划""各族群众互嵌式发展计划""旅游促进各民族交往交流交融计划"等，丰富了民族交往交流交融的抓手和载体；促进了边疆民族地区群众到沿海东部和中部地区就业创业，也推动了东部地区和中部地区广大企业和群众到边疆地区兴业发展，实现了边疆民族地区与祖国各地的互融互通。[2]据统计，在1.25亿少数民族人口中，流动人口超过3700万，仅广东省少数民族流动人口就约有370万，是10年前的两倍多，而且这个趋势还在进一步发展。[3]经过10年的努力，各民族空间融合、经济融合、文化融合、社会融

---

[1] 参见曾志文：《全面铸牢中华民族共同体意识》，《深圳特区报》2022年12月13日。
[2][3] 参见李昌禹：《我国民族团结进步事业取得新的历史性成就》，《人民日报》2022年8月18日。

合、情感融合迈出了坚实的步伐，使中华民族共同体意识在各族人民中更加深入人心。

四、大学生铸牢中华民族共同体意识教育取得新进展

大学生是我国未来发展的新兴力量，促进大学生铸牢中华民族共同体意识，是铸牢中华民族共同体意识中的重要工作。习近平总书记在学校思想政治理论课教师座谈会上强调："思想政治理论课是落实立德树人根本任务的关键课程。青少年阶段是人生的'拔节孕穗期'，最需要精心引导和栽培。"[1]党的十八大以来，全面推进了大学以"五个认同"教育和"四史"教育为主要内容的思想政治理论教育，探索了高校民族工作和民族教育的新思路新方法，大学生的中华民族意识不断提升，中华民族自豪感不断增强，为铸牢中华民族共同体意识提供了重要的助力。十年来，各高校广泛开展了大学生"五个认同"教育。各高校按照习近平总书记"要构建铸牢中华民族共同体意识宣传教育常态化机制，纳入干部教育、党员教育、国民教育体系，搞好社会宣传教育"[2]的要求，结合各自的办学特征和学生民族结构，大力开展了"五个认同"教育。明确了"五个认同"教育的目标，把"五个认同"教育充分融入思想政治理论课教材、课堂教学、课外实践等环节，大力开发思想政治理论课"慕课"等新型教育平台资源，通过"五个认同"教育进教材、进课堂，让各族学生明确铸牢中华民族共同体意识的重要性和必要性，让学生在价值观形成的关键时期"扣好人生第一粒扣子"。同时，创造良好的"家校社"协同育人大环境，使爱我中华的种子深埋在各族师生的心灵深处，让社会主义核心价值观在新时代各族青少年的心田里生根发芽。[3]

十年来，在高校深入开展了大学生"四史"教育。习近平总书记强调，要在党史、新中国史、改革开放史、社会主义发展史学习教育中，深入总结

---

① 《习近平主持召开学校思想政治理论课教师座谈会强调 用新时代中国特色社会主义思想铸魂育人 贯彻党的教育方针落实立德树人根本任务》，《人民日报》2019年3月19日。

② 习近平：《论坚持人民当家作主》，中央文献出版社2021年版，第330页。

③ 参见孟凡丽：《在有形有感有效上用力 铸牢中华民族共同体意识》，《红旗文稿》2022年第12期。

我们党百年民族工作的成功经验。各高校紧紧抓住"四史"教育契机，运用多种方式、多种途径，在大学生中深入、持续开展铸牢中华民族共同体意识的学习教育。结合"四史"教育开展了系列铸牢中华民族共同体意识专题演讲会，增强大学生对党和国家发展和民族团结的认同感；把党团组织活动融入"四史"学习教育活动中，不断加深了大学生对中华民族五千多年历史特别是党史、新中国史、改革开放史、社会主义发展史的理解和把握，增强了大学生的民族自豪感和自信心；广泛引导大学生认真阅读学习与中国历史、民族历史相关的图书，特别是重点阅读学习《中国共产党简史》《中华人民共和国简史》《改革开放简史》《社会主义发展简史》，并开展讨论、辩论，积极开展参观爱国主义教育基地，进行社会调查等实践活动。[1]

十年来，在高校中创新了大学生铸牢中华民族共同体意识的工作方法。结合当代青年发展的特点和高等教育形势的变化，各高校在铸牢中华民族共同体意识的实践中争当先锋模范，讲好民族团结故事，领悟好中华民族多元一体的观念。深化了宣传教育，让广大大学生充分认识到中华民族多元一体的格局是56个民族共同铸造的，各民族要像石榴籽一样紧紧抱在一起，引导学生从思想上和行动上坚决做到维护国家统一、民族团结、社会稳定和校园安全；增强了大学生的理论认同、价值认同、情感认同，不断提高理论武装水平，尊重少数民族学生的特殊性，为他们提供优质的服务和情感帮助，让学生从思想源头筑牢理想信念根基；加大了铸牢大学生中华民族共同体意识的队伍建设、载体建设、品牌建设，坚持学原文、悟原理，打牢中华民族共同体思想基础，树立坚强的政治意识、阵地意识、责任意识、大局意识，开展民族团结进步教育政策解读活动，让各民族学子坚定跟党走，做民族团结进步的宣传者、实践者和促进者。[2]

① 参见杨子仪：《促进大学生铸牢中华民族共同体意识》，《社会主义论坛》2021年第11期。
② 参见丁姗：《铸牢当代大学生的民族共同体意识》，《新华日报》2022年8月9日。

第三节　铸牢中华民族共同体意识的
物质基础进一步丰富

不断完善各项区域政策，加快少数民族和民族地区发展，着力促进各民族共同繁荣发展，是铸牢中华民族共同体意识的物质基础。党的十八大以来，党中央十分重视民族地区经济的发展，不断加大对民族地区的支持，继续对少数民族地区实施差别化扶持政策，积极培育新的产业增长点，强化对少数民族经济产业支持，激发少数民族地区和少数民族群众的创新创业活力，[①]让民族地区成功摆脱"千年贫困"，使少数民族生活水平与质量得到了极大的提升。

一、民族地区脱贫攻坚取得全面胜利

据统计，2012年，民族八省区（内蒙古自治区、宁夏回族自治区、新疆维吾尔自治区、西藏自治区、广西壮族自治区、贵州省、云南省和青海省）贫困人口达3121万人，贫困发生率为20.8%。[②]2011年发布的《中国农村扶贫开发纲要（2011—2020年）》明确的六盘山区、秦巴山区、武陵山区、乌蒙山区、滇桂黔石漠化区、滇西边境山区、大兴安岭南麓山区、燕山—太行山区、吕梁山区、大别山区、罗霄山区及西藏、四省藏区、新疆南疆三地州等14个集中连片特困区，是我国少数民族集中区，有368个少数民族县，也是我国特别贫困地区，片区2020年农民人均纯收入仅2676元，相当于全国平均水平的一半，在全国综合排名最低的600个县中，有521个在片区内，占86.8%。

党的十八大以来，党中央加快了少数民族和民族地区的发展步伐，把少

---

① 参见牟强：《夯实五大基础 铸牢中华民族共同体意识》，《中国民族报》2019年10月29日。
② 参见张玉刚：《巩固拓展民族地区脱贫攻坚成果 有效衔接乡村振兴》，《中国民族报》2021年4月13日。

数民族和民族地区脱贫致富摆在了重中之重。习近平总书记更是十分关心各族群众的冷暖安危，在湖南省湘西土家族苗族自治州十八洞村考察时，首次提出了"精准扶贫"战略方针，拉开了我国打赢脱贫攻坚战，全面建成小康社会的序幕。"全面小康一个也不能少，哪个少数民族也不能少""实现中华民族伟大复兴，一个民族也不能少"的理念在脱贫攻坚中得到了集中体现。在《中国农村扶贫开发纲要（2011—2020年）》中把14个集中连片特困区作为扶贫攻坚主战场，在精准扶贫过程中特别是对"三区三州"（"三区"是指西藏自治区和青海、四川、甘肃、云南四省藏区及南疆的和田地区、阿克苏地区、喀什地区、克孜勒苏柯尔克孜自治州四地区；"三州"是指四川凉山州、云南怒江州、甘肃临夏州）作出了特殊安排，确保民族贫困地区与全国一道摆脱贫困，全面建成小康社会。到2020年底，全国脱贫攻坚战取得了全面胜利，"现行标准下9899万农村贫困人口全部脱贫，832个贫困县全部摘帽，12.8万个贫困村全部出列，区域性整体贫困得到解决，完成了消除绝对贫困的艰巨任务，创造了又一个彪炳史册的人间奇迹"[1]。到2020年底，民族八省区建档立卡贫困人口年人均纯收入实现10770元，全国民族自治地方420个贫困县全部脱贫摘帽，28个人口较少民族全部整族脱贫，一些新中国成立后"一步跨千年"进入社会主义社会的"直过民族"，又实现了从贫穷落后到全面小康的第二次历史性跨越。到2022年8月，民族地区城镇居民人均可支配收入年均增长7.7%，农村居民人均可支配收入年均增长10.2%。[2]

精准扶贫战略的实施，脱贫攻坚战的全面胜利，全面建成小康社会战略目标的实现，不仅带动少数民族和民族地区成功脱贫，而且还有力地促进了少数民族群众生产、生活的进步，也促进了民族地区的转型发展，让广大少数民族群众和民族地区感受到了党的关心和厚爱，进一步夯实了中华民族共同体意识。

---

[1] 习近平：《在全国脱贫攻坚总结表彰大会上的讲话》，人民出版社2021年版，第1页。
[2] 参见范思翔、王琦：《脱贫攻坚奔小康给民族地区带来历史性变化》，新华社2022年8月17日。

二、民族地区经济发展实力全面提升

党的十八大以来，在党中央的关怀下，民族地区经济实力大幅跃升，为各民族铸牢中华民族共同体意识提供了坚实的经济基础。

一是经济总量翻番，经济保持较快增长。以五个自治区和甘肃、青海、贵州、云南四个少数民族集中省份为例，九个省区2021年国内生产总值和地方一般公共预算收入较2012年基本上都实现了"倍增"，西藏、云南、贵州增长甚至接近了三倍。具体如表1所示。

表1　部分民族地区2012年和2021年国内生产总值和公共预算收入情况

自治区（省）	国内生产总值（亿元）		地方一般公共预算收入（亿元）	
	2012年	2021年	2012年	2021年
内蒙古	15988	20514	1553	2350
新疆	7530	15984	909	1619
广西	13031	24740	1161	1800
宁夏	2327	4522	264	460
西藏	701	2080	96	216
甘肃	5650	10243	520	1001
青海	1885	3347	186	328
贵州	6802	19586	1014	1969
云南	10309	27147	1338	2278

（此表数据依据各地统计年鉴整理）

再以30个少数民族自治州为例，国内生产总值实现倍增的达到19个，其中黔西南、黔南、怒江、红河四州2021年国内生产总值较2012年实现了3倍增长；财政收入基本上实现了翻番，经济水平得到了大幅度提升。具体如表2所示。

表2 30个少数民族自治州2012年和2021年国内生产总值和财政收入情况

自治州	国内生产总值（亿元）		地方财政收入（亿元）	
	2012年	2021年	2012年	2021年
延边	765.09	801.17	68.18	54.26
甘南	96.74	230.04	6.76	10.19
临夏	151.89	37308	9.07	23.10
玉树	47.17	71.1	3.30	2.82
海南	104.35	193.61	4.37	16.78
黄南	58.11	110.45	1.71	4.86
海北	95.97	100.04	4.90	6.46
果洛	30.55	51.50	1.50	3.11
海西	570.33	713.78	44.91	75.9
巴音郭楞	906.00	1298.87	79.30	93.88
博尔塔拉	187.00	448.03	10.39	50.3
克孜勒苏	61.41	197.84	7.09	17.79
昌吉	826.51	1698.21	64.28	157.91
伊犁	1278.40	2667.18	114.30	206.88
湘西	397.73	792.11	28.30	70.27
恩施	482.19	1302.36	40.43	75.51
黔东南	477.75	1255.03	70.07	68.76
黔西南	462.28	1506.37	64.42	113.56
黔南	533.34	1747.41	57.87	115.04

续表

自治州	国内生产总值（亿元）		地方财政收入（亿元）	
	2012 年	2021 年	2012 年	2021 年
西双版纳	232.64	676.15	22.26	40.26
德宏	201.00	556.21	24.18	46.22
怒江	74.94	234.11	7.51	15.84
大理	672.10	1632.99	59.28	111.78
迪庆	113.63	293.27	10.75	16.11
红河	905.43	2742.12	84.48	160.62
文山	478.02	1298.77	36.13	68.22
楚雄	570.02	1608.12	46.32	93.06
甘孜	175.02	447.04	21.57	46.14
阿坝	203.74	449.63	25.82	31.85
凉山	1122.67	1901.2	100.06	172.8

（此表数据依据各地统计年鉴整理）

　　二是产业发展活力持续优化。2012 年，民族地区三次产业占比为 13.6∶48.0∶38.4，2021 年为 13.6∶37.5∶48.9，第三产业占比不断提升。农业机械化程度进一步提高，2021 年民族地区农业机械总动力达 9762 万千瓦。数字经济快速发展，2021 年民族地区共建成 5G 基站 17.79 万个。[①]同时，民族地区交通基础设施条件、物流运输能力都得到极大完善和提升，为产业发展提供了基础支撑。2021 年末，民族地区铁路运营里程和公路里程分别达到 4.2 万

---

① 李波等：《"这十年"民族地区经济社会发展成就》，《中国民族报》2022 年 10 月 11 日。

公里、134.3万公里，占全国比重分别为27.7%、25.4%；较2012年分别增加1.6万公里、36.3万公里，分别增长61.5%、37.0%。仅铁路一项，民族八省区10年增加了1.58万公里。2012—2021年，民族地区货运量总额由58.72亿吨增加至80.70亿吨，年均增长3.6%。民族地区对外开放程度也不断加深，诸多民族地区成为对外开放口岸，积极融入"一带一路"建设，走在了改革开放的前沿。

三是绿色转型发展取得明显成效。2012—2020年，民族地区森林面积由9036.1万公顷增加至9700.3万公顷；国家级自然保护区由98个增加至124个，保护区面积由7754.5万公顷增加至7760.4万公顷，有三江源、祁连山、普达措3个国家公园。绿色低碳转型加快发展，民族地区核电、风电、太阳能发电占发电量比重从2015年的7.4%提升至2021年的14.9%。

三、民族地区人民群众生活水平全面提升

伴随经济发展水平的不断提升，民族地区人民生活极大改善，民族文化繁荣发展，生态环境根本好转，少数民族群众的获得感、幸福感、安全感显著增强。

一是人均收入水平不断提高。2012—2021年，民族地区城镇居民人均可支配收入从20456元增长至39945元，年均增长7.7%；农村居民人均可支配收入从6314元增长至15094元，年均增长10.2%，高于全国平均水平0.7个百分点；城乡收入差距不断缩小，城镇、农村居民人均可支配收入比从3.2下降至2.6。以五个自治区和甘肃、青海、贵州、云南四个少数民族集中省份为例，农村人均收入实现了倍增，城镇居民人均收入内蒙古、新疆、西藏、甘肃、青海、贵州六地也实现了倍增。具体如表3所示。

表3　部分民族地区2012年和2021年城乡居民人均收入情况

自治区 （省）	城镇居民人均收入（元）		农民居民人均收入（元）	
	2012年	2021年	2012年	2021年
内蒙古	17717	44377	7611	18337
新疆	17921	37642	6394	15575
广西	21243	38530	6008	16363
宁夏	19831	38291	6180	15337
西藏	18028	46503	5719	16935
甘肃	17157	36187	4507	11433
青海	17566	37745	5364	13604
贵州	18700	39211	4753	12856
云南	21075	40905	5417	14197

（此表数据依据各地统计年鉴整理）

　　从30个少数民族自治州来看，有20个自治州城镇居民人均收入实现了翻番，有3个自治州农民人均纯收入实现了翻番，其他自治州均有较大幅度的增长。具体如表4所示。

表4　30个少数民族自治州2012年和2021年城乡居民人均收入情况

自治州	城镇居民人均收入（元）		农村居民人均收入（元）	
	2012年	2021年	2012年	2021年
延边	22013	31122	7450	14905
甘南	13970	29481	3610	10142
临夏	11428	24902	3167	9006
玉树	18894	39523	3493	10763
海南	16557	36503	5202	14613
黄南	18642	37093	4299	11679

续 表

自治州	城镇居民人均收入（元）		农村居民人均收入（元）	
	2012年	2021年	2012年	2021年
海北	20669	37827	7436	16351
果洛	17405	39919	3705	10776
海西	21252	38819	7916	17590
巴音郭楞	18026	35958	11782	21260
博尔塔拉	17331	36859	9314	21379
克孜勒苏	15222	31115	3236	9878
昌吉	17435	37191	11776	23140
伊犁	16330	34738	9365	17717
湘西	15038	29774	4228	12332
恩施	15058	34054	4571	13307
黔东南	18831	37425	4625	12289
黔西南	19471	38251	4625	12623
黔南	19338	38713	5445	14237
西双版纳	17961	36242	6137	17108
德宏	17662	32836	4763	12418
怒江	14217	29639	2800	8602
大理	20370	41740	6050	15023
迪庆	21535	42402	4769	11339
红河	19712	40930	5468	15039
文山	18884	36810	4643	13249
楚雄	20292	42152	5418	14392
甘孜	19560	39497	4610	15379

续表

自治州	城镇居民人均收入（元）		农村居民人均收入（元）	
	2012年	2021年	2012年	2021年
阿坝	21168	40132	5770	17161
凉山	19835	37452	6419	16808

（此表数据依据各地统计年鉴整理）

二是社会全面发展取得重要进展。2012—2021年，民族地区规模以上工业企业研究与试验发展（R&D）经费支出增幅157.2%；公共财政在文化旅游体育与传媒方面的支出增幅58.2%。2021年底，民族地区共有公共图书馆752个、博物馆778个，较2012年分别增加24个、378个；普通高等学校数由303所增加至390所，在校学生人数由236.4万增加至458.9万，专任教师人数由14.4万增加至21.1万，义务教育阶段生师比从16.5下降至15.6；卫生技术人员数由86.7万增长到163.4万；医疗卫生机构床位数由80.7万增加至140.2万，[1]为民族地区广大人民群众提供了较为健全的服务保障。各族群众的思想观念和生产、生活方式也发生了深刻的变革，用上了水冲式厕所、互联网，种地实现了部分机械化，各族群众信心更足、干劲更足。[2]

第四节　民族团结进步创建活动（工作）有序开展

我国的民族团结进步创建，是在中国共产党的领导下，由政府主导的、各民族群众广泛参与的、创造性地推进民族团结和各民族共同进步的社会工程，是推进民族团结进步事业的重要举措，更是铸牢中华民族共同体意识的

---

① 参见李波等：《"这十年"民族地区经济社会发展成就》，《中国民族报》2022年10月11日。
② 参见李昌禹：《我国民族团结进步事业取得新的历史性成就》，《人民日报》2022年8月18日。

生动实践。

一、新时代民族团结进步创建活动（工作）的继承与创新

发源于1952年吉林省延边朝鲜族自治州"民族团结月"（每年9月）的我国民族团结创建活动走过了70多年的不平凡历程，创建活动随着时代的发展而发展，形式与内涵不断丰富完善。经过长期实践，创建活动逐步成为贯彻落实党和国家民族政策的重要方式，成为各族群众在参与中进行自我教育、自我提高的有效途径，为进一步铸牢中华民族共同体意识创造了良好的条件，极大地提高了各族人民群众的中华民族共同体意识。

我国一直都在追求各民族团结进步，20世纪80年代新疆维吾尔自治区开展了民族团结进步先进表彰活动，党的十一届三中全会后，各地利用少数民族传统节日等特殊节点开展民族团结宣传教育活动，兵地共建、多级联系、典型示范等各种形式的民族团结进步创建活动不断创新发展，民族团结进步创建活动也从民族自治地方局部进一步拓展到全国。2010年，根据中央的精神，中央宣传部、中央统战部、国家民委联合下发《关于进一步开展民族团结进步创建活动的意见》，在全国各地推广成功的典型做法，推动了全国创建活动的开展，各地创建活动在工作机制、典型宣传、工作重点、工作形式方面都取得了显著成效。随后，2011年，中共中央、国务院印发的《关于加强和创新社会管理的意见》、国家民委同民政部和国资委分别制定的《关于加强新形势下社区民族工作的意见》和《关于进一步做好新形势下国有企业民族工作的指导意见》等文件，都把民族团结创建作为重要任务，明确了责任分工、目标要求、机制建设和保障措施。2012年，为了推动地方民族团结创建工作，国家民委印发了《关于推进武陵山片区创建民族团结进步示范区的实施意见》，同年7月，国务院发布的《少数民族事业"十二五"规划》要求"十二五"期间在全国创建一批民族团结进步示范单位。

党的十八大以来，党和国家十分重视民族团结进步创建工作。2013年9月确定了伊犁州等13个州（市、盟）作为开展创建全国民族团结进步示范州（市、盟）的试点。2014年，国家民委印发《国家民委关于推动民族团结进步创建活动进机关 企业 社区 乡镇 学校 寺庙的实施意见》，形成了较为

系统的建立示范测评机制，为新时代推进民族团结进步创建活动深入开展奠定了良好的基础。2014年，中央民族工作会议暨国务院第六次全国民族团结进步表彰大会召开，习近平总书记指示要重视民族团结工作，指出民族团结是我国各族人民的生命线，要求民族团结工作要创新载体和方式，引导各族群众牢固树立正确的祖国观、历史观、民族观，自觉维护国家最高利益和民族团结大局。随后中共中央、国务院下发了《关于加强和改进新形势下民族工作的意见》，为新形势下全面深入持久开展民族团结进步创建活动提供了根本遵循。2015年，中共中央颁布的《中国共产党统一战线工作条例（试行）》明确提出，要全面深入持久开展民族团结进步创建活动，积极培育中华民族共同体意识，增进各族群众对伟大祖国、中华民族、中华文化、中国共产党、中国特色社会主义的认同。2016年国务院印发的《"十三五"促进民族地区和人口较少民族发展规划》、2017年国务院办公厅发布的《兴边富民行动"十三五"规划》都对进一步开展民族团结进步创建活动作出了具体部署。2017年，中央宣传部、中央统战部、国家民委在全国民族团结进步创建经验交流现场会（内蒙古兴安盟）上明确将创建活动提升为创建工作，民族团结进步创建内涵进一步丰富，领域进一步拓展，层次进一步提升。

　　2019年9月27日，全国民族团结进步表彰大会召开，这是开启民族团结进步创建活动（工作）以来的第七次全国民族团结进步表彰大会。习近平总书记在会上强调，要以铸牢中华民族共同体意识为主线，全面贯彻党的民族理论和民族政策，坚持共同团结奋斗、共同繁荣发展，把民族团结进步事业作为基础性事业抓紧抓好，促进各民族像石榴籽一样紧紧拥抱在一起，推动中华民族走向包容性更强、凝聚力更大的命运共同体，共建美好家园，共创美好未来。①2019年10月23日，中共中央办公厅、国务院办公厅印发的《关于全面深入持久开展民族团结进步创建工作铸牢中华民族共同体意识的意见》指出，全面深入持久开展民族团结进步创建工作，是推进民族团

---

① 参见习近平：《在全国民族团结进步表彰大会上的讲话》，人民出版社2019年版，第7—10页。

进步事业发展的必然要求，也是实现中华民族伟大复兴中国梦的必然要求。2020年1月17日，国家民委、全国总工会、共青团中央、全国妇联发布《关于进一步做好新形势下民族团结进步创建工作的指导意见》；2020年3月27日，国家民委印发《全国民族团结进步示范区示范单位命名办法》；2022年1月20日，国家民委发布《全国民族团结进步示范市（地、州、盟）、县（市、区、旗）测评指标》，相继对做好新时代民族团结进步创建工作提出了具体要求和战略部署。

二、民族团结进步创建活动（工作）的主要内容

为了做好民族团结进步创建活动（工作），国家民委结合各时期工作的特点，联合相关部门制定了一系列创建活动（工作）内容，为活动（工作）的开展明确了方向和努力重点。

《关于进一步做好新形势下民族团结进步创建工作的指导意见》从7个方面明确了民族团结进步创建工作的内容。具体要求梳理如表5所示。

表5　民族团结进步创建工作的主要内容

主要内容	具体要求
加强中华民族共同体意识教育	以社会主义核心价值观为引领，加大基层群众思想政治工作力度，教育引导牢固树立中华民族共同体意识，不断增强"五个认同"
拓展民族团结进步宣传教育网络空间	高度重视网上舆论阵地建设，充分发挥新媒体作用讲好民族团结故事，利用好互联网应用平台大力宣传党的民族政策，传播民族团结进步正能量
搭建促进各民族沟通的文化桥梁	充分利用群众性文化活动，在全社会树立和突出各民族共享的中华文化符号和中华民族形象。围绕铸牢中华民族共同体意识，促进各民族交往交流交融。开展主题宣传教育活动，引导树立中华民族共同体意识
开展富有特色的群众性交流活动	发挥联系基层广泛的优势，多渠道打造"中华民族一家亲"的实践教育活动平台，通过多层次、多领域、多样化的联谊活动，增进各民族间情感交流

续表

主要内容	具体要求
加快民族地区经济发展，增进民生福祉	围绕党中央重大决策部署，支持民族地区经济社会快速发展，推动民族地区提高自我发展能力，通过优化转移支付、对口支援等方式提高民族地区经济社会发展水平，推进少数民族和民族地区的现代化进程
加强民族团结进步示范单位建设	加强民族团结进步示范单位和模范个人的选拔培育，充分发挥模范典型的示范作用
加强保障措施	加强党的民族理论和民族政策学习以及民族团结教育，把各民族干部群众的思想和行动统一到党中央决策部署上来。切实担负起推动民族团结进步事业发展的政治责任，推进民族团结进步创建全面深入持久开展

（依据《关于进一步做好新形势下民族团结进步创建工作的指导意见》整理）

　　《全国民族团结进步示范市（地、州、盟）、县（市、区、旗）测评指标》从6个方面对各市县示范创建工作进行测评，共计100分，达到90分以上者可作为全国示范。具体测评项目与测评内容简单梳理如表6所示。

表6　全国民族团结进步示范市（地、州、盟）、县（市、区、旗）测评项目

测评项目	测评内容
加强和完善党对民族工作的全面领导	强化理论武装，落实民族工作主体责任，完善党委领导民族工作体制机制，以铸牢中华民族共同体意识为主线开展民族团结进步创建工作，并摆上重要议事日程，推进工作方法创新
全面推进中华民族共有精神家园建设	建立健全宣传教育常态化机制，深入培育和践行社会主义核心价值观，全面加强国家通用语言文字教育教学，中华民族共有精神家园建设成效明显，各民族不断坚定对伟大祖国、中华民族、中华文化、中国共产党、中国特色社会主义的高度认同，使休戚与共、荣辱与共、生死与共、命运与共的共同体理念深入人心

测评项目	测评内容
推进各民族共同走向社会主义现代化	创新发展理念，融入新发展格局，提升自我发展能力，推进共同富裕，提高公共服务保障能力和水平，推进基本公共服务均等化，坚持绿水青山就是金山银山的理念
促进各民族广泛交往交流交融	构建互嵌式社会结构和社区环境，实施各民族青少年交流计划，推行各民族互嵌式发展计划，实施旅游促进各民族交往交流交融计划
提升民族事务治理体系和治理能力现代化水平	以铸牢中华民族共同体意识这个标准适应社会发展要求，科学稳妥调整相关政策，适时修改完善相关法规规章
有效防范化解民族领域风险隐患	牢固树立总体国家安全观，稳妥处理涉民族因素的意识形态问题

（依据《全国民族团结进步示范市（地、州、盟）、县（市、区、旗）测评指标》整理）

三、民族团结进步创建活动（工作）取得显著成效

民族团结进步创建活动（工作）的全面深入开展，推动全国各民族地区不断创新民族工作方法，促进了各民族的大团结、大进步，让铸牢中华民族共同体意识成为各民族的普遍共识，各少数民族群众的积极性、主动性、创造性得到了极大激发，为巩固和发展"中华民族一家亲，同心共筑中国梦"奠定了良好局面。在新时代的民族团结进步创建活动开展中，涌现了一批先进集体和个人，先后于2014年、2019年受到表彰。2014年9月，中央民族工作会议暨国务院第六次全国民族团结进步表彰大会在北京召开，国务院决定授予678个集体全国民族团结进步模范集体荣誉称号，授予818人全国民族团结进步模范个人荣誉称号；2019年9月，全国民族团结进步表彰大会召开，《国务院关于表彰全国民族团结进步模范集体和模范个人的决定》表彰了665个全国民族团结进步模范集体和812名全国民族团结进步模范个人。

民族团结进步创建活动（工作）的开展，得到了全国各民族地区的积极响应，取得了新的历史性成就。一是进一步走出了中国特色解决民族问题的

正确道路。党的十八大以来的民族团结进步创建极大地丰富拓展了中国特色解决民族问题的正确道路，实践证明，这条道路是保障各民族合法权益的平等之路，是促进各民族交往交流交融的团结之路，是帮助各民族共同发展的繁荣之路，归根到底是中华民族走向认同度更高、凝聚力更强的命运共同体的复兴之路。二是进一步铸牢了中华民族共同体意识。党的十八大以来，在开展民族团结进步创建活动的过程中，相关部门围绕主线，通过修订完善法律法规，出台政策规划，实施一系列重大文化工程，举办一批影响深远的重大文化活动，积极搭建各具特色的民族团结创建活动平台，推进各民族文化的保护与传承，让各族群众对中华文化有了正确的认识，更加坚信中华文化，各族群众交往交流交融的深度和广度前所未有，[1]铸牢中华民族共同体意识深入人心，成绩斐然。三是进一步促进团结和进步双丰收。民族团结进步创建是全国各族人民共同打造的一块金字招牌，各地已经把民族团结进步创建工作纳入了经济社会发展的总体战略，融入经济社会发展的方方面面，既促进了经济发展和社会进步，又提高了民生福祉，解决了群众急难愁盼问题，促进了民族团结和事业进步双丰收。

---

[1]　参见王琦、范思翔：《新时代民族团结进步事业取得新的历史性成就——"中国这十年"系列主题新闻发布会聚焦新时代民族团结进步事业成就与举措》，新华社2022年8月18日。

第三章

新时代新征程铸牢大学生中华民族共同体意识的根本遵循

2021年第五次中央民族工作会议明确提出："我们党关于加强和改进民族工作的重要思想，是党的民族工作理论和实践的智慧结晶，是新时代党的民族工作的根本遵循，全党必须完整、准确、全面把握和贯彻。"①我们推进新时代民族工作，必须坚持习近平总书记关于加强和改进民族工作的重要思想的指导；我们在新时代新征程铸牢大学生中华民族共同体意识，必须以习近平总书记关于加强和改进民族工作的重要思想为根本遵循。

第五次中央民族工作会议第一次明确提出了习近平总书记关于加强和改进民族工作的重要思想，并把这一思想的主要内容总结概括为"十二个必须"。这"十二个必须"可以从历史方位和重要任务、主线、思想基础和实践基础、旗帜方向和途径方法、根本原则和根本保障五个方面来进行归纳和总结。

第一节 新时代新征程铸牢大学生中华民族共同体意识的历史方位和重要任务

历史方位是对历史发展的方向和定位的判断和把握，重要任务是在把握历史方位的基础上对工作任务的明确。新时代新征程铸牢大学生中华民族共同体意识必须以对历史方位的把握为基础，在此基础上确立重要任务、主线、旗帜方向、途径方法和根本原则等。当然，其中，确立重要任务是把握

---

① 《习近平著作选读》第二卷，人民出版社2023年版，第511页。

历史方位最直接和最重要的体现。

一、历史方位——中华民族伟大复兴的冲刺阶段

历史方位是在历史发展中的方向和定位，是对"从哪里来""现在在哪""到哪里去"的整体把握，是我们确立工作任务方法、制定战略方针政策的基本依据所在。在重大历史关头确立历史方位，是我们党的优良传统和成功经验。第五次中央民族工作会议在概括习近平总书记关于加强和改进民族工作的重要思想时，就把历史方位的判断摆在了这一思想的首位，会议指出"必须从中华民族伟大复兴战略高度把握新时代党的民族工作的历史方位，以实现中华民族伟大复兴为出发点和落脚点，统筹谋划和推进新时代党的民族工作"[①]，体现了党的民族工作中历史方位判断的基础性和重要性。新时代开展民族工作，铸牢大学生中华民族共同体意识，必须首先明确和高度重视历史方位的判断。

（一）从中华民族伟大复兴战略高度把握铸牢大学生中华民族共同体意识工作历史方位的科学内涵

"从中华民族伟大复兴战略高度把握新时代党的民族工作的历史方位"突出了"中华民族伟大复兴"。"中华民族伟大复兴中国梦"是习近平总书记在2012年11月在参观《复兴之路》展览时提出来的，他指出："实现中华民族伟大复兴，就是中华民族近代以来最伟大的梦想。"[②]在这之后，习近平总书记多次提到和使用这一概念。2013年3月17日，习近平总书记在第十二届全国人民代表大会第一次会议闭幕会上发表重要讲话时进一步明确了中华民族伟大复兴中国梦的本质内涵：中国梦就是要实现国家富强、民族振兴、人民幸福。这里"民族振兴"的主体就是中华民族。

"从中华民族伟大复兴战略高度把握新时代党的民族工作的历史方位"还突出了中华民族伟大复兴的战略高度。"中华民族伟大复兴中国梦"对于当代中国的发展、新时代党的民族工作、新时代新征程铸牢大学生中华民族

---

① 习近平：《论坚持人民当家作主》，中央文献出版社2021年版，第326页。
② 本书编写组：《习近平的小康情怀》，人民出版社2022年版，第503页。

共同体意识工作具有战略意义。2017年10月，习近平总书记在党的十九大报告中进一步指出，中国共产党一经成立，就义无反顾肩负起实现中华民族伟大复兴的历史使命，把"伟大复兴中国梦"与党的历史使命联系起来。2019年5月21日，习近平总书记在推动中部地区崛起工作座谈会上的重要讲话中指出："我经常讲，领导干部要胸怀两个大局，一个是中华民族伟大复兴的战略全局，一个是世界百年未有之大变局，这是我们谋划工作的基本出发点。"①明确了中华民族伟大复兴的战略全局地位。2021年11月，习近平总书记在党的十九届六中全会上进一步指出，中华民族伟大复兴是中国共产党百年奋斗的主题。

从中华民族伟大复兴战略高度来把握铸牢大学生中华民族共同体意识工作的历史方位，就是要把新时代党的所有民族工作、新时代新征程铸牢大学生中华民族共同体意识工作放在"中华民族伟大复兴中国梦"的战略高度和背景下去把握和考量，以"中华民族伟大复兴中国梦"为线索把握所有民族工作的开展，把推进"中华民族伟大复兴中国梦"目标的实现作为出发点和落脚点，统筹谋划、协调推进新时代党的民族工作和铸牢大学生中华民族共同体意识。

（二）从中华民族伟大复兴战略高度把握铸牢大学生中华民族共同体意识工作历史方位的客观判断

党的十九大明确指出"中国特色社会主义进入新时代"，对我国发展所处的历史方位作出了全新的判断，并且用"五个是"和"三个意味"对"中国特色社会主义新时代"进行了阐释，明确指出中国特色社会主义进入新时代"意味着近代以来久经磨难的中华民族迎来了从站起来、富起来到强起来的伟大飞跃"。从民族伟大复兴战略高度来看，中国特色社会主义新时代就是民族伟大复兴的强国时代，作为民族伟大复兴的最后一个阶段，这一阶段也是民族伟大复兴的冲刺阶段。中国特色社会主义新时代和中华民族伟大复兴冲刺阶段是我们当前一切发展问题、一切工作的历史方位，我们所有的工

---

① 《习近平总书记江西考察并主持召开座谈会微镜头》，《人民日报》2019年5月23日。

作、战略、政策等的制定和确立都必须以此为依据。新时代开展民族工作、在新时代铸牢大学生中华民族共同体意识，也必须以此为依据。

一方面，中华民族伟大复兴的冲刺阶段，是民族复兴站起来和富起来之上的更高阶段，我们民族工作的重心从少数民族的确定、民族政策的确立、民族独立等转向民族发展和民族融合，特别是党的十八大以来，在以习近平同志为核心的党中央的带领下，致力于民族地区的脱贫攻坚，明确提出"全面建成小康社会，一个民族都不能少"，集全国之力推进民族地区的经济社会发展，经过艰苦卓绝的奋斗和努力，所有少数民族地区和全国其他地区一道于2020年成功迈向全面小康。在这一伟大的历史进程中，我们的民族关系进一步融合，民族平等的物质基础更为牢固。民族发展的实践也推动了民族理论的进一步创新，在实践发展的基础上，新时代党关于加强和改进民族工作的重要思想逐步形成，实现了党的民族工作指导思想的新发展。这些实践成果和理论创新的成果体现了新时代民族工作的成绩，是我们进一步开展党的民族工作、铸牢大学生中华民族共同体意识的基础和现实条件。

另一方面，中华民族伟大复兴的冲刺阶段，也是一个"人到半山路更陡，船到中流浪更急"的阶段。从国内来看，民族伟大复兴冲刺阶段的任务艰巨，党的二十大明确提出了党在新时代新征程的中心任务即全面建设社会主义现代化国家、以中国式现代化推进中华民族伟大复兴，同时党的二十大还明确提出了从2020年到2035年基本实现社会主义现代化；从2035年到本世纪中叶把我国建成富强民主文明和谐美丽的社会主义现代化强国。这些目标的实现都需要我国各族人民更加团结、付出更大的努力、保持更强的战略定力。此外，我国改革进入深水区，触及了很多深层次的问题，改革开放40多年来，解决了很多矛盾和问题，但民族地区与发达地区的发展差距依然存在，民族地区影响民族团结和边疆社会稳定的因素依然存在。从国际来看，进入民族伟大复兴的冲刺阶段，我们面对的国际形势极为复杂，世界百年未有之大变局纵深发展，全球化与逆全球化、多极化与单边主义、和平发展与霸权主义、合作共赢与保护主义相互激荡、相互碰撞，国内外民族分裂分子相互勾结、西方攻击我国的少数民族政策、民族关系民族发展方面价值多元化等，这些问题都是新时代我们开展党的民族工作、铸牢大学生中华民族共同体意识需要解决的问题，同样也是新时代我们开展民族工作、铸牢大学生中华民族共同体意识的基础和现实条件。

（三）从中华民族伟大复兴战略高度把握铸牢大学生中华民族共同体意识工作历史方位的实践要求

习近平总书记在第五次中央民族工作会议上指出："必须从中华民族伟大复兴战略高度把握新时代党的民族工作的历史方位，以实现中华民族伟大复兴为出发点和落脚点，统筹谋划和推进新时代党的民族工作。"[①]这一重要论断不仅指明了新时代民族工作的历史方位，也明确了在这一历史方位下开展民族工作的实践要求。

一是以"中华民族伟大复兴"为铸牢大学生中华民族共同体意识的总背景。从民族伟大复兴战略高度来把握铸牢大学生中华民族共同体意识的历史方位，就是要以"中华民族伟大复兴"为总背景来铸牢大学生中华民族共同体意识。新时代，中华民族伟大复兴进入冲刺阶段，"中华民族伟大复兴"的总背景进一步深化和丰富。当前，我们要铸牢大学生中华民族共同体意识，必须做到：其一，必须把握铸牢大学生中华民族共同体意识工作的新基础。民族伟大复兴进入新的最后的冲刺阶段，我国铸牢中华民族共同体意识工作相对于过去，又取得了一系列的成就，这些成就的取得，进一步巩固、提升、丰富了我们铸牢中华民族共同体意识的政治基础、思想文化基础和物质基础；这些成就的取得，使我们站在了新的起点上，这是我们在新时代铸牢大学生中华民族共同体意识的新基础。其二，必须应对铸牢大学生中华民族共同体意识工作的新形势。民族伟大复兴冲刺阶段，是民族伟大复兴任务实现的最后阶段，也是任务最重、推进最难的阶段，铸牢大学生中华民族共同体意识的任务也极其艰巨。而且当前我国民族工作所面临的极其复杂的局面，使得铸牢大学生中华民族共同体意识的任务增加了复杂性和不确定性，更加重了任务的艰巨性，这是我们铸牢大学生中华民族共同体意识的新形势、新情况，我们必须客观看待、正确应对。其三，必须树立做好铸牢大

---

① 习近平：《论坚持人民当家作主》，中央文献出版社2021年版，第326页。

学生中华民族共同体意识工作的新理念。中华民族伟大复兴冲刺阶段，我们必须适应新形势新变化，适时调整我国民族工作和铸牢大学生中华民族共同体意识工作的理念和思路，面对新起点、面对任务的艰巨性、面对形势的复杂性，树立"冲刺"的理念，在稳步有序地推进我国民族工作的同时，突出工作手段、措施的针对性。

二是以"中华民族伟大复兴"为铸牢大学生中华民族共同体意识的总目标。从中华民族伟大复兴战略高度来把握铸牢大学生中华民族共同体意识的历史方位，还必须以"中华民族伟大复兴"为总目标来推进党的民族工作、铸牢大学生中华民族共同体意识。实现中华民族伟大复兴中国梦，是党在新时代的历史使命和奋斗总目标，同样也是党在新时代民族工作和铸牢大学生中华民族共同体意识的历史使命和总目标。铸牢大学生中华民族共同体意识必须服从和服务于这个总目标。其一，铸牢大学生中华民族共同体意识必须服从于中华民族伟大复兴这个总目标。我们必须在中华民族伟大复兴总目标之下铸牢大学生中华民族共同体意识，所有的工作和举措、所有的步骤安排、所有的小目标都要服从于这个总目标，都不能与这个总目标相冲突。要坚持中华民族伟大复兴总目标的指导，把推动中华民族伟大复兴贯穿铸牢大学生中华民族共同体意识工作的始终。其二，铸牢大学生中华民族共同体意识必须服务于中华民族伟大复兴总目标。在中华民族伟大复兴的冲刺阶段，所有的民族工作都要服务于这个总目标，铸牢大学生中华民族共同体意识工作也不例外。铸牢大学生中华民族共同体意识，有利于促进我国的民族平等和发展；有利于促进我国的民族团结融合；有利于促进我国的边疆稳定和国家统一；有利于中华民族共同体的建设，我们要充分利用和发挥这些作用，服务中华民族伟大复兴目标的实现。

二、重要任务——推动各民族为全面建设社会主义现代化国家共同奋斗

站在中华民族伟大复兴战略高度把握铸牢大学生中华民族共同体意识的历史方位，首先要明确新的历史方位之下铸牢大学生中华民族共同体意识的重要任务。习近平总书记在第五次中央民族工作会议上指出："必须把推动

各民族为全面建设社会主义现代化国家共同奋斗作为新时代党的民族工作的重要任务，促进各民族紧跟时代步伐，共同团结奋斗、共同繁荣发展。"①习近平总书记关于加强和改进民族工作的重要思想指明了新时代新征程我国民族工作的重要任务就是要推动各民族为全面建设社会主义现代化国家共同奋斗，这也是我们在新时代新征程上铸牢大学生中华民族共同体意识的重要任务。

从重要任务的角度来看，新中国成立以来，我国民族工作主要经历了三个发展阶段。第一阶段，新中国成立到党的十一届三中全会召开之前，我国民族工作的主要任务是进行民族识别和为我国民族发展奠定物质和制度等基础。新中国成立之后，我国迅速启动了少数民族的识别工作，由于情况复杂，这项工作主要集中在20世纪五六十年代开展，最后的确立工作在20世纪80年代才结束。民族问题在我国由来已久，新中国成立后如何解决这一问题，新政协会议对这一问题从顶层制度设计上给出了答案。1949年，新中国成立前召开的新政协会议明确，我国在处理民族问题和民族地区治理上采用民族区域自治制度，并大力推进了民族区域自治制度的实施。这一阶段，我国还大力推进了民族地区经济社会的发展，推进民族贸易、发展民族地区工业、加大政策扶持、加快进行民族地区基础设施建设等，取得了巨大的成绩。②

第二阶段，党的十一届三中全会到2020年，我国民族工作主要任务是推动民族地区发展、全面建成小康社会。1978年之后，我国加大了民族地区发展的步伐。1979年，提出了东部发达省市对口支援边疆少数民族地区经济建设的方案。2000年，作出了"西部大开发"的战略部署。2005年召开的中央民族工作会议明确提出了我国新时期民族工作的主题和重点，即"各民族共同团结奋斗、共同繁荣发展"。在中央政策的正确指导和大力扶持下，少数民族地区经济社会在这一阶段实现了快速发展。2012年，中国特

① 习近平：《论坚持人民当家作主》，中央文献出版社2021年版，第326页。
② 参见田月梅、谢清松、钟和：《把握新时代党的民族工作的历史方位 统筹谋划和推进民族工作》，《黑龙江民族丛刊》2021年第5期。

色社会主义进入新时代，以习近平同志为核心的党中央从全面建成小康社会的要求出发，全面打响脱贫攻坚战，少数民族地区基本上都是这一攻坚战的主战场，习近平总书记还明确提出"全面实现小康，一个民族都不能少"，加大政策扶持力度、集中全国优质资源，在贫困地区突出脱贫攻坚的工作重心，通过精准到户、结对帮扶，少数民族地区在2020年全部实现脱贫摘帽。①

第三阶段，2021年，随着我国全面建成小康社会目标任务的完成和全面建设社会主义国家新征程的开启，我国民族工作的主要任务也随之转换为"推动各民族为全面建设社会主义现代化国家共同奋斗"。2021年2月，全国脱贫攻坚总结表彰大会召开，习近平总书记庄严宣告：我国脱贫攻坚取得了全面胜利，完成了消除绝对贫困的艰巨任务。这也意味着我国提前10年完成了联合国提出的减贫目标。2021年7月，在庆祝中国共产党成立100周年大会上，习近平总书记宣布随着我国脱贫攻坚战的完成，我国全面建成小康社会，实现了第一个百年奋斗目标。随着全面建成小康社会奋斗目标的完成，我国正式开启了"全面建成社会主义现代化强国"的新征程。党的二十大，对这一新征程进行了全面的部署安排。随着我国新时代新征程的展开，新时代党的民族工作的重要任务为"推动各民族为全面建设社会主义现代化国家共同奋斗"②。

"推动各民族为全面建设社会主义现代化国家共同奋斗"内在地包含了两个层面的内涵：其一，新时代民族工作要紧紧围绕"全面建设社会主义现代化国家"展开。现代化是一个综合性的社会发展转化过程，从落后走向文明、从传统走向现代，在这一过程中，中国走出了一条不同于西方的中国式现代化道路。党的二十大报告对"中国式现代化"进行了全面的阐述，概括了中国式现代化的概念内涵、中国特色、本质特征等，并且明确指出中国式现代化的一个重要特征就是"全体人民共同富裕的现代化"。在这里，全体

---

① 参见田月梅、谢清松、钟和：《把握新时代党的民族工作的历史方位 统筹谋划和推进民族工作》，《黑龙江民族丛刊》2021年第5期。
② 《习近平著作选读》第二卷，人民出版社2023年版，第508页。

人民共同富裕是全国范围内的所有地区的共同富裕，必然也包括了所有的民族地区，是所有民族地区的共同富裕；全体人民共同富裕必然也包括了中华民族的所有民族，是所有民族的共同富裕。要实现所有少数民族地区、所有少数民族共同富裕的现代化，必然要求我们在新时代新征程中努力完成"推动各民族为全面建设社会主义现代化国家共同奋斗"的重要任务。而且，在前文中，我们明确了中华民族伟大复兴冲刺阶段的历史方位，这一历史方位是我们在新时代开展民族工作的总背景和总目标，中华民族伟大复兴冲刺阶段在2012年到2021年的新时代十年的重要任务就是脱贫攻坚，完成全面建成小康社会的重要任务。在全面建成小康社会的重要任务完成之后，"推动各民族为全面建设社会主义现代化国家共同奋斗"就成为我们在新时代新征程上的主要任务。

其二，新时代民族工作强调"共同奋斗"，明确要"促进各民族紧跟时代步伐，共同团结奋斗、共同繁荣发展"。党的二十大报告明确了全面建成社会主义现代化强国"两步走"的战略部署和安排，提出了全面建设社会主义现代化国家的近期、中期和长期的目标任务，并在此基础上从经济、政治、文化、社会、教育、科技、人才、外交、国防和军队建设等各个方面提出了具体的目标任务，这些任务需要各民族共同团结奋斗才能完成。我们还必须看到，虽然当前我国民族地区经济社会发展取得了巨大的成就，和全国其他地区的人民群众一道全面建成了小康社会，但一些少数民族地区仅仅是迈过了全面建成小康社会的基本门槛，总体实现达标，大多数少数民族地区在巩固脱贫攻坚成果与乡村振兴相衔接方面还有大量的工作要做，和其他发达地区相比，还存在发展条件不充分、发展基础不牢固、发展环境不优化、自身发展能力不足等问题，在总量和质量上与发达地区相比还有比较大的差距，在和其他地区一道推进全面建设社会主义现代化国家新征程中，也还有很多短板和弱项，这就更加需要各民族共同努力奋斗。

第二节　新时代新征程铸牢大学生中华民族共同体意识的主线

习近平总书记在第五次中央民族工作会议上指出："必须以铸牢中华民族共同体意识为新时代党的民族工作的主线，推动各民族坚定对伟大祖国、中华民族、中华文化、中国共产党、中国特色社会主义的高度认同，不断推进中华民族共同体建设。"[①]这就指明了新时代民族工作的主线——铸牢中华民族共同体意识，决定了新时代新征程包括铸牢大学生中华民族共同体意识在内的所有民族工作都必须紧紧围绕这个主线展开。我们必须从铸牢中华民族共同体意识这一主线入手来理解把握新时代新征程党的民族工作、新时代新征程铸牢大学生中华民族共同体意识工作，我们必须把这一主线贯穿铸牢中华民族共同体意识工作的方方面面。

一、以铸牢中华民族共同体意识为主线，坚定不移走中国特色解决民族问题的正确道路

把握"铸牢中华民族共同体意识"的主线，内在的要求和暗含的前提就是坚定不移走中国特色解决民族问题的正确道路。

只要有民族存在就会有民族问题，只要是民族国家就必须处理好民族问题。世界上各个民族国家在处理民族问题上大都根据自己的实际情况，采取不同的民族政策。如加拿大的民族文化多元化制度、俄罗斯的民族一体化制度等。中国共产党从成立之日起就明确了马克思主义的指导思想，坚持把马克思主义民族理论与中国的具体实际相结合来解决中国的民族问题，走出了一条中国特色解决民族问题的正确道路。

马克思主义民族理论很早就提出了"民族融合"的思想观念，在《共产党宣言》中，马克思、恩格斯就曾指出："随着资产阶级的发展，随着贸易

---

① 习近平：《论坚持人民当家作主》，中央文献出版社2021年版，第326页。

自由的实现和世界市场的建立，随着工业生产以及与之相适应的生活条件的趋于一致，各国人民之间的民族分隔和对立日益消失。"[①]在《家庭、私有制和国家的起源》《德意志意识形态》中，马克思主义经典作家还论述了古代民族发展为民族国家的过程，论述了近代民族发展的两个历史阶段。列宁在此基础上提出了"两种历史趋势"，即"民族生活和民族运动的觉醒，反对一切民族压迫的斗争，民族国家的建立，这是其一。各民族彼此间各种交往的发展和日益频繁，民族隔阂的消除，资本、一般经济生活、政治、科学等等的国际统一的形成，这是其二"[②]。民族融合理论是马克思主义民族理论的一条重要原则，它指明了民族由产生到融合再到消亡的历史唯物主义的基本规律。它也是我们以马克思主义民族理论为指导，不断推进马克思主义民族理论中国化时代化，创造性提出"铸牢中华民族共同体意识"，坚定不移走中国特色解决民族问题正确道路的理论基础和前提。[③]

中国共产党自成立之日起，就坚持马克思主义民族理论的指导，自觉承担起民族解放的历史使命，中国共产党早期创始人李大钊就明确指出，中国革命的要务之一就是要实现民族解放，并且提出了"新中华民族主义"的概念。党的早期领导人之一的瞿秋白也曾提到受压迫民族的联合问题。长征途中，中国工农红军总政治部颁布了《关于争取少数民族的指示》，明确要高度重视争取少数民族的问题。新中国成立后，我国在民族工作方面确立了"民族平等"的基本原则和民族区域自治的制度载体，大力构建平等团结互助和谐的新型民族关系，大力促进少数民族地区经济社会的发展，我国民族工作"共同发展、共同繁荣"的主题逐步形成。改革开放以来，随着我国经济交流的增加、经济社会的发展，进一步强化和深化了各民族间的交流交融，中华民族大家庭不断形成并巩固。我们突破了对苏联民族理论与政策的教条式迷信，也没有照抄照搬西方国家的民族理论与政策，而是紧密结合我国的实际情况，逐步走出了一条全新的、具有鲜明中国特色的、适合我国国

① 《马克思恩格斯选集》第一卷，人民出版社2012年版，第419页。
② 《列宁全集》第二十四卷，人民出版社2017年版，第129页。
③ 肖浩辉、曾端期主编：《马克思主义的民族理论与民族政策》，湖南人民出版社1990年版，第28页。

情的解决民族问题的正确道路。自中国共产党成立以来，我们在党的带领下对我国民族问题的实践探索，是我们坚定不移走中国特色解决民族问题正确道路的实践基础和前提。①

党的十八大以来，以习近平同志为核心的党中央继续坚定不移走中国特色解决民族问题的正确道路，在过去的理论探索和实践探索基础上，立足我国经济社会发展和我国民族发展、民族关系的实际情况，提出了"四个共同""四对关系""五个认同""中华民族命运共同体"；提出了新时代加强和改进党的民族工作的"十二个必须"等。这些新理念、新观点，进一步丰富了中国特色解决民族问题正确道路的内涵，在新时代进一步创新、发展了马克思主义民族理论。实践中，以习近平同志为核心的党中央高度关注民族地区的发展，在民族地区大力推进脱贫攻坚；高度重视民族团结和民族交流交融，推进互嵌式社区建设，大力促进"你中有我、我中有你"民族关系的塑造，并强调各民族要像石榴籽一样紧紧抱在一起；等等。从民族融合理论到"铸牢中华民族共同体意识"；从民族解放的完成，到中华民族大家庭的形成，再到新时代民族命运共同体的打造，党在民族工作上的理论创新和实践创新实现了新的发展，党在新时代铸牢中华民族共同体意识、坚持走中国特色解决民族问题的正确道路进一步向纵深推进，坚定不移走中国特色解决民族问题正确道路的历史主动和自觉自信进一步增强。

二、以铸牢中华民族共同体意识为主线，加强"五个认同"，推进中华民族共同体建设

加强各民族对伟大祖国、中华民族、中华文化、中国共产党和中国特色社会主义的认同是一个逻辑严密、结构完整的体系。这一体系从国家观、民族观、文化观和政党观、制度观五个方面，明确了以铸牢中华民族共同体意识为主线推进新时代民族工作，其基础工作和具体方法就是加强"五个认同"，推进中华民族共同体建设。

---

① 参见陈永亮：《马克思主义民族平等思想在中国的运用和发展》，《学术界》2021年第7期。

（一）加强各民族对伟大祖国的认同

以铸牢中华民族共同体意识为主线，推进中华民族共同体建设必须正确认识民族与国家之间的关系，加强对伟大祖国的认同。马克思主义者认为，国家"是阶级统治的工具"，是在民族发展中随着阶级的产生而产生的一种政治工具。而民族则是"人们在历史上形成的有共同语言、共同地域、共同经济生活以及表现于共同的民族文化特点上的共同心理素质这四个基本特征的稳定的共同体"[①]。相对于国家的社会属性而言，民族更加强调这一共同体的自然属性。在近现代史发展中，民族和国家深刻地交织在一起，当今世界没有一个不存在民族的国家，国家往往作为民族国家而存在。我们必须充分认识到当民族国家产生后，民族对国家的依附性增强，国家作为强有力的统治工具，已经成为民族生存发展的保障。世界民族发展的历史和中国民族发展的历史都充分证明，当国家统一稳定发展时，民族就会得到相应的发展；当国家分崩离析时，民族的生存和发展将失去基本保障。正是基于这一点，各个民族国家都强调国家对于各民族的重要性，都强调对国家的高度认同。国家与民族是两个不同的概念，但在实践发展中，国家与民族形成了紧密的联系，国家越来越成为民族生存的载体和保障。因此，在国家与民族关系中，国家是第一位的，它们之间有一个主次排序。中国是一个有着悠久历史的传统国家，在很长时间内都以统一的多民族国家而存在，而且中国在历史上长期处于世界领先地位，创造了灿烂的物质文明和精神文明。中国各民族对统一的多民族国家有着高度的认同，爱国主义一直以来都是中华民族精神的精华所在。

新时代铸牢中华民族共同体意识，强化对伟大祖国的认同，首先就是中国各个民族要正确处理民族与国家的关系，牢固树立国家至上的观念。其次就是中国各个民族要充分了解中国的历史、中国的疆土、中国发展取得的成绩等，提升民族自豪感和认同度。再就是中国的各个民族都要发扬爱国主义精神，坚持一个中国原则，坚决维护国家统一，坚决同破坏国家统一的言行

[①] 《斯大林全集》第十一卷，人民出版社1955年版，第286页。

作斗争。

（二）加强各民族对中华民族的认同

以铸牢中华民族共同体意识为主线，推进中华民族共同体建设必须正确认识本民族与中华民族之间的关系，加强对中华民族的认同。"中华民族"这一概念最早是由梁启超提出来的，但中华民族作为一个架构于我国各民族之上的国家民族共同体，在很早就已经形成和存在了，在长期民族交流交融的过程中，中华民族得以形成，但它长期处于一种不自觉的天然的"自在"的状态，直到近代我国民族危机加深，中华民族迅速觉醒，由一个"自在"的民族发展为"自觉"的民族。新中国成立以来，以毛泽东同志、邓小平同志、江泽民同志、胡锦涛同志为主要代表的中国共产党人高度重视民族团结，大力推进中华民族大家庭的建立，中华民族共同体意识在我国各民族中进一步形成和巩固。党的十八大以来，以习近平同志为核心的党中央继续推进马克思主义民族理论的创新，明确提出了"中华民族共同体"的概念。相对于"中华民族"而言，"中华民族共同体"是在马克思主义民族理论指导下，继承中国近代民族思想，在新中国民族理论与实践发展基础上形成的一个综合概念，它更加突出"命运与共、荣辱与共"的民族共同体，是中华民族这一概念在新时代的具体体现和进一步发展。习近平总书记在论述各民族与中华民族之间的关系时，多次强调"56个民族是中华民族共同体""汉族离不开少数民族，少数民族离不开汉族，各少数民族之间也相互离不开""各民族的关系，是一个大家庭里不同成员的关系"，中华民族共同体是由56个民族组成的民族共同体，它与各个民族之间是个体与整体的关系。

新时代铸牢中华民族共同体意识，强化对中华民族的认同，首先要对中华民族和中华民族共同体的概念有所了解，在此基础上，认同和树立中华民族共同体意识。其次要正确认识中华民族与各民族之间的关系，充分认识到每个民族都是中华民族的一分子，自觉维护中华民族共同体。再就是要把中华民族共同体意识体现到思想、政治和行动中去，各民族像石榴籽一样，紧密团结在中华民族大家庭中，防止大民族主义，坚决反对民族分裂主义和极端民族主义。

（三）加强各民族对中华文化的认同

以铸牢中华民族共同体意识为主线，推进中华民族共同体建设必须正确认识本民族文化与中华文化之间的关系，加强对中华文化的认同。2014年中央民族工作会议上，习近平总书记指出："加强中华民族大团结，长远和根本的是增强文化认同，建设各民族共有精神家园，积极培养中华民族共同体意识。"[1]2021年3月5日，习近平总书记在参加十三届全国人大四次会议内蒙古代表团审议时强调："文化认同是最深层次的认同，是民族团结之根、民族和睦之魂。"[2]文化认同相对于其他方面的认同来说，更具根本性，我们要铸牢中华民族共同体意识，就必须高度重视这一根本因素。中华民族几千年传承发展，其中中华民族文化起到了重要的作用，正因为中华文化保存了民族的根和魂，中华民族的历史才没有中断，才能源远流长。中华文化是由56个民族共同创造的，是各个民族优秀文化的集合，中华文化与各少数民族的文化之间同样也是整体与个体之间的关系，我们强调中华文化的整体性，同样也高度重视少数民族文化的个体发展。中国共产党在文化上坚持文化的多样性政策，大力推进中华文化的发展。同时，我们党也高度重视少数民族文化的传承和发展，广泛实施了非物质文化遗产保护工程，设立了民族文化生态保护区，把少数民族文化的传承与发展纳入中华文化发展、社会主义文化发展事业，推动各个民族文化和整个中华文化百花齐放、百家争鸣，共同繁荣发展。进入新时代以来，以习近平同志为核心的党中央站在民族伟大复兴冲刺阶段的历史方位上高扬文化自信，把中华优秀传统文化摆在了突出的位置，不仅提出"两个结合"，而且更加重视少数民族传统文化的发展和传承，党的二十大明确了"铸就社会主义文化新辉煌"的战略部署，并对社会主义文化强国建设作出了具体安排，提出了通过发展民族文化为中华民族伟大复兴凝心铸魂。

新时代铸牢中华民族共同体意识，推进中华文化认同，首先要深化对中

---

① 习近平：《论坚持人民当家作主》，中央文献出版社2021年版，第107页。
② 《习近平在参加内蒙古代表团审议时强调 完整准确全面贯彻新发展理念 铸牢中华民族共同体意识》，《人民日报》2021年3月6日。

华文化整体的认同。铸牢中华民族共同体意识必须突出中华文化的整体性，我们要大力宣扬传播中华文化，加强对中华文化发展历史脉络、辉煌成果的认识，提升中华文化整体的认知度和认同度。大力挖掘中华优秀传统文化，推动中华优秀传统文化的创造性转化、创新性发展，为民族伟大复兴凝聚最大的力量，提供源源不断的动力。其次要明确对中华文化组成部分即少数民族文化个体的认同。铸牢中华民族共同体意识，在中华文化认同上还内在地包含了对少数民族文化的认同，各民族群众在认同中华文化整体的同时，还要认同本民族和其他少数民族的文化。再就是要尊重文化差异，推动文化多样化发展。中华文化本身就是文化多样化发展的产物，认同中华文化就要自觉地传承、保护、发展本民族和其他少数民族文化，鼓励和推动各种民族文化的共同发展。

（四）加强各民族对中国共产党的认同

以铸牢中华民族共同体意识为主线，推进中华民族共同体建设必须充分认识中国共产党的领导保障作用，加强对中国共产党的认同。2021年7月1日，习近平总书记在庆祝中国共产党成立100周年大会上的讲话中指出："一百年来，中国共产党团结带领中国人民进行的一切奋斗、一切牺牲、一切创造，归结起来就是一个主题：实现中华民族伟大复兴。"[1]中国共产党的100年是践行初心使命的100年，是为民族谋复兴的100年。从1921年到1949年，中国共产党带领全国各族人民艰苦奋斗，成立了新中国，实现了民族独立、人民解放，为实现中华民族伟大复兴创造了根本社会条件。从1949年到1978年，中国共产党带领中国各族人民进行社会主义革命和社会主义建设，为实现中华民族伟大复兴奠定了根本政治前提和制度基础。从1978年到2012年，中国共产党带领全国各族人民实现了中华民族从站起来到富起来的伟大飞跃，为实现中华民族伟大复兴提供了充满活力的体制保证和快速发展的物质条件。进入新时代以来，中国共产党带领全国各族人民朝着民族伟大复兴的宏伟目标继续前进，把中华民族伟大复兴带入了不可逆的

---

① 习近平：《在庆祝中国共产党成立100周年大会上的讲话》，人民出版社2021年版，第3页。

历史阶段。中国共产党的百年奋斗史充分证明，没有中国共产党，中国各民族不可能实现民族独立解放和发展，也不可能和全国其他各民族人民一道站起来、富起来和强起来。中国共产党的领导是历史的选择、全国各族人民的选择。中国共产党的领导是我们过去成功的原因所在，也是我们继续成功的保障所在。新时代新征程，只有在中国共产党的领导下，才能全面建成社会主义现代化强国、完成第二个百年奋斗目标、实现中华民族伟大复兴。

新时代新征程铸牢中华民族共同体意识，加强各民族对中国共产党的认同，各族人民要在思想上充分认识中国共产党的领导对于中华民族伟大复兴成功的关键作用，在行动上坚决拥护、自觉维护中国共产党的领导。同时，各族人民要在中国共产党的带领下，紧密团结、共同奋斗，一起完成中华民族伟大复兴的各项任务，全力推进全面建设社会主义现代化国家的新征程。

（五）加强各民族对中国特色社会主义的认同

以铸牢中华民族共同体意识为主线，推进中华民族共同体建设必须在对中国特色社会主义正确性充分认识的基础上，加强对中国特色社会主义的认同。习近平总书记用"四个自信"明确指出中国特色社会主义包含的四个重要组成部分，即中国特色社会主义道路、中国特色社会主义理论、中国特色社会主义制度和中国特色社会主义文化。中国特色社会主义是我国各族人民在改革开放过程中，在以邓小平同志为主要代表的中国共产党人带领下，立足我国发展实际，把马克思主义基本原理同我国改革开放和社会主义现代化建设实践相结合，历经千辛万苦探索出来的全新的道路、理论、制度和文化体系，是唯一适合我国国情和发展实际的道路、理论、制度和文化体系，其正确性已被历史和实践反复证明。2022年3月，习近平总书记在两会期间参加内蒙古代表团审议时，提出了新时代新征程我国发展的"五个必由之路"，其中第二条就是"中国特色社会主义是实现中华民族伟大复兴的必由之路"。

新时代铸牢中华民族共同体意识，加强各民族对中国特色社会主义的认同，要坚定"四个自信"，在中国特色社会主义实践成果深刻把握中，在纵向历史和横向现实深刻对比中，不断深化对中国特色社会主义道路、理论、制度和文化的认识、认同和自信。要高举中国特色社会主义伟大旗帜，从坚持和完善中国特色社会主义道路、坚持和创新中国特色社会主义理论、坚持和完善中国特色社会主义制度、坚持和发展中国特色社会主义文化四个方面，不断加强中国特色社会主义建设。要在新时代新征程中，坚持中国特色社会主义理论最新成果——习近平新时代中国特色社会主义思想的指导，夺取全面建设社会主义现代化国家的新胜利，把中国特色社会主义的伟大事业推向前进。

三、以铸牢中华民族共同体意识为主线，推动大学生中华民族共同体意识教育

大学生是社会主义事业的接班人，铸牢大学生中华民族共同体意识，推动大学生中华民族共同体意识教育，不仅关乎大学生个人的成长，而且关乎我国社会主义事业的推进和民族伟大复兴的实现。习近平总书记在第五次中央民族工作会议上明确指出："要构建铸牢中华民族共同体意识宣传教育常态化机制，纳入干部教育、党员教育、国民教育体系，搞好社会宣传教育。"①特别是对于国民教育体系中的青年大学生，习近平总书记更是高度关注，他不仅多次考察少数民族地区的高校，而且还在内蒙古大学考察中、在中央第七次西藏工作座谈会上、在新疆大学考察中多次强调大学生中华民族共同体意识教育的问题。新时代新征程，以铸牢中华民族共同体意识为主线，推动大学生中华民族共同体意识教育，可以从以下三个方面入手。

（一）铸牢大学生中华民族共同体意识，要突出中华民族共同体的内容

以铸牢中华民族共同体意识为主线，推动大学生中华民族共同体意识教育，必须突出内含在中华民族共同体当中的这些内容：

突出爱国主义教育。强调中华民族共同体，其实践意义和目的更侧重于国家统一、民族团结和民族发展复兴，中华民族这一国家民族、中国这一民族国家是其中的前提和重点。因此，铸牢大学生中华民族共同体意识，就要

---

① 习近平：《论坚持人民当家作主》，中央文献出版社2021年版，第330页。

把大学生中华民族共同体教育的内容和重点放在国家民族的构建、国家统一的维护上，就要大力推进爱国主义教育。大学生的爱国主义教育不同于其他国民教育，要针对大学生的实际情况，从单纯的情感教育走向理论教育与情感教育相结合，要加强"四史"教育、加强中华民族共同体历史发展的教育、加强中华民族共同体的理论教育、加强集体主义价值观教育、加强民族团结模范及其典型事例的教育等，从爱国主义这一民族精神的精华入手，为铸牢大学生中华民族共同体意识奠定扎实的情感、精神、价值观基础。①

突出"四个共同""四个与共"教育。2019年，习近平总书记在全国民族团结进步表彰大会上提出了"四个共同"，即我们辽阔的疆域是各民族共同开拓的、我们悠久的历史是各民族共同书写的、我们灿烂的文化是各民族共同创造的、我们伟大的精神是各民族共同培育的。②在2021年中央民族工作会议上，习近平总书记进一步明确指出"四个与共"，即"铸牢中华民族共同体意识，就是要引导各族人民牢固树立休戚与共、荣辱与共、生死与共、命运与共的共同体理念"③。"四个共同""四个与共"是中华民族共同体意识教育的重要内容，铸牢大学生中华民族共同体意识，必须加强"四个共同""四个与共"教育。加强大学生"四个共同""四个与共"教育，其立足点是帮助大学生牢固树立民族"共同体"理念，从疆域、历史、文化、民族精神等方面强调"共同性"。因此，我们铸牢大学生中华民族共同体意识，还必须加强民族发展历史教育、民族文化教育、领土疆域教育、民族理论政策教育等，特别要注重传承民族优秀传统文化，充分挖掘民族传统文化中"共同体"的因素，充分发挥这些因素的积极作用。

突出"五个认同"教育。"五个认同"是打造中华民族共有精神家园、推进中华民族共同体建设的主要内容，铸牢大学生中华民族共同体意识也必然突出"五个认同"教育。加强大学生"五个认同"教育，就是要使大学生正确认识国家与民族的关系、中华民族与各民族之间的关系、中华文化与本

---

① 参见商爱玲：《铸牢大学生的中华民族共同体意识》，《西南政法大学学报》2018年第1期。
② 参见习近平：《在全国民族团结进步表彰大会上的讲话》，人民出版社2019年版，第4—6页。
③ 习近平：《论坚持人民当家作主》，中央文献出版社2021年版，第327页。

民族文化之间的关系，充分认识党的民族复兴关键地位和领导保障作用、中国特色社会主义的正确性，深化对伟大祖国的认同、对中华民族的认同、对中华文化的认同、对中国共产党的认同、对中国特色社会主义的认同。

（二）铸牢大学生中华民族共同体意识，要注意教育的形式和方法

铸牢大学生中华民族共同体意识，除了要突出重点内容外，还必须针对大学生这一群体的特点，把握教育规律，注意教育的形式和方法，提升教育实际效果。

大力推进传统教育形式方法的创新。大学民族团结教育的传统方式主要是思政课，把民族团结教育、铸牢中华民族共同体意识的内容纳入思政课程，随着教育形势的发展，这种传统方式已经不太能满足大学生的需求，不太适应变化了的形势，迫切需要改革创新。创新大学生中华民族共同体传统教育，关键在树立"大思政"的理念，把传统课堂教育与课堂外的实践教育相联系，把传统思政课程教育与其他课程教育相联系，把传统讲授式教学与多样化教学相联系，大力推进传统教育形式方法的创新。[1]

大力推进新型教育形式方法的创新。随着我国大学思政教育改革创新的深入推进，很多新型教育形式和方法被纳入大学民族团结教育中，极大增强了大学民族团结教育的吸引力。铸牢大学生中华民族共同体意识教育创新新型教育形式和方法主要包括：其一，学习形式突破。突破传统理念，引入"大思政"，把主题文艺演出、民族传统文化学习、爱国基地考察参观等也纳入民族团结教育。其二，学习课堂突破。把学习课堂引向课堂外，社会志愿服务、民族团结典型人物事例实地考察、少数民族大学生交流等都可以作为大学民族团结教育的学习课堂。其三，学习方式突破。微信、微博、QQ、抖音等载体，网络学习、抖音视频制作、论坛互动等方式对于青年人更乐于接受、易于接受，这些载体和方式都可以在大学民族团结教育中有所突破。[2]

---

① 参见商爱玲：《铸牢大学生的中华民族共同体意识》，《西南政法大学学报》2018年第1期。
② 参见商爱玲：《铸牢大学生的中华民族共同体意识》，《西南政法大学学报》2018年第1期。

（三）铸牢大学生中华民族共同体意识，要贯穿学校教育的方方面面

铸牢大学生中华民族共同体意识，不仅在教育内容上要突出、教育方式上要创新，还要注意相关制度的配套完善和教育氛围的营造。

纳入学校教育的课程体系。一方面，要把铸牢大学生中华民族共同体意识的相关内容，特别是中华民族共同体、民族团结、民族发展史、民族政策等内容纳入大学教育教学的课程体系，把这些内容作为大学思政课程的必学内容列入教学计划。另一方面，树立"大思政"理念，把铸牢大学生中华民族共同体意识教育等相关内容的学习传播纳入大学教育的全部课程中，充分挖掘课程思政元素，在除哲学社会科学类课程之外的自然科学类、工程技术类、人文艺术类等专业课程教学中也要树立思政意识，把中华民族共同体、民族传统文化学习、民族发展史、民族政策等融入专业课程教学中，发挥大学全课程的思政和教化功能。

纳入学校教育的评价体系。其一，要把民族团结教育考核纳入大学教学质量评测内容。在日常教学质量测评、教学比赛、精品课评比等活动中增加"价值引领""立德树人""民族共同体培育"的考核指标，通过评测指标来强化课程导向。其二，把民族团结教育课程改革纳入大学教学改革计划。通过深化教学改革，不断探索民族团结教育创新的方式方法，不断引导民族团结进步教育的改革创新。

纳入学校教育的校园管理体系。在校园管理中，要重视对少数民族学生生活习俗的尊重，贯彻民族平等和民族团结的原则，大力推广嵌入式民族学生校园管理，加强各民族学生间的交流交融。通过校园管理，体现和落实中华民族共同体教育。在校园氛围营造中，张贴各种民族团结标语，注意网络平台民族团结的舆论引导，多开展民族团结特色活动等，通过引导和氛围营造，在潜移默化中深化中华民族共同体教育。

第三节　新时代新征程铸牢大学生中华民族共同体意识的思想基础和实践基础

以新时代党关于加强和改进民族工作的重要论述为指导，在新时代新征程铸牢大学生中华民族共同体意识，还必须具备两个方面的基础条件。一个是思想基础，主要是指正确的中华民族历史观。正确的中华民族历史观是我们在新时代开展民族工作、铸牢大学生中华民族共同体意识的思想文化基础和前提。另一个是实践基础，主要是指民族平等。民族平等的实现是我们在新时代开展民族工作、铸牢大学生中华民族共同体意识的实践前提条件。

一、思想基础——正确的中华民族历史观

习近平总书记在第五次中央民族工作会议上指出："必须坚持正确的中华民族历史观，增强对中华民族的认同感和自豪感。"[①]正确的中华民族历史观是铸牢大学生中华民族共同体意识的思想文化基础，只有正确认识和评价中华民族的发展历史，才能在新时代顺利推进铸牢大学生中华民族共同体意识的工作。

（一）正确的中华民族历史观的主要内容

历史观就是在看待历史问题上的立场、观点、态度和方法。正确的中华民族历史观就是要求我们正确地看待和评价中华民族发展的历史。习近平总书记在2019年全国民族团结进步表彰大会上指出："一部中国史，就是一部各民族交融汇聚成多元一体中华民族的历史，就是各民族共同缔造、发展、巩固统一的伟大祖国的历史。"[②]从习近平总书记对于中华民族发展史的论述中我们可以明确，正确的中华民族历史观至少包括"多元一体"的历史格局、"四个共同"的历史判断、"四个与共"的历史结论等主要内容。

---

① 习近平：《论坚持人民当家作主》，中央文献出版社2021年版，第326页。
② 习近平：《论坚持人民当家作主》，中央文献出版社2021年版，第284页。

"多元一体"的历史格局。中国不仅仅在当代作为一个统一的多民族国家而存在，而且中国从秦朝开始就逐步形成了这种多元一体的发展格局。多元一体共同发展是我国民族发展史最突出和最鲜明的特点。以多元一体为线索和标准来划分，我国的历史发展可以划分为四个阶段：第一阶段是秦以前，这是统一多民族国家的孕育阶段；第二阶段是秦汉至隋朝，这是统一多民族国家的开端阶段；第三阶段是隋唐五代两宋时期，这是民族大融合与统一多民族国家的发展阶段；第四阶段是元明清时期，这是当代中国各民族全部形成和统一多民族国家的确立定型阶段。[①]在这一漫长的历史发展过程中，无论是统一还是分裂，无论是和平还是战争，各民族间的融合交流从来没有停止过，正如习近平总书记所说："在历史演进中，我国各民族在分布上交错杂居、文化上兼收并蓄、经济上相互依存、情感上相互亲近，形成了你中有我、我中有你、谁也离不开谁的多元一体格局。"[②]

"四个共同"的历史判断。正是基于对几千年中华民族"多元一体"特点的把握，习近平总书记对中华民族发展作出了"四个共同"的历史判断。中华民族长期以来多元一体的发展格局，使得各民族在居住、文化、经济和情感上无法分隔，你中有我、我中有你，共同创造了中华民族恢宏的历史和文明。自秦以来，汉民屯边、边民内迁，历经几次民族大融合，共同开拓了祖国的领土；自秦以来，无论哪一个民族入主中原，都以统一天下为己任，都以中华文化正统自居，共同铸就中华民族的历史；自秦以来，各民族文化交流互鉴，不仅产生了唐诗、宋词、元曲，还产生了《格萨尔王》《玛纳斯》《江格尔》等民族文化精品，它们共同创造了中华民族的灿烂文化；自秦以来，各民族共同为民族独立、国家统一而斗争，涌现出很多民族英雄人物，共同凝聚起了伟大的中华民族精神。[③]

"四个与共"的历史结论。也正是在对多元一体的历史发展格局和"四

---

① 参见赵天晓、彭丰文：《新时代党的中华民族历史观及其重大意义》，《民族研究》2022年第2期。

② 中共中央宣传部：《习近平总书记系列重要讲话读本》（2016年版），学习出版社、人民出版社2016年版，第179页。

③ 参见赵天晓、彭丰文：《新时代党的中华民族历史观及其重大意义》，《民族研究》2022年第2期。

个共同"历史判断的把握基础之上，习近平总书记在2021年中央民族工作会议上提出了"休戚与共、荣辱与共、生死与共、命运与共"的共同体理念，对中华民族作出了"四个与共"的历史结论。"四个与共"的提出，既总结了中华民族几千年来历史发展的规律，又着眼当下和未来，把这一规律进行了理论升华，对于当下的中华民族共同体建设和民族伟大复兴的推进具有十分重要的作用。

（二）坚持正确的中华民族历史观，铸牢大学生中华民族共同体意识的实践要求

坚持正确的中华民族历史观是推动中华民族共同体建设、铸牢大学生中华民族共同体意识的思想文化基础，只有树立了正确的中华民族历史观才能有正确的历史认知、历史态度，才能形成历史情感和历史自信。新时代新征程，在国际国内形势极其复杂、历史发展不确定性明显增强、民族国家竞争压力增大的情况下，铸牢大学生中华民族共同体意识，必须帮助青年学生树立起正确的中华民族历史观。

形成正确的中华民族历史认知。坚持正确的中华民族历史观首先就是要帮助大学生形成正确的中华民族历史认知，充分认识中华民族历史发展中"多元一体"的历史格局、"四个共同"的历史判断和"四个与共"的历史结论。只有形成正确的中华民族历史认知，才能为正确的历史判断和态度、深厚的历史情感和历史自信奠定扎实的基础，才能铸牢大学生中华民族共同体意识。

树立科学的中华民族历史态度。坚持正确的中华民族历史观还必须帮助大学生树立科学的中华民族历史态度，在正确的历史认知的基础上，选择自己的态度，作出正确的评价。中华民族的历史是一部民族交融史、民族奋斗史，中华民族在历史上交融、奋斗创造的辉煌成就足以让我们认同和自豪。坚持正确的中华民族历史观，就是要让大学生在正确认知中华民族历史的基础上，增强他们的认同感和自豪感。具备科学的历史态度，是铸牢大学生中华民族共同体意识的必然要求。

培育深厚的中华民族历史情感。树立正确的中华民族历史观，在实践

中还要激发出大学生深厚的民族情感。共同的民族记忆是民族情感的深刻根源。几千年来，多元一体的历史发展，造就了我们中华民族共同的珍贵的民族记忆，这些民族记忆是无法改变和被取代的，是我们爱国主义精神最深刻的根源所在。加强民族历史教育、加强民族共同体教育，认知、认同中华民族历史，厚植共同的民族记忆，激发出年轻人的爱国主义精神，为铸牢中华民族共同体意识筑牢情感基石。

高扬坚定的中华民族历史自信。树立正确的中华民族历史观要求我们通过教育，坚定大学生的历史自信。一些歪曲和攻击中华民族多元一体的发展历史，妄想分裂中华民族、动摇中华民族统一基石的言论，对于历史观还没有完全形成的青年学生来说，是很大的考验。只有加快树立大学生正确的中华民族历史观，才能使我们的青年学生高扬历史自信，有效抵制各种诱惑和风险挑战，铸牢中华民族共同体意识。

二、实践基础——民族平等

民族平等是马克思主义民族理论的理论基石和基本原则之一，是实现民族团结、各民族共同繁荣发展的前提和基础。习近平总书记在第五次中央民族工作会议上明确指出："必须坚持各民族一律平等，保证各民族共同当家作主、参与国家事务管理，保障各族群众合法权益。"[1]新时代新征程，推动铸牢大学生中华民族共同体意识在内的所有民族工作，同样必须坚持民族平等的基本理念，必须以民族平等为实践基础。

（一）民族平等是马克思主义民族理论的基本观点

马克思主义在民族问题上的根本立足点和基本原则就是民族平等。马克思主义民族平等思想主要包括三个方面的内容：其一，一切民族都是平等的，各个不同的民族，在人口、地域、经济文化发展水平上虽有差异，但绝无优劣贵贱之分。其二，各民族在政治、经济、文化、语言文字等各个方面的权利也是平等的，反对任何民族享有特权，无条件地保护一切少数民族在

---

[1] 习近平：《论坚持人民当家作主》，中央文献出版社2021年版，第326页。

各方面的平等权利。其三，消灭剥削阶级和剥削制度是彻底实现民族平等的前提。民族平等、民族团结和各民族共同繁荣是马克思主义民族理论三大理论基石，是马克思主义处理民族关系，解决民族问题的三大基本原则，这三大基本原则和理论基石是一个互相联系、互相作用的统一整体。民族平等是民族团结的基础，民族团结是实现民族平等的重要标志，而民族平等和民族团结又是实现各民族共同繁荣的基本保证。各民族共同繁荣，又为实现民族平等、巩固民族团结提供了雄厚的物质基础。[①]

（二）民族平等是中国共产党民族理论和政策的基石

中国共产党自成立之日起，就明确了马克思主义在处理民族关系、解决民族问题上的指导地位，不仅提出了民族解放的历史使命，而且在《中华苏维埃共和国国家基本法（宪法）大纲草案》中明确提出"不分种族……都是一律平等看待"的民族平等的原则。[②]新中国成立后，民族平等成为我国立国的根本原则之一。正是在民族平等原则基础之上，确立了我国民族区域自治制度、民族地区文化教育制度、民族干部制度等；正是在民族平等原则基础之上，我们为了保证少数民族平等权利的实现，选出全国人大和全国政协的少数民族代表和委员，大力推进少数民族地区经济社会发展等。党的十八大以来，以习近平同志为核心的党中央更是明确提出了全面建成小康社会"一个民族都不能少"，聚全国之力打赢脱贫攻坚战，集中体现了民族平等原则在新时代的理论创新和实践创新。

（三）坚持各民族一律平等，铸牢大学生中华民族共同体意识的实践要求

坚持各民族一律平等，铸牢大学生中华民族共同体意识在实践中要求我们做到：保障少数民族学生平等权利，落实少数民族优惠政策。在铸牢大学生中华民族共同体意识过程中，我们要注重保障少数民族大学生政治、经

---

① 肖浩辉、曾端期主编：《马克思主义的民族理论与民族政策》，湖南人民出版社1990年版，第52页。
② 参见陈永亮：《马克思主义民族平等思想在中国的运用和发展》，《学术界》2021年第7期。

济、文化、语言文字等各方面的平等权利；要注重国家各种少数民族优惠政策的贯彻落实，如西部开发计划中的教育优惠政策、少数民族考生高考加分优惠政策等。

加强少数民族大学生培育，推动民族地区经济社会发展。坚持各民族一律平等，最大的保障和体现就是大力推进民族地区经济社会的发展。坚持各民族一律平等，铸牢大学生中华民族共同体意识，要求我们注重加快少数民族大学生的培育，为推动民族地区经济社会发展提供强有力的人才支撑。

加强民族平等教育，反对民族歧视。坚持各民族一律平等，铸牢大学生中华民族共同体意识，必然要求我们加强对大学生的民族平等教育，把民族平等教育作为思想教育和中华民族共同体教育的重要内容。反对大汉族主义，反对民族歧视。在民族交流交融的实践中，大汉族主义、民族歧视的现象，是影响民族平等和推进中华民族共同体建设的巨大障碍，必须旗帜鲜明地加以反对。

第四节　新时代新征程铸牢大学生中华民族共同体意识的旗帜方向和途径方法

新时代开展民族工作、铸牢大学生中华民族共同体意识工作还必须回答旗帜方向和途径方法的基本问题。第五次中央民族工作会议提出的"十二个必须"作为新时代新征程我国改进和加强党的民族工作、铸牢大学生中华民族共同体意识的根本遵循，明确了中华民族大团结的旗帜方向，明确了制度载体、物质基础等途径方法。

一、旗帜方向——中华民族大团结

习近平总书记在第五次中央民族工作会议上指出："必须高举中华民族大团结旗帜，促进各民族在中华民族大家庭中像石榴籽一样紧紧抱在一起。"①新时代民族工作的旗帜就是"中华民族大团结",我们要在这一旗帜下,以民族大团结为指引,围绕民族大团结,推动民族大团结。

（一）高举中华民族大团结旗帜的客观必然性

高举中华民族大团结旗帜是坚持马克思主义民族理论的必然。民族团结是马克思主义民族理论的理论基石之一,是民族平等的标志和体现,也是民族共同繁荣的基础和前提。民族团结包含两个层面的内容:一是不同民族间的团结,二是同一民族内部的团结。不同民族和同一民族内部广大无产阶级和劳动群众在权利平等的基础上自愿联合起来,共同斗争,一起反对共同的敌人,实现共同的目标。坚持民族大团结,维护祖国稳定统一,始终都是我国各族人民的根本利益所在,始终都是我国民族工作的中心和重心。

高举中华民族大团结旗帜是把握我国民族发展规律的必然。在长期多元一体的发展过程中形成了我国特有的民族发展规律。习近平总书记指出:"我国是统一的多民族国家,各民族团结和谐,则国家兴旺、社会安定、人民幸福;反之,则国家衰败、社会动荡、人民遭殃。"②我们把握我国民族发展规律,必然高举民族大团结的旗帜。

高举中华民族大团结旗帜是实现中华民族伟大复兴目标的必然。新时代是民族伟大复兴的冲刺阶段,我们比历史上任何时期都更接近民族伟大复兴的目标。当然,冲刺阶段也是最难的阶段,民族伟大复兴绝不是轻轻松松敲锣打鼓就能实现的,这一时期比以往所有时期都更需要全体中华儿女的共同奋斗,正如习近平总书记所指出的那样,"实现中华民族伟大复兴,需要各民族手挽着手、肩并着肩,共同努力奋斗"③。

高举中华民族大团结旗帜是解决我国当前民族问题的必然。当前我国民族关系总体是好的,平等团结互助和谐的民族关系不断巩固。但是,我们也必须看到,当前我国依然存在民族地区发展相对滞后、民族分裂主义、民族

---

① 习近平:《论坚持人民当家作主》,中央文献出版社2021年版,第326页。
② 《习近平在参加内蒙古代表团审议时强调 不断巩固中华民族共同体思想基础 共同建设伟大祖国 共同创造美好生活》,《人民日报》2022年3月6日。
③ 习近平:《论坚持人民当家作主》,中央文献出版社2021年版,第288页。

歧视等问题，习近平总书记把我国当前民族形势概述为"五个并存"①，这些新形势新情况新问题的出现，必然要求我们高举中华民族大团结旗帜，团结奋斗、共同努力、共同克服。

（二）高举中华民族大团结旗帜，铸牢大学生中华民族共同体意识的实践要求

深刻认识民族团结与中华民族共同体建设的关系。中华民族共同体是民族团结的产物和体现，民族团结是中华民族共同体的基础和灵魂所在。铸牢大学生中华民族共同体意识，必须在深化大学生中华民族共同体意识教育中，深化大学生对民族团结与中华民族共同体关系的认识，高举民族大团结旗帜，巩固发展民族团结，推动中华民族共同体建设。

全面贯彻党的民族理论和政策。党的民族理论和政策是在民族平等和民族团结基础上制定的，是保障民族平等和民族团结的思想制度基础，高举民族大团结旗帜，落实到民族工作中，落实到铸牢大学生中华民族共同体工作中，就是要全面贯彻与大学生相关的民族理论和政策。

全面巩固"像石榴籽一样紧紧抱在一起"的民族关系。高举民族大团结旗帜，铸牢大学生中华民族共同体意识，还必须在我国的大学教育和生活中，构建和巩固平等团结互助和谐的民族关系，促进各民族大学生"像石榴籽一样紧紧抱在一起"。

不断深化民族团结进步教育和创建。高举民族大团结旗帜，铸牢大学生中华民族共同体意识，核心和重点还是要在各级大学深化民族团结进步教育，把民族团结进步教育纳入学校教学体系，并结合文明创建活动，积极创建民族团结进步示范校园。

二、途径方法——制度载体、物质基础、精神纽带、根本方法、具体方法

加强和改进新时代民族工作，铸牢大学生中华民族共同体意识，不仅需

---

① 参见中共中央、国务院《关于加强和改进新形势下民族工作的意见》。

要明确历史方位、重点任务、思想基础、实践基础等，还需要找到贯彻落实的具体途径方法。

（一）制度载体——民族区域自治制度

习近平总书记在第五次中央民族工作会议上指出，"必须坚持和完善民族区域自治制度，确保党中央政令畅通，确保国家法律法规实施"①。民族区域自治制度是我国的基本政治制度之一，是我国处理民族关系、解决民族问题的一个基本制度载体，是中国特色解决民族问题正确道路的主要内容，是我国特有的民族区域治理方式。中国共产党在马克思主义民族理论的指导下，在新中国成立之前就开始在根据地、解放区探索民族区域自治，并在1947年5月设立了第一个少数民族自治区——内蒙古自治区。新中国成立后，我国在全国范围内大力推进民族区域自治，已经建立了5个自治区、30个自治州。民族区域自治实践70多年来，已经成为保障我国少数民族平等权利、实现民族团结、推进民族地区经济社会发展、实施民族区域治理的正确有效的制度体系。新时代新征程，我们必须充分认识民族区域自治制度对于民族团结和民族地区发展的重要作用，充分利用和发挥好这一制度载体的优势。

以民族区域自治制度为制度载体铸牢大学生中华民族共同体意识，就是要在少数民族地区、少数民族高校贯彻落实民族区域自治制度，保障民族区域自治权利的实现，包括立法权、发展权、民主参与权等。不断推进民族区域自治制度的完善，及时修改这一制度中不适应时代的内容，推动制度与时俱进。

（二）物质基础——各民族共同繁荣发展

经济是基础之基础，发展是最大的民生。民族繁荣发展是民族平等和民族团结的物质基础。由于少数民族地区地理环境、生产条件等客观上的不足，长期以来，少数民族地区经济社会发展相对滞后。新中国的成立和民族区域自治制度的确立，为民族地区的发展奠定了政治和制度基础，西藏、新疆等

---

① 习近平：《论坚持人民当家作主》，中央文献出版社2021年版，第326页。

少数民族聚集地区从落后的阶级社会直接进入社会主义社会，生产力落后的问题凸显。为了发展少数民族经济，中国共产党在几代领导人的带领下，接续奋斗，特别是新时代以来，在以习近平同志为核心的党中央的带领下，经过决胜脱贫攻坚，终于在我国贫困地区和民族地区消除了绝对贫困。随着各民族地区的发展，各少数民族的民族平等得到有效保障，民族团结得到极大巩固。新时代新征程，我们要继续高度重视民族地区的经济发展，大力推进民族地区的现代化建设，大力促进共同富裕在民族地区的实现，习近平总书记在第五次中央民族工作会议上指出："支持各民族发展经济、改善民生，实现共同发展、共同富裕。"①

以民族地区经济社会发展为物质基础铸牢大学生中华民族共同体意识，就要在新时代新征程，立足大学教育，大力促进民族地区现代化建设，大力推进民族地区的共同富裕，为我国民族共同体的建设奠定扎实的物质基础；还要大力培育少数民族大学生，为促进民族地区发展提供强大的人才支撑。

（三）精神纽带——中华民族共有的精神家园

我国各民族在几千年的民族发展史中共同创造的中华文明是我们共有的精神财富和精神家园，是我们生生不息的精神纽带，是我们各个民族彼此不可分离的最深层的原因，也是我们继续团结奋进的不竭源泉。习近平总书记在第五次中央民族工作会议上指出："必须构筑中华民族共有精神家园，使各民族人心归聚、精神相依，形成人心凝聚、团结奋进的强大精神纽带。"②

以中华民族共有精神家园为精神纽带铸牢大学生中华民族共同体意识，就是要在大学里大力开展民族团结教育和民族团结创建活动；就是要立足大学，自觉地大力传播和传承中华文明，不断厚植这个文化根基和精神纽带。

（四）根本方法——交流交融

交流交融是促进民族团结的有效途径，只有通过交流交融，才能加深了解和情感，才能构建起中华民族共同体，如果没有交流交融，只会导致民族隔离和隔阂，甚至矛盾分裂。习近平总书记在第五次中央民族工作会议上指

①② 习近平：《论坚持人民当家作主》，中央文献出版社2021年版，第326页。

出："必须促进各民族广泛交往交流交融，促进各民族在理想、信念、情感、文化上的团结统一，守望相助、手足情深。"①以交流交融为具体途径铸牢大学生中华民族共同体意识，就是要加强各民族大学生间的政治、经济、文化等各方面的交流，开展各种民族交流活动；就是要不断探索创新大学生民族交流交融的形式和载体，如"共居、共学、共事、共乐"的互嵌式校园建设、民族文化展示等。

（五）具体方法——依法治理

法治是近代文明的重要成果，是实现治理现代化的有效手段，依法治国也是我国的治国战略。在依法治国战略下，民族事务治理也必然走上法治的道路。习近平总书记强调："必须坚持依法治理民族事务，推进民族事务治理体系和治理能力现代化。"②新中国成立以来，我国在民族工作方面陆续出台了《中华人民共和国民族区域自治实施纲要》《中华人民共和国民族区域自治法》《城市民族工作条例》等相关法律条例，少数民族自治地方又结合自身的实际情况，重点围绕中华文化保护等，制定了地方法律法规体系。这些法规条例，对于保障少数民族权利，促进民族地区发展发挥了重要的作用。

以依法治理为具体方法铸牢大学生中华民族共同体意识，就要不断提升大学生依法治理民族事务的认识和能力；就要全面贯彻落实党的民族政策，更好保障少数民族大学生的民族权利；还要按照相关法律法规的要求，在少数民族学生中开展教育活动。

---

①②　习近平：《论坚持人民当家作主》，中央文献出版社2021年版，第327页。

第五节　新时代新征程铸牢大学生中华民族共同体意识的根本原则和根本保障

新时代坚持习近平总书记关于加强和改进党的民族工作重要思想的指导，铸牢大学生中华民族共同体意识还必须明确新时代民族工作的根本原则和根本保障，明确新时代铸牢大学生中华民族共同体意识要维护的根本利益是什么、最根本的保障是什么。只有明确根本原则和根本保障，才能在实践工作中有所遵循，坚守住最重要的，维护好最根本的，确保工作的正确方向和工作的最终成功。

一、根本原则——坚决维护国家主权、安全、发展利益

新时代新征程，加强和改进民族工作的根本原则是国家利益至上，铸牢大学生中华民族共同体意识，也必须坚持这一根本原则。在推动共同体建设中，始终把国家利益放在最高位置，坚决维护国家主权、安全和发展利益。习近平总书记在第五次中央民族工作会议上指出："必须坚决维护国家主权、安全、发展利益，教育引导各民族继承和发扬爱国主义传统，自觉维护祖国统一、国家安全、社会稳定。"①

（一）坚决维护国家主权、安全、发展利益

国家利益至上是民族国家的根本原则，在"国家—社会—人民"的架构中，国家是社会和人民存在和发展的前提和根本，失去了民族国家的政治基础，社会和人民的生存和发展就将失去根本的保障。世界上所有的民族国家都把国家利益作为自己的根本利益。国家利益体现在国家生活的方方面面，在所有国家利益中，国家主权、安全、发展利益是其中的核心。国家主权、安全、发展利益对于民族国家的各个民族来讲，其重要作用主要体现在：其

---

① 习近平：《论坚持人民当家作主》，中央文献出版社2021年版，第327页。

一，国家主权、安全、发展是民族独立解放的需要。民族国家只有在国家主权、安全和发展实现的基础上，各民族的独立和解放、民族政治权利才能得到实现，如果国家主权不确定、国家安全不保障，各民族的独立和解放就失去了强有力的政治保障，很难实现。以中国民族史为例，正是新中国的成立，西藏等地区少数民族的解放和独立才得以实现。其二，国家主权、安全、发展是民族发展的需要。当国家主权、安全得到保障，民族发展就能在安全、稳定、有序的社会秩序下顺利开展，国家发展才有保障。同样以中国民族史为例，正是新中国的成立和我国各项民族政策的确立和落实，我国各少数民族在国家的大力扶持下，逐步走上了发展的道路，在2020年一道迈入小康社会。其三，国家主权、安全、发展是增强民族共同体认同感、自豪感的需要。一个统一、安全、发展的国家是民族共同体建设的必要条件，在民族国家的竞争中，统一、安全、发展的民族国家往往具有更大的优势，统一、安全、发展的民族国家的民族认同感、自豪感会得到极大的增强。70多年来的统一、安全和发展，使得我国提出铸牢中华民族共同体意识、推进中华民族共同体建设具有了坚实的基础，实现了从"自在"到"自觉"的跨越。[①]

（二）坚持维护国家主权、安全、发展利益，铸牢大学生中华民族共同体意识的实践要求

维护国家主权、安全、发展利益，铸牢大学生中华民族共同体意识，要求我们在实践中高举爱国主义伟大旗帜，自觉维护祖国统一、国家安全、社会稳定。一是继承和发扬爱国主义传统。维护祖国统一、国家安全、社会稳定的坚定思想文化基础就是爱国主义精神和传统。我国自古以来就有悠久的爱国主义传统，涌现出了一大批少数民族的爱国英雄和爱国事迹，如鸦片战争中蒙古族等少数民族积极参战，不畏牺牲，抗日战争中抗日民族英雄马本斋等。铸牢大学生中华民族共同体意识，维护祖国统一、国家安全、社会稳定就是要高举爱国主义伟大旗帜，继续发扬这一优良传统。二是巩固和提

---

① 参见杨昌儒、柏友恒、金浩：《坚决维护国家主权、安全、发展利益，自觉维护祖国统一、国家安全、社会稳定》，《黑龙江民族丛刊》2022年第1期。

升"五个认同"。铸牢大学生中华民族共同体意识，维护祖国统一、国家安全、社会稳定还需要增进各民族大学生对伟大祖国、中华民族、中华文化、中国共产党、中国特色社会主义的认同。只有深刻认同共同的祖国、民族共同体、文化、党的领导和事业，才能有维护祖国统一、国家安全、社会稳定的坚实的思想理论基础。三是坚决反对民族分裂主义和极端民族主义。民族分裂主义和极端民族主义就是高度强调本民族的个体利益，把民族个体利益置于国家利益之上，对于民族团结、国家统一和社会稳定的危害非常大。20世纪90年代以来，我国民族分裂主义和极端民族主义在一定范围内有所抬头，特别是国内的民族分裂分子和国际的民族分裂分子相互勾结，在大学校园和边远地区加速渗透，成为影响我国祖国统一、国家安全、社会稳定的主要因素之一，铸牢大学生中华民族共同体意识，就要在大学和国民教育体系中保持高度政治敏锐性，对教师、教学体系、活动开展、学校管理中的各环节进行民族问题的审核和预判，阻断国际国内民族分裂分子的联系和对校园的渗透。

二、根本保障——党的领导

党的领导是新时代民族工作的根本保障，同样也是铸牢大学生中华民族共同体意识工作的坚强保障。过去我们在民族工作上之所以取得很大成就，推动民族团结和发展，其根本原因就在于中国共产党的正确引领和坚强领导。新时代新征程，我们要继续推动民族工作，铸牢大学生中华民族共同体意识，必须更加坚定地以习近平总书记关于加强和改进民族工作的重要思想为指导，更加坚定地坚持党的领导。习近平总书记在第五次中央民族工作会议上指出："必须坚持党对民族工作的领导，提升解决民族问题、做好民族工作的能力和水平。"①

（一）党的领导是铸牢中华民族共同体意识的根本保障

党的领导是铸牢中华民族共同体意识的根本保障，这一保障作用已经被

---

① 习近平：《论坚持人民当家作主》，中央文献出版社2021年版，第327页。

理论、历史和现实的必然性所证明。中华民族共同体建设作为党的民族工作的一部分，必然坚持党的领导。只有坚持党的领导，才能确保中华民族共同体建设的正确方向，确保民族团结、民族平等、民族发展的民族共同体基础的实现，也才能促进民族交流交融，确保民族共同体建设目标、全体人民共同富裕目标和中华民族伟大复兴目标的实现。

中国共产党的百年党史，是在马克思主义民族理论指导下，不断推进民族团结和民族发展，不断推进民族共同体建设的历史。中国共产党从成立起就提出了民族独立和解放，在革命根据地推进民族交流交融。新中国成立前创立少数民族自治区，新中国成立以来广泛实施民族区域自治，大力发展民族地区经济，在民族地区全面建成小康社会。党的历史充分证明，党的领导是中华民族共同体建设得以顺利推进的根本保障。

当前，我国国内民族团结已成为主流，但在民族团结的大趋势下"各民族交往交流交融趋势增强和涉及民族因素的矛盾纠纷上升并存……反对民族分裂、宗教极端、暴力恐怖斗争成效显著和局部地区暴力恐怖活动活跃多发并存"①，而且国内的极端民族主义分子和海外的分裂势力相勾结，国内的民族问题与国外的反动势力有着千丝万缕的联系，要应对这种复杂的局面，迫切要求加强党的全面领导。党的二十大发出了"全面建设社会主义现代化国家"的号召，并就全面建设社会主义现代化国家的战略目标，作出了具体的战略部署和安排，在国内外形势极其复杂的局势下进行社会主义现代化建设，任务艰巨而繁复，这更加要求我们坚持党的领导，以保障现代化任务的顺利推进和按时实现。②

---

①　中共中央、国务院《关于加强和改进新形势下民族工作的意见》。

②　参见张林锐、龙群：《党的全面领导对铸牢中华民族共同体意识的作用研究》，《边疆经济与文化》2022年第10期。

（二）加强党的全面领导，铸牢大学生中华民族共同体意识的实践要求

新时代新征程，在铸牢大学生中华民族共同体意识过程中加强党的全面领导，要求我们在实践中做到：一是加强党对高等教育工作和民族工作的全面领导。铸牢大学生中华民族共同体意识，是党的教育工作和民族工作的重要内容，在民族工作和高等教育中加强党的领导就是要在高校和民族工作部门明确党对铸牢大学生中华民族共同体意识工作的领导及领导制度；就是要在高校和民族工作部门牢牢掌握铸牢大学生中华民族共同体意识工作的主导权；就是要在高校和民族工作部门的相关工作中充分发挥党组织的作用。[①]二是在高校和民族工作中全面贯彻落实党的民族政策。在高校和民族工作中全面贯彻落实党的民族政策是加强党对高等教育和民族工作全面领导的重要体现和重要内容。在铸牢大学生中华民族共同体意识工作中贯彻落实党的民族政策最主要的就是在高校中贯彻落实好以民族区域自治制度为核心内容的民族平等、民族团结、民族繁荣发展的相关制度，在学校教育和大学生活中大力促进民族交流交融，充分发挥高校在铸牢大学生中华民族共同体意识方面的积极作用。[②]

———————

① 参见冯玉军：《坚持和加强党对高校的全面领导》，《红旗文稿》2020年第21期。
② 参见陈建樾：《坚持党的领导，守正创新地做好新时代的民族工作》，《中华文化论坛》2021年第4期。

新时代新征程铸牢大学生中华民族共同体意识的使命任务

铸牢中华民族共同体意识是习近平新时代中国特色社会主义思想中的重要论断，是马克思主义民族理论在中国背景下孕育出的新理论，是当前民族工作的鲜明主线。为了推进民族工作的有序进行，党的二十大报告进行了"以铸牢中华民族共同体意识为主线，坚定不移走中国特色解决民族问题的正确道路，坚持和完善民族区域自治制度，加强和改进党的民族工作，全面推进民族团结进步事业"①的总体部署。高校承担了培养社会主义合格建设者和接班人的历史使命，是开展铸牢中华民族共同体意识教育的重要阵地。大学生是我们中华民族未来的希望，背负着中华民族伟大复兴之梦，促进大学生铸牢中华民族共同体意识，是铸牢中华民族共同体意识的一项重要工作。面对大学生这一群体，铸牢中华民族共同体意识，宏观层面有利于维护国家统一和民族团结，微观层面有利于高校培养和输出人才，为中华民族伟大复兴提供人才保障。从高校的使命出发，立足大学生的独特价值，从四个方面提出了铸牢大学生中华民族共同体意识的使命任务，即深化党的民族理论教育，用党的创新理论武装头脑；增强文化认同，构筑中华民族共有精神家园；创新实践育人，促进各民族深度交往交流交融；强化机制保障，铸牢中华民族共同体意识。

---

① 习近平：《高举中国特色社会主义伟大旗帜 为全面建设社会主义现代化国家而团结奋斗——在中国共产党第二十次全国代表大会上的报告》，人民出版社2022年版，第39—40页。

第一节　铸牢大学生中华民族共同体意识的时代价值

一、铸牢大学生中华民族共同体意识是维护国家统一和民族团结的时代要求

大学生是维护国家长治久安、推动民族团结发展的重要力量。立足时与势，我国发展所面临的是两个大局，其一是中华民族伟大复兴的战略全局，其二是世界百年未有之大变局。当下我国正处于开启社会主义现代化强国建设新征程和实现中华民族伟大复兴关键时期，中华民族遇到了前所未有的发展机遇，但同时全球形势依旧严峻，铸牢中华民族共同体意识成为当前意识形态领域的一项重要战略任务。所以，必须铸牢大学生中华民族共同体意识并将其转化为行动自觉是时代对大学生的要求。国家统一与各族大学生前途命运密不可分，要深刻认识到任何人、任何民族都不能脱离国家单独生存。

二、铸牢大学生中华民族共同体意识是高校落实立德树人根本任务的内在要求

高校不仅担负着培养社会主义合格建设者和接班人的历史使命，同时还要落实立德树人的根本任务。党的二十大报告强调："全面贯彻党的教育方针，落实立德树人根本任务，培养德智体美劳全面发展的社会主义建设者和接班人。"[①]一个人的民族观和民族身份意识不是天生的，中华民族共同体意识和国家公民意识也不是与生俱来的，都需要经过教育和培养才能形成。高校把铸牢中华民族共同体意识作为一项重要工作，尤其是思想政治理论课，要把铸牢中华民族共同体意识教育当作主要内容，将休戚与共、荣辱与共、生死与共、命运与共的理念植入每个大学生的大脑中，内化为"五个认同"。

---

① 习近平:《高举中国特色社会主义伟大旗帜　为全面建设社会主义现代化国家而团结奋斗——在中国共产党第二十次全国代表大会上的报告》，人民出版社2022年版，第34页。

爱国主义教育，社会主义核心价值观教育，树立正确的国家观、民族观、历史观、文化观、宗教观的教育一刻也不能疏忽，而且需要持续不断地开展行之有效的活动加以巩固。

三、铸牢大学生中华民族共同体意识是实现中华民族伟大复兴的必然要求

实现中华民族伟大复兴，是近代以来我们最伟大的梦想，这也符合中华民族和中国人民的整体利益。在庆祝中国共产党成立100周年大会上，习近平总书记提到，"未来属于青年，希望寄予青年……新时代的中国青年要以实现中华民族伟大复兴为己任"[1]。党的十八大以来，党中央对民族工作进行了较为全面的部署，在促进民族团结进步方面取得了历史性的成就，中华民族迎来了历史上最好的发展时期。每一代大学生都有自身的使命，当代大学生是第二个百年奋斗目标的"接棒人"，肩负着实现中华民族伟大复兴的重任，必须有坚定的理想信念，这就要求当代大学生树立牢固的中华民族共同体意识。只有这样，才能让一代代中华儿女团结在一起，才能加强中华民族的凝聚力、战斗力。大学生来自全国各地，他们会聚在高校中，相互交流，在高校中开展民族进步和民族团结教育，引导各族学生深刻认识国家统一、民族团结是各族人民的生命线。通过提高对国家、民族的共同体认识，激发学生在同其他民族的交流交往、发展等方面的积极性、主动性，带动社会主义事业的发展，推动民族进步事业加速前行，为中华民族的复兴梦奠定良好的基础，实现中华民族伟大复兴。

一分部署，九分落实。高校要坚持以习近平新时代中国特色社会主义思想为指导，紧紧围绕"培养什么人、怎样培养人、为谁培养人"这一根本问题，将铸牢中华民族共同体意识这一鲜明主线贯穿立德树人全过程，促进各民族师生交往交流交融，为实现中国梦作出应有的贡献。

---

[1] 习近平：《在庆祝中国共产党成立100周年大会上的讲话》，人民出版社2021年版，第21页。

第二节　深化党的民族理论教育，用党的创新理论武装头脑

党的十九届六中全会概括了具有重大历史意义和现实指导意义的十条历史经验，其中一条就是"坚持理论创新"。中国共产党是勇于理论创新的党，也是善于理论创新的党。正如党的二十大报告指出的："中国共产党为什么能，中国特色社会主义为什么好，归根到底是马克思主义行，是中国化时代化的马克思主义行。"①党在民族理论和民族政策上不断进行实践创新和理论创新，党在民族工作方面实现了巨大的突破和进步，在这一过程中走出了一条中国特色解决民族问题的正确道路。

一、全面准确把握习近平总书记关于加强和改进民族工作的重要思想

中国共产党从组建开始就高度重视民族工作，同时将马克思主义民族理论和我国的国情融合起来，在解决民族问题方面积累了比较丰富的经验，以民族平等、团结、区域自治为总体方针，不断地完善民族理论以及政策，为做好革命、建设、改革各个历史时期的民族工作提供了指引。②

党的十八大至今，以习近平同志为核心的党中央把民族工作摆在前所未有的重要位置，围绕"两个一百年"奋斗目标和中国梦，严格地践行马克思主义民族理论，一边继承，一边创新，针对我国民族问题的现状，加强思想、论断上的创新，不断地提出并落实新要求，习近平新时代中国特色社会主义思想下的民族工作理论框架逐渐成形。

2021年中央民族工作会议上，习近平总书记指出，必须从中华民族伟

---

① 习近平：《高举中国特色社会主义伟大旗帜　为全面建设社会主义现代化国家而团结奋斗——在中国共产党第二十次全国代表大会上的报告》，人民出版社2022年版，第16页。
② 参见牛锐：《奋力开创民族理论研究新局面——近年来民族理论研究创新发展综述》，《中国民族报》2023年4月25日。

大复兴战略高度把握新时代党的民族工作的历史方位；必须把推动各民族为全面建设社会主义现代化国家共同奋斗作为新时代党的民族工作的重要任务；必须以铸牢中华民族共同体意识为新时代党的民族工作的主线；必须坚持正确的中华民族历史观；必须坚持各民族一律平等；必须高举中华民族大团结旗帜；必须坚持和完善民族区域自治制度；必须构筑中华民族共有精神家园；必须促进各民族广泛交往交流交融；必须坚持依法治理民族事务；必须坚决维护国家主权、安全、发展利益；必须坚持党对民族工作的领导。习近平总书记的这一番论述，涵盖了民族工作的历史方位、重要任务、工作主线、制度保障、实现方式等，是党在民族工作方面的宝贵经验，是马克思主义民族理论中国化的重要创新成果，是新时代做好民族工作的实践指引。

二、思政课全过程融入铸牢中华民族共同体意识

2019年3月18日，习近平总书记出席学校思想政治理论课教师座谈会时明确指出："办好思政课，就是要开展马克思主义理论教育，用新时代中国特色社会主义思想铸魂育人，引导学生增强中国特色社会主义道路自信、理论自信、制度自信、文化自信，厚植爱国主义情怀，把爱国情、强国志、报国行自觉融入坚持和发展中国特色社会主义、建设社会主义现代化强国、实现中华民族伟大复兴的奋斗之中。"[1]

高校思政课把铸牢中华民族共同体意识的主要内容、价值内涵融入教材编写、课堂讲授、作业布置、考试设计等不同环节中。在专业课程设置上，积极融入马克思主义民族观、党和国家的民族理论政策法规和民族团结等相关内容，比如科学社会主义、中国共产党思想政治教育史、中国共产党历史、中华人民共和国史等课程，均涉及相关内容。在教材的编写上，必须坚持正确的中华民族历史观，明确中华民族、中华民族共同体等相关概念的内涵及外延，系统阐述马克思主义国家观、历史观、民族观、文化观等。在课堂教学内容安排上，引导大学生深刻认识到中华民族共同体意识是实现伟大复兴中国梦必不可少的思想基础。严格按照《深化新时代学校民族团结进

---

① 习近平：《论党的青年工作》，中央文献出版社2022年版，第184页。

步教育指导纲要》所规定的，在高等教育阶段，教育引导学生认识到各族人民亲如一家，是实现中华民族伟大复兴的根本保证；深化维护祖国统一是各民族最高利益的意识，深化对中华民族多元一体格局、中华民族共同体历史的认识，强化"五个认同"，坚决反对民族分裂，坚定实现中华民族伟大复兴的理想信念。在布置作业时，教师可以多设计一些讨论类作业和参观类作业，同时开展一些读书活动、辩论活动，引导大学生在课后继续学习中华民族各民族逐渐融合的历史，引导大学生认真阅读与中国历史、中华民族历史相关的图书，让大学生在完成作业或参加读书会等活动的过程中展开讨论和交流，分享自己民族的文化，了解其他民族的风俗习惯，让他们在互动中学习，在提高学习兴趣的过程中不断加深对中华民族历史的理解，增强民族自豪感和民族自信心。

三、加大深化铸牢中华民族共同体意识理论研究

（一）必须坚持正确的中华民族历史观

2021年中央民族工作会议上，习近平总书记指出，"必须坚持正确的中华民族历史观"[①]。2014年9月29日，中央民族工作会议暨国务院第六次全国民族团结进步表彰大会提出，由于独特的历史原因，使各个民族在地理上交错杂居、文化上兼收并蓄、经济上彼此依存、情感上相互亲近，呈现出你中有我、我中有你的多元化民族格局。2019年9月27日，习近平总书记在全国民族团结进步表彰大会上指出："一部中国史，就是一部各民族交融汇聚成多元一体中华民族的历史，就是各民族共同缔造、发展、巩固统一的伟大祖国的历史。"[②]中华民族共同体实际上是命运共同体，即中华民族是56个民族构成的命运共同体，一荣俱荣、一损俱损。面对当前西方史学理论对华民族共同体历史合法性的质疑，我们应始终坚持中华民族历史观，防范化解意识形态领域风险挑战的深层次问题。习近平总书记在中央政治局第三十九次集体学习时指出，"要把中华文明起源研究同中华文明特质和形态等重大问

---

① 习近平：《论坚持人民当家作主》，中央文献出版社2021年版，第326页。
② 习近平：《论坚持人民当家作主》，中央文献出版社2021年版，第284页。

题研究紧密结合起来，深入研究阐释中华文明起源所昭示的中华民族共同体发展路向和中华民族多元一体演进格局"①。这一方面，有助于明晰中华民族形成、发展的来龙去脉与历史特征，从而有力破除历史虚无主义与民族虚无主义错误思潮；另一方面，有利于进一步把握中华民族多元一体的发展态势，追本溯源、去伪存真，让中华民族共同体牢不可破。

（二）拓宽对中华民族共同体意识整体性的研究视野

在中国学界，长久以来一直缺少一种"中华民族共同体意识"的整体性视野。中国历史书写体系总是把民族史单列一类，自司马迁著《史记》以来，"二十五史"就基本遵循了"列传"形式将民族史写进中国史的做法。而现代中国民族学家、民族史学家们则按照"一族一史"的原则，对55个少数民族的历史作了编纂。20世纪50年代，中国共产党为更好地完成对少数民族的简要历史编纂，"分族别"的少数民族历史编纂思想逐渐形成了书写"民族史"的主导思想，不断深化了对中华民族共同体的历史研究。在"四个共同"中华民族历史观的指导下，建立中华民族共同体历史体系、话语体系，对各民族交往交流交融的历史研究要重点挖掘，"中国民族史"的民族史学体系，应逐渐转变为对"中华民族史"的书写。

（三）要构建一整套中华民族共同体意识研究体系和独特方法

从历史和现实两个维度不断推进基础与应用研究，精准把握和引导中华民族共同体意识研究的未来走向与趋势。大力推动跨学科、跨领域、多视角、交叉研究，不断吸收借鉴民族学、宗教学、政治学、人类学等多学科的优秀成果和研究方法，建构具有中国特色、中国话语、中国气象和中华历史文化背景的"中华民族学"学科体系与理论架构，形成一套完整的研究谱系和独特的研究方法。

---

① 《习近平在中共中央政治局第三十九次集体学习时强调 把中国文明历史研究引向深入 推动增强历史自觉坚定文化自信》，《人民日报》2022年5月29日。

第三节　增强文化认同，构筑中华民族共有精神家园

2014年，中央民族工作会议提出"加强中华民族大团结，长远和根本的是增强文化认同，建设各民族共有精神家园，积极培养中华民族共同体意识"①；2019年，全国民族团结进步表彰大会指出"坚持文化认同是最深层的认同，构筑中华民族共有精神家园"②；2021年，中央民族工作会议将"全面推进中华民族共有精神家园建设"作为铸牢中华民族共同体意识的第一项任务，这充分反映出中华文化认同对铸牢中华民族共同体意识以及构筑中华民族共同精神家园的重要作用和价值。

一、必须以社会主义核心价值观为引领

习近平总书记强调："一个民族、一个国家的核心价值观必须同这个民族、这个国家的历史文化相契合，同这个民族、这个国家的人民正在进行的奋斗相结合，同这个民族、这个国家需要解决的时代问题相适应。"③社会主义核心价值观与中华民族共同体意识具有文化底蕴的同质性、内容体系的共生性、价值导引的契合性、实践延展的同向性。④"富强、民主、文明、和谐"是在国家层面上的价值目标，"自由、平等、公正、法治"是在社会层面上的价值取向，倡导"爱国、敬业、诚信、友善"是在公民个人层面上的价值准则。2019年9月，习近平总书记出席全国民族团结进步表彰大会时明确提到，加强各民族交往交流交融，不断铸牢中华民族共同体意识，要"以社会主义核心价值观为引领，构建各民族共有精神家园"⑤。社会主义核心价

---

① 习近平：《论坚持人民当家作主》，中央文献出版社2021年版，第107页。
② 习近平：《论坚持人民当家作主》，中央文献出版社2021年版，第282页。
③ 习近平：《青年要自觉践行社会主义核心价值观——在北京大学师生座谈会上的讲话》，人民出版社2014年版，第8页。
④ 参见孟凡丽：《在有形有感有效上用力 铸牢中华民族共同体意识》，《红旗文稿》2022年第12期。
⑤ 习近平：《论坚持人民当家作主》，中央文献出版社2021年版，第286页。

值观是当前各族群众公认的价值准则和价值追求，以国家、社会和个人层面体系化、具象化的价值规定性，为各族群众的主体实践活动设立了精神主基调，为铸牢各民族中华民族共同体意识提供了精神支撑。^①正确认识中华优秀文化的本质价值与社会主义核心价值之间的辩证关系，对于我们走好中国道路、讲好中国故事，具有十分重要的意义。只有解决了文化认同的问题，我们才能更加坚定对伟大祖国、对中华民族、对中国特色社会主义道路的认同。

积极开展社会主义核心价值观的主题教育，严格落实马克思主义祖国观、民族观、文化观、历史观宣传教育，增强大学生对伟大祖国、中华民族、中华文化、中国共产党等的认同；树立正确的世界观、人生观、价值观，使他们始终热爱祖国、热爱人民、热爱伟大中华民族；培养大学生坚定理想信念，提高知识技能，磨炼品德意志，在人生的大舞台上，充分发挥智慧，展示自我价值，让自己的青春在党和人民的建设中绽放出璀璨的光彩。

二、必须大力弘扬中华民族优秀传统文化

党的十九大报告指出："文化是一个国家、一个民族的灵魂。文化兴国运兴，文化强民族强。没有高度的文化自信，没有文化的繁荣兴盛，就没有中华民族伟大复兴。"^②中华文化内涵丰富，体现"中国精神""中国价值""中国力量"等核心要义。从黄河长江流域的农耕文化区、东南沿海的稻作文化区，到南部山区的游耕农业文化区，再到北部和西北地区的游牧狩猎文化区，中国各民族文化在历史长河中汇聚，最终形成了灿烂的中华文化。中华文化博大精深，这是因为它融合了各民族文化中的精华部分，各民族文化是中华文化的重要构成元素。所以，中华文化和各民族文化之间体现了共性与个性的辩证统一。中华文化多样性和吸引力的根源是它具有极强的包容性。各民族对彼此的文化高度认可，彼此学习和借鉴，为中华文化的繁

① 参见孟凡丽、王国宁：《以社会主义核心价值观引领中华民族共同体意识培育》，《西北师大学报（社会科学版）》2022年第4期。
② 习近平：《决胜全面建成小康社会 夺取新时代中国特色社会主义伟大胜利——在中国共产党第十九次全国代表大会上的报告》，人民出版社2017年版，第40—41页。

荣作出自身的贡献。

中华文化身份是中华各族人民共有的价值信念，在这个意义上，表现为中华各民族共同价值信仰的中华文化认同。作为统一多民族国家一体的政治文化和中华各民族共同历史命运的思想基础，充分地彰显了中华民族共同体意识状态，揭示出文化认同方向，即紧跟铸牢中华民族共同体意识这一主线，巩固对伟大祖国、中华民族、中华文化、中国共产党等的认可，持续推动中华民族共同体建设，为实现伟大复兴中国梦提供思想保证和精神力量。

开展学校文化建设，创造良好的校园文化环境。组织一些诸如书法、武术、京剧等传统文化的社团，让学生能够积极地参与、主动地实践、主动地探索，达到事半功倍的效果，在传承传统文化的同时，提升个人的素质；通过举办经典传承讲习班和沙龙，以及开设经典传承网站和微信公众号，对中华优秀传统文化研究阐释；在传统节日、节庆民俗，开展"民族文化艺术节""家乡的节日"等主题活动，举办以"中华民族一家亲，同心共筑中国梦"为主题的经典传唱、非遗进校园等活动，让各族学生在主题活动中增强参与感、获得感、认同感，厚植家国情怀，不断推动精神文明建设，营造积极健康文明的校园文化环境。

三、必须进一步凝聚国家通用语言文字的认同

《中华人民共和国国家通用语言文字法》是在2000年10月由全国人民代表大会常务委员会按照我国的法律法规的要求通过，从2001年1月1日开始实施的。《中华人民共和国国家通用语言文字法》确立了普通话和规范汉字作为国家通用语言文字的法律地位，成为推广普及国家通用语言文字的重要法制保障。尤其是党的十八大以后，我们党高度重视大力推进全国通用的语言文字工作，大力推广普通话，推行规范汉字，从而大大推进了民族团结，增进了各民族和地区之间的经济和文化交流，并为我国经济社会的发展和国际的往来提供了强有力的支持，有力地维护了祖国的统一和社会的安定。

高校是国家语言文字工作的重要主阵地，必须深刻认识和全面理解语言文字的重要作用。语言文字是人们社会生活中最重要的交流手段和信息载体，它构成了文化的基本要素和明显标识，国家语言文字工作具有基础性、

全局性、社会性、全民性等特点，在新时代，在党和国家工作的全局中发挥着十分关键的作用。而高校是新时代语言文字工作的主阵地，应该承担其应有的使命与责任。

大学生是未来推广普及国家通用语言文字的生力军，大学生走向社会后，无论从事何种工作，都需要具有推广普及国家通用语言文字的意识和能力。要加强对大学生进行"一种能力"和"两种意识"的教育，也就是提高大学生对"一种意识"和"自觉运用"的认识，即"语言文字应用能力"和"自觉规范使用国家通用语言文字的意识""自觉传承弘扬中华优秀语言文化的意识"。强化大学生对口头表达、书面写作和汉字的学习；通过对古典诗词、书法作品欣赏的训练，提高了对现代汉语的认识与运用能力。以往，不少有志于从事教育工作的大学生，只是把普通话水平测试作为取得教师资格证的一个必备条件，而没有把对普通话的推广上升到继承中华优秀语言文化、不断增强国民素质，进而铸牢中华民族共同体意识这一层面上去考虑。就高校教师而言，他们对普通话标准应用的认识与程度尚需进一步提升。

目前，国家级普通话测评员总体人数不足，有的教师连相应的普通话水平都没有达到，也缺乏把国家通用语言文字的普及与中华优秀语言文化的继承与传播相融合，并将其纳入教学内容的自觉行动。高校在充分发挥语言文字环境育人功能，加强校园语言文化环境建设，突出国家通用语言文字主体地位，弘扬社会主义核心价值观，将语言文字规范化建设纳入文明校园创建内容等方面，还有许多工作要做。

第四节　创新实践育人，促进各民族深度交往交流交融

针对我国民族人口流动性非常强且混居的特点，2019年，习近平总书记在全国民族团结进步表彰大会上指出："要把民族团结进步创建全面深入持久开展起来，创新方式载体，推动进机关、进企业、进社区、进乡镇、进

学校、进连队、进宗教活动场所等。"①铸牢大学生中华民族共同体意识，离不开教育实践。在实践的同时找准培育的核心内容，严格落实"五个认同"教育、夯实重要环节，加强民族团结进步教育、创新培育载体，对线上线下阵地给予同等的重视，充分利用宣传教育建立更加牢固的思想防线，实现更加有效的"铸牢"成效。

一、深化民族团结进步创建活动

2021年，教育部、国家民委等四部门联合印发了《深化新时代学校民族团结进步教育指导纲要》（以下简称《纲要》）。《纲要》为各级各类学校深化新时代民族团结进步教育给予思想和政策上的指导。民族团结进步教育是铸牢中华民族共同体意识的重要内容与具体抓手，是立德树人育人体系的核心构成部分，铸牢中华民族共同体意识则是民族团结进步教育所需实现的目标之一。

围绕"深化"下功夫，做到"五化并举"。新时代学校民族团结进步教育要紧密围绕铸牢中华民族共同体意识这一主线，结合新时代的特点和需求，进一步深化其效果，"深"及内心、"化"为自觉。

一是工作长效化。组建党委书记、校长带领的"民族团结进步创建"工作领导小组，设立"铸牢中华民族共同体意识宣传月"，形成"党委统筹领导，相关部门协同合作，二级学院负责落实"的三级工作机制。

二是学习常态化。对国家的民族工作方针、政策以及中央民族工作会议精神进行解读，对马克思主义民族观、习近平总书记关于民族工作等系列重要讲话进行阐释，邀请思政名师工作室、理论宣讲团的教师们以讲座、讲授的方式面向全校师生宣传引导。

三是活动系统化。讲述一个民族团结进步的好故事。通过主题班会或主题活动等形式，让学生们感受民族团结力量，帮助学生"扣好人生第一粒扣子"；齐唱一首民族团结经典歌曲，将实现个人理想与民族复兴紧密联系起来，展现与祖国共奋进的爱国情、报国志；组织一堂民族文化体验课，以唱

---

① 习近平：《论坚持人民当家作主》，中央文献出版社2021年版，第287页。

民族歌谣、玩民族游戏、穿民族服饰、跳民族舞蹈、讲民族文化等形式多样的教育活动，培养民族自豪感，坚定文化自信；互寄一封民族团结友谊书信。积极开展少数民族学生"心连心"结对子活动，旨在进一步加强与少数民族新生的沟通和交流，促进全面交往交流交融；举办一场民族团结作品展览。如"我和祖国共成长、中华民族一家亲"主题美术书法摄影作品展览活动，巩固中华民族共同体思想基础。

四是宣传多样化。多维度、立体化宣传民族团结，坚持润物细无声，让"五个认同"和"三个离不开"思想潜移默化到各民族师生的一言一行中，切实增强各民族师生自觉抵御和反对各种错误观点的能力。运用微讲堂、开设民族团结进步微信公众号，利用互联网、电视台、融媒体大力宣传报道。

五是典型示范化。充分发挥好典型和榜样的作用，在此基础上进行统筹结合，不断夯实政策保障，制定并实施正向激励机制，培育和选树示范、模范，适当朝着院系和班级倾斜，在更大程度上发挥出师生的主观能动性和创造力。鼓励学校开展民族团结进步先进班级、宿舍及模范个人创建活动。评选创建示范单位，并邀请全国、全区的民族团结进步先进个人以及优秀校友来学校讲述他们的先进事迹，以点带面，促进创建工作全方位、深度和持续性开展。

二、开展多种形式的社会实践拓展创建活动

中华民族共同体不是"想象的共同体"，不是在现实中难以实现的"空中楼阁"，它和现实生活有着紧密的关联，是中华民族携手并肩、团结奋斗能够实现的目标。所以，铸牢中华民族共同体意识应不仅限于课堂教学，也应该突破理论阐释，在不同的教育环节中都能够有所体现。

一是搭建起铸牢中华民族共同体意识的教学实践平台，带领学生到民族团结示范基地、革命老区等场所开展实践活动。在开展国史国情教育的过程中，积极开展以"中华民族一家亲，同心共筑中国梦"为主题的学习宣传教育活动，让学生能够更好地体验和感悟中华民族共同体建设的伟大成就，陶冶学生情操，厚植爱国情怀，使其在行动上自觉铸牢中华民族共同体意识，为民族事业贡献力量。

二是组织大学生参与西部计划、暑期实习等到基层、到西部地区的实践活动，亲身到民族地区开展考察活动，和当地人进行沟通和交流，使其能够充分了解中华民族共同体实际情况。只有和少数民族群众生活在一起，在见闻和体验中领悟民族团结政策的现实意义，才有助于更好地解读和理解党的民族政策，把铸牢中华民族共同体意识的理论创新和现实生活联结起来，准确把握和深刻理解"汉族离不开少数民族，少数民族离不开汉族，各少数民族之间也相互离不开"的丰富内涵，有效增强中华民族自尊心以及自豪感，使各个民族能够更加紧密地团结和凝聚在一起。

三是发挥优势，主动服务民族地区经济社会发展。发挥人才优势，设立大学生实践基地、研究生工作站等志愿服务基地，加强与民族地区地方政府和企业合作，深入民族地区开展调查研究，为民族地区经济社会发展出谋划策。通过与地方政府和企业对接，提供干部培训、产业发展研究、企业发展咨询、美丽乡村建设等多方面、多层次的智力支持，实实在在地为民族地区经济和社会发展出实招、办实事；发挥学科优势、助推产业发展。发挥资源优势，学校附属中学与挂钩的民族地区中小学结对帮扶，采取多种方式和措施，为结对学校培养教师。

三、不断拓展网络民族团结进步新平台

现代人的生活离不开网络，在互联网的虚拟世界中，真实生活中的边界与隔阂被打破，为学生提供了一个展示自我、表达自我的交流平台与机遇。互联网是一把双刃剑，一些别有用心的人在境外势力的帮助下借助平台，利用虚拟身份、发布虚假信息，妄图达到破坏民族团结的目的，而一些学生是非分辨能力还不够强，极易被蛊惑、利用。在网络媒介环境下，怎样才能占领"互联网＋民族团结"这一新的制高点？怎样才能更好地为培养中华民族共同体意识而努力？以下从两个方面分析。

一方面，为不同民族的大学生搭建一个相互交流、相互融合的校园网络平台。扩大民族团结宣传教育的网络空间，将"互联网＋民族团结"更好地融合在一起，搭建全方位的在线平台，充分发挥网络在推动民族团结进步、铸牢中华民族共同体意识方面的作用。除此之外，牢牢把握在网络舆论

中的话语权，只有这样才能够在网络这一虚拟场景中，为民族共同的精神家园、铸牢中华民族共同体意识提供更有力的保障。宣传党的民族政策、传播榜样典型，推动网络思政教育工程的发展，让"中华民族共同体意识"在网络空间中占据主流位置。另外，在建设平台的过程中，可以考虑设计不同的板块，比如就业指导、校内论坛等，充分围绕受教育对象的需求，积极开展各项活动，尤其是各种奖励活动，比如上线、浏览、发帖送积分等，以此来激励大学生更多地参与进来，达到寓教于乐的效果，塑造正确的价值观；管理者要充分利用各种信息技术，及时、全面地采集数据和信息，从而了解大学生在民族团结方面的认知，同时把民族团结的教育内容推送给学生。通过"智慧学工"平台，从各项发展指标着手，对大学生展开全方位的大数据分析，从而增强大学生的整体素质，并进行群体特性分析，从多个角度收集大学生的成长资源、成长满意度等信息，动态地了解学生当下的需求和特征，在此基础上因材施教，在潜移默化中培养出学生的中华民族共同体意识。

另一方面，在网络环境下，要充分发挥少数民族大学生的主体作用。少数民族大学生有责任为本民族融入现代化发展作出自己的贡献。高校还应该关注少数民族大学生，挖掘代表性事迹，在新媒体平台上制作相关原创作品，围绕民族文化、民族团结等，阐述自身对党的民族理论和政策的了解，增强对本民族文化的自信，营造网络这一虚拟阵地中的民族团结氛围。在实际使用的过程中，详细介绍民族地区高校毕业生就业创业优惠政策，邀请学者通过视频或直播的方式和线上线下的学生进行互动，吸引更多的大学生参与进来并进行互动，让大学生和校友们可以在短时间内进行资源信息的交流，并将经验进行分享，实现互通共享。

整体而言，在铸牢中华民族共同体意识教育的过程中，各族大学生同时扮演着主体和客体的双重角色，线上线下都要进行积极引导，提高各族大学生主动参与铸牢中华民族共同体意识活动的积极性。培育中华民族共同体意识不能仅仅单纯依靠理论传授，还需要在学习中去思考，在思考中去践行；线上也要构筑中华民族共同体意识，进行民族团结进步教育，确保"五个认同"能够落实到位。

第五节　强化机制保障，铸牢中华民族共同体意识

2019年10月，中共中央办公厅、国务院办公厅印发《关于全面深入持久开展民族团结进步创建工作铸牢中华民族共同体意识的意见》，有些高校在贯彻落实习近平总书记铸牢中华民族共同体意识的重要指示的过程中，暴露出认知偏差的问题。比如，其一，认为中华民族共同体意识教育和以往的思想政治教育在内容上存在很多相似点，因此没有必要专门为铸牢中华民族共同体建立新的体制、机制。其二，铸牢中华民族共同体意识对民族院校来说更加重要，绝大部分普通高校的学生以汉族为主，因此此项工作的实际意义并不强，无须专门部署。以上都是错误的认知，高校要不断增强在政治方面的使命感和责任感，充分认识到铸牢大学生中华民族共同体意识的重要性，不断完善体制机制，将铸牢大学生中华民族共同体意识落实到日常工作中去。

一、坚持和完善党对铸牢中华民族共同体意识工作全面领导

党的二十大报告指出："全面建设社会主义现代化国家、全面推进中华民族伟大复兴，关键在党。"[1]只有在坚持党的领导下，才能推动民族工作创新性发展。中国共产党的领导，是解决好各种民族问题、妥善处理好民族事务的关键核心。具体来说，党的领导对民族工作的意义在于：开辟了中国特色解决民族问题的正确道路，形成了中国化马克思主义民族理论体系，构建了较为完备的民族工作政策体系和法规体系，成立了民族事务治理的相关部门，围绕民族问题的妥善处理、民族关系的融洽和睦、民族地区的繁荣发展等，为中华民族的伟大复兴奠定扎实的基础。中华民族从近现代的持续衰败到彻底扭转命运，并继续走向繁荣，正如习近平总书记在"七一"讲话

---

[1]　习近平：《高举中国特色社会主义伟大旗帜　为全面建设社会主义现代化国家而团结奋斗——在中国共产党第二十次全国代表大会上的报告》，人民出版社2022年版，第63页。

中深刻指出的："没有中国共产党，就没有新中国，就没有中华民族伟大复兴。"①新时代，我们必须坚持和完善党对铸牢中华民族共同体意识工作的全面领导。

2021年，习近平总书记在中央民族工作会议上的讲话中明确指出："加强和完善党的全面领导，是做好新时代党的民族工作的根本政治保证。"②为此，第一，在意识形态上，我们必须以马克思主义为指引，把我们的办学方针完全贯彻到我们的办学理念，全面深入学习中国特色社会主义理论体系，完整准确贯彻习近平新时代中国特色社会主义思想，增强"四个意识"，坚定"四个自信"，坚决做到"两个维护"，增强政治判断力、政治领悟力和政治执行力，加强高校铸牢大学生中华民族共同体意识工作的使命感、责任感。第二，在工作方式上，加强基层党组织建设。在铸牢大学生中华民族共同体意识的过程中，高校党委是全面领导，不仅要落实各项培养任务，而且要掌方向，稳大局，作决策；同时，要完善学院党组织和基层党支部的组织架构，确保基层党组织能够发挥战斗堡垒作用。制定并实施党委统一领导、党政工团齐抓共管、党委宣传部牵头协调、各部门负责落实的工作机制，统一部署和制定"铸牢中华民族共同体意识的实施细则和方案"，注重突出中华民族共同体意识教育，提高党的各级组织工作能力和水平。第三，在工作方法上，把制度优势转变为效能优势。铸牢中华民族共同体意识是一项长期重要工作，要定期召开党委会议，结合学校的实际情况，对铸牢中华民族共同体意识工作进行科学部署，纳入学校总体布局，纳入日常督查工作计划。学校以及院系领导要经常下基层，经常带头参加中华民族共同体意识的教育活动，及时解答大学生在学习和生活中遇到的关于民族团结和中华民族共同体意识相关问题，把党的关怀、民族政策的红利以及相关的配套措施有条不紊地执行下去，确保铸牢中华民族共同体意识工作有序推进。

---

① 习近平：《在庆祝中国共产党成立100周年大会上的讲话》，人民出版社2021年版，第10—11页。

② 习近平：《论坚持人民当家作主》，中央文献出版社2021年版，第330页。

二、构建多方联动协同育人机制

党的二十大报告提出"健全学校家庭社会育人机制"[①]。2023年1月，为认真贯彻落实党的二十大精神，教育部联合多部门印发《关于健全学校家庭社会协同育人机制的意见》，探索推进学校、家庭、社会健全机制、紧密联动多方协同，在教育方面形成更加强有力的合力。制定并实施专门的协同育人机制是为了让各个参与主体都能够充分体现出自身的优势，形成更强的协同效应，促进各个主体之间的有效平衡，进而推进育人工作稳步向前。构建协同育人机制是学生成长成才的必然要求，也是学校提升人才培养效能水平，为教学目标的实现提供更有力保障的要求。

首先，基于中华民族共同体意识培育的要求，设计合理的组织架构。将学校的组织、宣传、思政、人事、教务、共青团等部门和各基层机构等多方面的资源充分整合在一起，由此搭建起更多主体参与的全方位网络体系。除此之外，在这一合作体系中，各方主体必须清晰划分工作职责，明确其在铸牢中华民族共同体意识工作方面的具体实施要求，从而形成合理分工的局面，使各个部门和机构能够更好地合作。

其次，为校内外主体之间的沟通提供良好的途径，从而使学校、社会、家庭能够实现纵向互通、横向联通的沟通格局，能够更好地交流经验和共享信息。发挥政府、学校、家庭、社会"四位一体"协同育人机制，铸牢中华民族共同体意识。家庭教育是教育体系的重要组成部分，不但要开展爱国主义教育、团结教育、诚信教育这些优良传统教育，而且要把铸牢中华民族共同体意识创新融入家庭教育内容中。社会层面要形成沟通顺畅、协调到位、上下贯通的良好态势。

最后，和谐协同育人机制面向的主体关系。协同育人涉及多个主体，比如学校、家庭和社会，或者是个体、组织等。科学的协同育人机制，能够充分考虑各个人群的不同需求，在多元包容原则下进行有效的整合。相关部门要结合自身的实际情况，有的放矢采取相应措施，从而补齐城乡、区域协同

---

① 习近平：《高举中国特色社会主义伟大旗帜 为全面建设社会主义现代化国家而团结奋斗——在中国共产党第二十次全国代表大会上的报告》，人民出版社2022年版，第34页。

育人的短板，实现学校、家庭、社会协同育人机制效能的最大化。可以说，民族团结工作最重要的群众工作，重点是增强凝聚力，促进各个民族交往交流交融。习近平总书记指出："做民族团结重在交心，要将心比心、以心换心。"①要在交往交流交融中不断增进对彼此的情感认同，要正确认知不同主体的利益、考量各个主体的需求，将中华民族共同体意识深深植入每个大学生的内心之中。

三、着力建设高素质师资队伍

高校最重要的任务之一，是建设一支整体素质高、业务水平高的师资队伍。高校教师思想政治素质、业务能力、育人水平事关立德树人根本任务的完成、人才培养质量和科研创新能力的提升，深刻影响高等教育高质量发展和高校服务经济社会发展全局。

（一）要完善师资培训体系

完善师资培养机制。构建并完善以推动促进教师专业成长为主线的培训体系，并将其贯彻到职前培训、入职培训、在职进修的整个过程中，保证教师教育理念、知识结构能够与时俱进。积极构建国培、省培和校本研修三级培训体系，对教师进行分级专业培训和研学项目，保证教师培训能够实现全员覆盖、全程贯通。设计科学的培训规划，以五年为周期开展培训活动。国家级、省级、市级培训朝着经济相对落后地区尤其是民族地区倾斜。充分提高骨干教师、班主任（辅导员）的思想政治以及专业素养，对少数民族双语教师开展通用语言文字培训，通过结业考核的方式提高其对培训的重视程度。在培训方法上，要有层次、有重点，要有针对性地开展马克思主义民族理论和中华民族史培训，尤其要以习近平新时代中国特色社会主义思想武装头脑，深入精准实施"骨干研修"项目、"思政课教师名师工作室"项目、教学研究项目等。要使专兼职教师队伍结构更合理，整体水平不断提升，满足新时代高校思政课的需求。

---

① 中共中央文献研究室编：《习近平关于社会主义政治建设论述摘编》，中央文献出版社2017年版，第153页。

（二）健全师德师风建设长效机制

加强师德师风建设，促进教师思想政治素质、师德水平和能力素质的显著提升。强化高校教师"四史"教育，在一定周期内做到全员全覆盖，引导广大教师厚植信念情怀。严格贯彻落实《关于加强和改进新时代师德师风建设的意见》等文件，建立完善师德师风的长效机制，建立健全高校教师的师德负面清单制度，对不守师德、不履行职责等严重失范行为进行严肃处理。在高校教师职称评定、人才推荐、干部选拔等方面，要强化对师德师风考核结果的运用；在教师的评优和年度考核中，要实行"一票否决"制度。根据国家相关要求，配备好专业知识丰富、爱国情怀深厚、教学技能高超的教师。在人才选拔方面也要打破固有的思路，培养一支政治要强、情怀要深、思维要新、视野要广、自律要严、人格要正的思政教师队伍。

（三）着力提升教师专业能力素质

广大教师肩负着培养担当民族复兴大任时代新人的重任。教师自身能力水平决定着人才培养质量高低，关系着国家和民族的未来。提升教师专业素质能力是落实立德树人根本任务的重要途径。搭建教师发展平台，进一步完善高校教师发展服务，借助现代化信息技术探索创新更多实践路径和方法，如在线学习社区、学科交流群、网络慕课；以"名师工作室"为依托的各种资源，为教师高素质专业化成长提供了更好的环境和机遇；要在教育教学中深化改革，突出价值导向，注重能力培养，牢牢把握学科建设的"主战场"和课堂教学的"主渠道"，激励高校教师加强教学"内功"，不断优化专业结构，不断健全教学制度；不断更新教学内容，摒弃"水课"，创设"金课"，增强"守好一段渠、种好责任田"的自觉性和主动性，切实提升课程育人效果。

四、建立和完善科学评价机制

铸牢中华民族共同体意识是一项长期系统工程。如何将"以铸牢中华民族共同体意识为引领"体现到民族团结进步教育的育人行为评价中？对于这一系统工程效果的评估，应建立和完善全方位、多维度、系统性评价考核机制，主要有：评价机制、激励机制、监督和反馈机制。在机制上有较为科学高效的评价体系，形成一个较为完善的闭环，能够为铸牢中华民族共同体意识的落实提供有力制度保障。

（一）建立评价机制

评价体系对铸牢中华民族共同体意识工作质量提升具有指挥棒作用。评估民族团结进步教育组织的情况，可以更好地促进民族团结进步教育目标的达成，同时提高其实效性。通过建立相关的指标因子、弹性系数、分值占比，能较为客观地反映出实际工作中存在的不足，从而改进工作、创新方式、提升效果。除此之外，要建立多元化的评价指标体系，民族团结进步教育并不仅限于民族地区或少数民族学生。它的评价对象不仅包括学生，还包括教师、学校管理者和教育基地。对于这些涉及综合性评价的内容，评价对象一定要讲求全面性。

一方面，不断优化学生的评价指标。评价内容以"五个认同"为重点，从认知、情感、行为三个维度展开。认知层面的考查主要侧重于对知识点的考核，要掌握民族团结进步的相关概念及铸牢中华民族共同体意识理论方面的知识点；情感和行为的层面要注重学生的现实表现，看其能否主动维护民族团结，能否主动参与学校组织的关于民族团结进步教育的系列活动，要把这项考核纳入学生评优评奖标准中，有意识地提高分值比重。

另一方面，完善教师的评价指标。评价指标不仅包括教育效果、科研等硬性指标，还要注重在教学质量上以铸牢中华民族共同体意识的效果评估为重点，教师要积极承担起"引路人"的角色。要加强对我国民族领域基础理论问题和重大现实问题的研究，并在专业课程中深入挖掘中华民族共同体意识的丰富内涵。要多种渠道、多种形式营造出民族团结进步教育的良好氛围，以丰富课堂教学内容并提升教学主题，汇聚有效开展铸牢中华民族共同体意识教育的强大合力。

（二）建立激励机制

学校的民族团结进步教育激励机制包括物质层面和精神层面。物质层面主要是满足个体对正向评价的需求，可以通过不同层级的激励来强化个体的正面认知和行为，而精神层面则更注重个体心理、情感等方面的满足，相对于物质激励是更高阶的需要。目前，很多高校已经制定了针对学生和教师的激励制度。对于学生的激励机制，从评奖评优中能够体现出来；对于教师的激励机制，特别是在中华民族共同体意识培育工作中表现突出、作出重大贡献的一线教师，要从职务晋升、职称评审、评优评先、挂职锻炼、项目立项等方面优先考虑，作为加分项计入年底考核。不仅要广泛宣传报道、表彰表扬这些一线教师的光荣事迹，而且要提高这些一线教师的待遇，从而调动更多教师推动铸牢中华民族共同体意识工作的积极性和主动性。

（三）建立监督和反馈机制

高校是培养人才的重要场所，也是铸牢中华民族共同体意识的关键阵地。必须建立高校铸牢中华民族共同体意识教育工作的指导和监督机构，该机构应由相关部门、学校领导和专家组成，负责制定相关政策和指导意见，并监督高校在铸牢中华民族共同体意识教育方面的落实情况。

将铸牢中华民族共同体意识教育工作情况纳入教育督导范围，定期进行督导，并加强对督导结果的运用，以推动民族团结进步教育评估和监督工作的常态化。将铸牢中华民族共同体意识课程的开发和建设情况作为考核高校领导班子工作绩效的重要指标，并对课程开设、师资建设和经费保障等进行督导。

中共中央办公厅、国务院办公厅印发的《关于深化新时代学校思想政治理论课改革创新的若干意见》要求："高校党委书记、校长作为思政课建设第一责任人，要结合自身学科背景和工作经历，带头走进课堂听课讲课，带头推动思政课建设，带头联系思政课教师。"学校领导必须对本校中华民族共同体意识教育工作进行督促和检查；加强对学校教职工的教育培训，使其形成全面的认知；要求所有教职工更加重视铸牢中华民族共同体工作；制定并完善铸牢中华民族共同体意识工作督查机制，组建督查委员会，对工作予以全面的督查。

建立考核结果反馈机制，将中华民族共同体意识培育的考核结果纳入学校整体评定中去。在督查的过程中，彰显公平、客观、公开，一旦发现态度不端、应付了事等不认真履职的思政教师，追究其相关人员的责任，对于偏离铸牢中华民族共同体意识主线、违反学风和学术规范的，实行"一票否决"。

第五章

大学生民族
经济教育

第一节　大学生民族经济教育的内涵

一、大学生民族经济教育的内涵解析

民族经济是指在一定历史条件下，一定的民族群体为了生存和繁衍的需要而形成的具有民族特点的社会经济的总称。作为人类社会存在的总体方式，民族经济制约着每个人的经济生活和人们的经济关系，是经济的必要社会形式。而经济作为民族存在和发展的基础，其发展程度直接关系到民族的兴衰。新中国成立后，不仅明确了我国是统一的多民族国家，还以法律形式认可了56个民族，因而中华民族内部存在着丰富多彩的经济形式。中华民族经济强调的是一个总体概念，由同一的民族文化导引的经济，一体化是中华民族经济的共同点。中华民族的形成和延续以经济发展为基础，其发展也要以经济发展为首要前提，只有在发达的经济基础上才有中华民族的兴盛，民族性只有在发展中才能保持和充实。

经济教育是一种有目的地使受教育者形成正确的经济意识、经济行为，促使个体经济社会化的教育形式，对于构建社会经济生活秩序、培养个人从事经济生活的行动能力具有重要意义。中华民族发展史证明，中华民族越是发展壮大，中华民族经济就越持续向好。新时代新征程，站在第二个百年奋斗目标的历史新起点上，为全面建设社会主义现代化国家、实现中华民族伟大复兴，必须大力发展中华民族经济。因此，现阶段大学生民族经济教育应当以铸牢中华民族共同体意识为核心，通过培养中国特色社会主义市场经济意识来强化民族认同，提高大学生对民族经济的认识、了解等，引导学生树立正确的民族经济观念，加强大学生对民族经济的研究和开发能力，增强其民族自豪感和文化自信心，鼓励他们为促进民族经济的发展贡献自身力量，从而推动我国民族经济的快速发展。

二、大学生民族经济教育与中华民族共同体意识的关系

发展大学生民族经济教育与铸牢中华民族共同体意识息息相关。大学生民族经济教育的目的在于为民族经济的发展输送高素质人才，而中华民族共同体意识的形成则能够进一步增强学生为祖国和民族奉献的责任感和担当精神，使其积极推进和支持中华民族共同体建设，在实际工作中运用所学知识与技能，为民族经济和国家发展作出更大的贡献。一方面，做好民族经济教育有利于拓宽经济视野、弘扬民族精神，不断增强中华民族共同体的向心力；另一方面，各民族团结友爱、互帮互助，更有利于促进区域协调发展，推动民族经济教育走深走实。

经济教育强化民族意识。经济发展是民族团结进步的物质基础，在长期的历史交往中，中华各族人民在生产劳作、商品贸易等方面频繁往来，交流产生了密切的经济联系，形成了一脉相承、不可分割的经济利益共同体，各民族各地区相互依存、休戚与共，是"民族互惠"的经济利益共同体。在大学生民族经济教育的过程中，学生们能够了解到中华民族经济的发展历程和现状，掌握不同民族经济的特点和优势，以及如何通过文化和经济的结合进行民族经济的开发和创新。这些知识和理念的传授能够增强学生们对中华民族的自豪感和认同感，从而形成中华民族共同体意识。同时，大学生民族经济教育也强调实践操作，让大学生亲身参与和了解民族经济的发展实践，这有助于增强他们的实践能力，积累实践经验，加深对民族经济和中华民族共同体的认识和理解。因此，大学生民族经济教育不仅能够促进中华民族经济的快速发展，也有助于培养中华民族共同体意识，增强中华民族的凝聚力和向心力。

意识培育反哺经济教育。中华民族一家亲促进教育高质量发展，各民族相互尊重、相互包容，紧扣铸牢中华民族共同体意识这一主线，全面贯彻党的民族经济教育政策，不断增强教育发展的内生动力。作为国家和民族的希望，大学生的成长和教育涉及国家和民族未来的发展。就民族经济教育而

言，加强中华民族共同体意识的构建有利于增加大学生对民族经济的关注和理解，培养大学生对中华民族的归属感和责任感，增强他们对民族经济事业的认同，激发他们投入民族经济事业的热情。同时，中华民族共同体意识的构建也能够促进各民族之间的经济交往与合作，为民族经济的发展提供更多的机会，使民族经济教育在交流中提质增效。因此，铸牢中华民族共同体意识，不仅能够使各民族共享经济教育发展成果，更能加大偏远地区优质教育资源供给力度，扎实推进民族经济教育走深走实，培养出一批又一批具有高度文化意识和强烈家国情怀的民族骨干人才，努力为实现中华民族伟大复兴贡献自身力量。

三、当前我国大学生民族经济教育发展现状与现实困境

（一）我国大学生民族经济教育的发展现状

党的十八大以来，以习近平同志为核心的党中央高度重视教育工作，把教育摆在更加突出的优先发展战略位置，开启了加快推进教育现代化、建设教育强国、办好人民满意的教育的历史新征程。我国民族经济教育也与时代同行，普及程度和教育质量逐步提升，服务国家经济社会发展能力不断增强。

一是民族经济教育逐步进入高校学术科研范畴。一些高校通过成立专门的民族经济研究中心、开设民族经济学专业等方式对民族经济教育进行深入研究，先后承担了一系列国家级重点项目和省部级科研项目，具有很高的学术价值和应用价值。与此同时，国家级民族经济研究中心、民族地理研究所等一系列研究机构，更是为民族经济教育的发展培养了一批专业人才，使得科研人员的水平和学历层次不断提升，推动了民族经济发展的步伐，体现了我国民族经济教育在努力形成完整的研究体系，为民族经济教育问题的研究提供地位和人才支持。

二是民族经济教育在课程设置中逐渐得到重视。为突破地区经济发展瓶颈，中央和地方政府进一步加大对民族经济教育的支持力度，使得民族地区高校开始重视人才培养、不断提高办学质量，结合自身民族特点，开设一系列民族经济类课程，学生对民族经济文化了解增多，民族经济意识和创新能

力不断增强。与之相对应的是，更多高校发挥自身优势，推出了一系列如民族文化与经济、民族乡村发展等公共课程，使学生通过课堂学习了解中华民族经济的发展历程和总体特点，掌握中华民族经济发展整体战略，不断强化意识形态教育、经济发展策略、精神文明建设等方面的知识和能力，积极推进和支持中华民族共同体建设。

三是民族经济教育为学生创造的实践机会增多。高校致力于将民族经济理论知识与社会实际相结合，在实践中引导学生厚植家国情怀、助力实现中华民族伟大复兴的中国梦。不仅积极推进大学生创新创业活动，鼓励学生以赛促学，不断积累实践经验，提高学生实践能力和创新思维，还通过加强与政府、企业等的合作，参与和支持民族经济开发区建设，为学生提供实习实践的优质平台，推动高校人才资源对接企业发展需求，激发大学生服务民族经济发展热情。同时，志愿服务活动形式和途径增多，学生通过参与志愿活动不断增强社会责任感，以无私奉献的精神和开拓创新的作为，为民族经济的发展贡献自身力量。

（二）我国大学生民族经济教育的现实困境

随着全面建成小康社会目标的实现，中华民族开启了全面建成社会主义现代化强国的新征程，新的发展阶段、新的使命任务和新的发展环境，对民族经济发展提出了更高、更为紧迫的要求。然而，当前国家体制机制改革进入"深水区"，一些旧有的改革举措已经难以适应民族经济可持续发展的新要求。民族经济教育亦是如此，以往的普及化教育已经不能满足新时代社会发展的需求，未来依靠高素质创新人才才能抢占发展先机。为实现民族经济的高质量发展，必须直面当下的现实困境。

民族经济教育总体教育规模与经济发展基本同步，但区域与结构不平衡问题仍然是制约民族经济教育健康发展的关键因素。教育资源高校内部共享多、校际共享少，信息资源共享多、人力物力资源共享少，加上部分强势学校提供对口帮扶和政策咨询等服务社会的意识不强，民族经济教育质量提升动力不足。就学科自身发展而言，民族经济类专业设置优化不够，教学内容仅停留于概念性介绍，缺乏纵向扩展与应用，公共课程教授内容又相互独立，使得民族经济教育系统性不强。

民族经济教育理念不适应现状。随着社会主义市场经济体制的不断完善，我国经济已经进入高质量发展阶段，但经济教育理念却明显滞后。就人才培养模式而言，不少高校仍然存在"唯分数论"思想，仅仅依靠成绩来评判学生的各项能力，导致学生空有理论知识，而缺乏有效参与社会经济生活的能力，严重束缚了学生个性的发展和经济创造力的培养。与此同时，国际化经济教育观念未能深入人心，使得民族经济教育工作虽然能立足本土，却与国际比较差距明显，教师在教育教学中缺乏对学生国际视野的培养，导致学生对国际形势关注不够，未能将民族经济理论真正融入全球化发展大势中。

民族经济教育成果转化率不高。长期以来，民族经济教育始终强调把牢思想意识关口，以铸牢中华民族共同体意识为依托，努力培养助力民族团结进步的高素质人才。随着我国民族工作的深入开展，当代大学生已经树立了正确的国家观和民族观，以爱国主义为核心的民族精神不断激励学生成长成才，使他们在大是大非面前毫不动摇，坚决同一切损害国家和民族利益的行为作斗争。但就个人发展而言，受消费主义、利己主义等思潮的影响，很多学生依然把获得较高经济收入作为实现自身价值的唯一衡量标准，选择到经济发达地区就业，而不愿意服务基层。民族经济教育成果转化率低，大学生对国家和民族的热爱难以成功转化为促进民族经济增长的动力，这与教育培养骨干人才以反哺民族经济的初衷相违背。

第二节　大学生民族经济教育体系构建

通过前面的分析我们可以看出，大学生民族经济教育在目标、内容、方法上都缺乏统一的标准，各学校在开展民族经济教育中存在质量不尽如人意、理念不适应、成果转化率不高等问题。大学生民族经济教育的目的是提高大学生对民族经济的认识、了解等，引导学生树立正确的民族经济观念，增强其民族自豪感和文化自信心。建立大学生民族经济教育制度，既是中国特色社会主义建设的必然要求，也是培养大学生中华民族共同体意识的重要途径。

一、高校大学生民族经济教育体系构建的原则

第一，个性化原则。除了不同层次学生诉求不同之外，工科类专业、经管类专业等同一层次内不同专业学生，对民族经济教育的诉求也不一样。因此，面对不同专业学生，需要根据专业需求，实现教学内容、形式、方式和手段的个性化。第二，现实性原则。大学生民族经济教育的现实性体现在各高校应结合所在地区以及高校自身特点，注重现实性和创新性相结合，因地制宜，不断创新，形成自身的民族经济教育特色体系。第三，层次性原则。民族经济教育应该针对不同类型的学生采取不同的教学内容和形式。除了国家统招的全日制大学生本科生之外，还有大量专科生、函授生、自考生和在读硕士、博士，这些学生知识背景、基础、专业、学习时间长短都不尽相同，需要根据不同层次学生的情况进行内容建构。

二、大学生民族经济教育体系建设的基本内容

铸牢中华民族共同体意识是建设中国特色社会主义伟大事业的内在要求，各民族经济社会的协调发展是铸牢中华民族共同体意识的有力保障。自新中国成立以来，在每个历史时期、在各民族地区经济发展过程中，都可以看到党和国家的关切和支持，各民族之间的互动在共同建设社会主义现代化、团结奋斗和共同繁荣中逐渐加深。在新中国经济发展的70多年里，民族地区贫困落后的状态迅速改变，建立了健全的工业体系。民族地区的经济融入国家经济的程度不断加深，发展差距在逐渐缩小，不仅经济上融合，还在文化和价值观层面实现了融合，同时维护了民族团结和社会稳定。这一过程进一步强化了中华民族共同体意识。中国特色社会主义的发展经验，在促进少数民族经济发展与铸牢中华民族共同体意识方面具有独特价值，值得深入研究和总结，并在新时代加以推广。

（一）高校民族经济教育理念培养

1.教师民族经济理念的培养

教师应注意教学过程中民族经济渗透和反思的重要性。在长期的教学实

践中，教师要逐渐形成自己的教学模式和授课经验。为了增强学生的中华民族共同体意识，以及促进民族经济的均衡发展，教师可以尝试在课堂上潜移默化地传授民族经济相关知识，强调其重要性。通过有意识的渗透方式，加强学生对民族经济发展和区域均衡发展理论的了解。教师还应该将课堂内容与现实生活联系起来，善于通过教学让学生了解当下的情况，使教育更贴近实际，与学生分享民族经济发展历史和各民族地区的发展现状，从而不断铸牢学生的中华民族共同体意识。

需要强化教师的在职培训。民族经济是一个跨学科的领域，涵盖民族学和经济学等多门学科，这为高校教师带来了新的挑战，也要求培养更高水平的教育人才。开展跨学科研究和培养复合型师资力量是社会发展的现实需求，只有当教师具备扎实的民族经济知识基础，才能更好地传授这一知识给学生。因此，增加教师的民族经济知识，增强教师的中华民族共同体意识是教师学习民族经济理念的基础。学校根据自身具体情况，定期组织民族经济教育系列讲座，组织教师参加民族经济知识培训，鼓励教师在民族经济教学和教育改革方面发表文章。同时，不断更新教师的教学方法，推进教育方式的改革，改变传统的授课方式，提高教师的教育教学能力，以更好地适应社会发展的需要。

2.学生民族经济发展观的养成

培养大学生的民族经济发展观需要坚守"立德树人"的原则。尽管我国一直在不断推动素质教育，学生的综合素质得到了一定程度的提升，但尚未达到"立德树人"的要求。学生的社会责任感、创新精神和实践能力还较为薄弱。民族经济教育的核心是坚持可持续发展观，而可持续发展观又是大学生应具备的核心素养之一，符合我国教育立德树人的要求。高校可以通过建立相关制度、培养良好的习惯以及提供自我提升的机会来培养学生的民族均衡发展和可持续发展观。

培养大学生的民族经济发展观应当充分尊重大学生身心发展的规律。了解大学生身心发展的基本特点可以为制定培养大学生民族经济发展观的政策提供依据，有助于实现民族经济教育的民主化和科学化。我国的大学生多数处于青年中期（18—24岁），在这一阶段，他们已经具备了成年人的体格和心理特征。但仍然有着特殊的身心发展特点，尤其是心理发展上的特殊性。

在这个阶段，大学生通常具有相对强烈的自我意识，但尚未完全成熟；他们具备一定的抽象思维能力，但仍带有一定的主观性、片面性，容易受到外界干扰。为了促进大学生的身心健康发展，并培养他们的中华民族共同体意识，需要创造良好的教育环境，教师须指导和规范学生的日常行为，以培养学生的民族均衡发展观和可持续发展观。

培养学生的民族经济发展观应该积极鼓励学生发挥他们的主观能动性。在培养学生的民族经济发展观时，首要考虑的应该是以学生为中心。大学阶段是学生自主发现问题、积累知识和解决问题的成长时期，教师应该在合适的情况下积极引导学生，鼓励他们在课堂、班会和其他活动中发表自己的观点，以增强他们的主体意识。建立平等的师生关系，鼓励学生表达对民族经济发展问题的看法至关重要。同时，培养大学生的民族经济发展观应该为他们提供更多的成长空间。这包括培养学生的创新意识、社会责任感以及对国家和民族的情感。鼓励学生研究他们感兴趣的民族经济课题，可以增强他们的自主学习能力。鼓励学生思考问题、解决问题，以积极参与民族经济的发展和建设。

（二）大学生民族经济教育制度建设

建设高校民族经济教育制度意味着高校在进行民族经济教育时要制定一套相关规则和标准，覆盖民族经济教育的各个方面，包括开展、内容、实施过程等。这些规则和标准旨在确保民族经济教育在高校内部达到系统化和规范化，同时设立相应的评估和监督机制，及时反馈并纠正教育过程中出现的问题，以保障学生的培养质量。

1.制定相关规章制度

制定相关的民族经济教育制度是确保民族经济教育有效进行的重要环节。这些制度应当以社会主义核心价值观为指导原则，坚持可持续发展的教育理念，以满足民族经济教育的需要为主要目标。这些制度的制定应协调宏观制度建设与微观课程、师资、校园文化等方面的关系，以使高校民族经济教育更全面规范化地运行。确定民族经济教育的目标，明确要培养什么样的学生，他们应该具备什么样的民族经济意识和素养；构建科学的课程体系，优化教学大纲，加强培训，建立合理的师资队伍。

2.实施有效监督和评价

为了确保高校民族经济教育制度的有效执行，监督部门需要充分发挥监督、评价和激励的职能。教学评估中心应当严格监督各部门是否按照民族经济教育制度的要求进行工作，以保障各个环节工作的质量。同时，采用创新的监督手段，例如，在线收集学生和教师对民族经济教育开展效果的评价数据和意见，及时反馈监督和评价结果，并制定相应的奖惩制度。

（三）高校民族经济教育课程建设

1.明确民族经济教育课程内容

民族经济教育课程应根据学生和学校情况设置，提高趣味性，提高学习效率。不同地区的高校存在地域差异，因此教师应因地制宜，根据地区的民族经济和区域经济特征设计课程内容。

民族经济教育课程旨在培养学生的多方面能力。一方面，学生学习民族经济的基础理论知识，重点是让他们了解民族和区域发展的历史和现状，扩展知识面，提高问题分析和解决能力。另一方面，高校应该开展与中华民族共同体意识和社会责任感相关的教育。在充分利用思政学科的教育作用的基础上，要充分发挥其他学科的独特优势，找到与铸牢中华民族共同体教育学科融合的途径，以潜移默化的方式实现科学认知与深层情感的融合，推动学科教育的科学与人文精神相互融合，提高铸牢中华民族共同体意识教育的渗透性、广泛性和有效性。最后，应该提供实践课程，通过实际情境中的教学来增强学生的实践能力，引起学生的共鸣，加深他们的印象。

2.设置公共选修课

为了全面推广民族经济教育，高校应该提供民族经济教育的公共选修课程。高校可以根据师资情况开设多门选修课，以满足学生的兴趣和需求。此外，还可以结合实际情况和学生需求，开展实际的民族经济教育课程，如结合"三下乡"活动开展民族经济发展调查等相关的实践课程。

3.线上线下结合

近年来，"互联网+"教育模式不断发展。高校可以采用开设在线课程，如MOOC、SPOC等方式，开设民族经济教育网络课程。这不仅可以解决教师不足和教室不够的问题，还能让学生自由安排学习时间和地点。同时，民族经济教育具有跨学科特点，需要注重与其他学科的结合，使学生能够自然而然地获得更多民族经济知识，深刻体验中华民族共同体意识的重要性。

三、大学生民族经济教育体系的机制建设

（一）民族经济教育运行机制建设

高校民族经济教育的运行机制是该教育的核心，它指导和规范了教育内容和过程。高校在进行民族经济教育时，首先需要整合和开发教育资源。教师和学生在民族经济教育中扮演着关键角色，因此激发他们的积极性对于教育的顺利开展至关重要。高质量的教育内容以及师生的学习热情是民族经济教育正常进行的基础。第一课堂和第二课堂相结合。高校应充分整合现有的民族经济教育学科和研究成果，积极开发本校的课程，将民族经济教育融入专业教育中，使其在专业课程中得到充分体现。在专业课程中渗透民族经济教育内容的同时，应在第二课堂中组织民族经济教育实践活动，注重培养学生的实践能力、问题解决能力，并提供更广泛的学习机会，包括团队作业等。激发教师和学生的积极性。民族经济教育的目标是增强学生的中华民族共同体意识，因此必须通过激发教师和学生的积极性来保障教育质量。学校可以增加民族经济系列讲座的数量，举办以民族经济发展为主题的活动，加强宣传工作，并建立奖励机制，以提高教师和学生的参与度。

（二）民族经济教育评价机制建设

高校民族经济教育的评价机制是确保教育质量的关键机制，通过对各负责部门的考核和评估，实施监督和管理，以确保民族经济教育的有效性，并增强学生的中华民族共同体意识。对民族经济教育实施部门的考核和评价。高校在进行民族经济教育时，需要将各个环节的具体任务分配给相应的部门和责任人，设立明确的分工，对每个工作人员的工作进度和工作质量进行跟踪和监督，定期召开会议，讨论上一阶段的教育效果。不断完善民族经济教育制度，以学年为期限进行考核，把民族经济教育效果加入各部门和负责人的考核中，推进民族经济教育的发展。建立相应的奖惩制度。对民族经济教

育效果的考核应注重定性分析和定量分析相结合，保证评价结果的客观公正。学校应提供一定的经费支持民族经济教育建设，对相关工作人员及教师给予一定的奖励，激发组织机构负责人员、教师和学生的积极性和参与热情。

第三节　推进大学生民族经济教育的实践举措

一、明确大学生民族经济教育任务，强化重要性认识

（一）帮助大学生树立正确的民族观

在多民族国家中，民族关系至关重要，直接影响本国家的政治、经济和社会的发展。因此，高等院校应该引导大学生形成正确的马克思主义民族观，这是推进大学生民族经济教育的基本任务。

正确的民族观涵盖了对各民族文化、历史、习惯和社会地位的尊重和理解。大学生应该积极了解各民族之间的相互关系，促进民族融合和和谐发展。他们需要明白，民族问题的解决不仅仅是政府的责任，每个公民都应该为维护民族团结和社会稳定贡献力量。在中国特色社会主义建设中，大学生的角色至关重要，是国家未来的中坚力量，通过建立正确的马克思主义民族观，可以让他们更好地参与民族经济建设，推动各民族地区的发展，促进社会的和谐与进步。因此，大学生应当积极参与民族经济教育，培养自己的综合素质，为国家的繁荣和发展贡献自己的力量。

（二）帮助大学生理解和领悟党和国家制定的处理民族经济问题的基本原则和基本政策

中国共产党在处理民族问题方面坚持了马克思主义民族理论，同时结合国家多民族的实际情况，制定了一系列基本原则和政策。这些原则和政策强调平等、团结、共同繁荣，以及区域自治，为解决民族问题和促进多民族国家的和谐发展提供了坚实的法治保障。这一政策体系不仅符合中国特色社会主义的

发展需求，还秉承了中国传统文化中尊重多元文化和和谐共处的核心价值观。

大学生民族经济教育在这一背景下显得尤为重要。大学生是国家未来的中坚力量，他们需要深刻理解并积极践行中国共产党的民族政策。通过教育，大学生可以更好地认识中国多民族国家的独特性，明白各民族之间平等和团结的重要性。在实践中努力推动不同民族地区的经济可持续发展，共同创造更美好的未来。大学生民族经济教育不仅涉及课堂知识，还包括参与社区和地方事务的机会。通过实践活动，大学生可以更深刻地了解不同地区的文化和发展需求。积极参与当地经济建设，促进产业升级，改善民众生活水平，从而实现共同繁荣。此外，他们还可以参与民族团结宣传和教育工作，推动各民族之间的相互理解和尊重。

（三）引导大学生培养各个民族相互关怀、帮助、尊重和包容的素养和习惯

不同民族的大学生在心理、性格和风俗习惯上存在着多样性，在多元文化的背景下，相互尊重和包容是构建和谐人际关系的关键要素。相互关怀、帮助、尊重和包容可以帮助大学生更好地接纳不同背景的同学，营造友好互助的氛围，增进相互信任和合作。在多民族国家中，社会主义和谐社会的建设是至关重要的目标。这种社会的核心特征之一就是不同民族和睦相处，共同繁荣发展。因此，大学生民族经济教育的基本任务之一是引导学生培养相互关怀、帮助、尊重和包容的品质。通过教育，大学生可以更好地理解多元文化的重要性，学会欣赏不同民族的文化和传统，同时培养处理跨文化交往的能力。大学生相互关怀、帮助、尊重和包容，不仅有助于建设和谐的人际关系，也是社会主义和谐社会的重要组成部分。这种和谐社会的实现需要每个公民积极参与，为民族团结和社会的稳定贡献力量。通过大学生民族经济教育，年轻一代将更好地传承和发展这些重要品质，为国家的和谐发展和繁荣作出积极贡献。这不仅是个体成长，也是国家未来繁荣的保障。

（四）引导大学生充分认识民族经济教育对维护国家统一和社会和谐发展的重要意义

民族经济的可持续发展在国家边疆地区的安定、国家统一的巩固以及社

会的和谐方面扮演着至关重要的角色，尤其是在多民族国家和地区，强调不同民族之间的经济联系和共同发展对于维护边疆地区的稳定、强化国家的一体性、促进社会的和谐，具有不可或缺的意义。

大学生民族经济教育的核心任务之一是帮助学生深刻理解、认识到民族经济的可持续发展对维护边疆地区的稳定、强化国家统一以及促进社会的和谐所起到的至关重要的作用。通过教育，大学生能够更深入地理解不同民族之间的经济互赖性，以及经济合作对于维护民族团结和社会的稳定所具有的不可或缺的价值。大学生应该清晰地认识到，民族团结不仅是政府的责任，并且每个公民都应积极参与，为推动民族经济的发展和繁荣贡献力量。

二、建立推进大学生民族经济教育领导工作机制

（一）建立大学生民族经济教育领导机制

大学生民族经济教育在民族地区高校以及民族类学科专业高校的思想政治教育方面扮演着十分重要的角色，为了有效推进这一工作，需建立一套完备的领导机制。此领导机制应与高校大学生思想政治教育的领导机制保持一致。也就是说，应建立由高校党委领导和校（院）长负责的领导机制。高校党委是高校工作的政治核心，其在大学生民族经济教育工作中发挥着非常重要且关键的领导作用，主要体现在以下几个方面。

一是确保方向的正确性。高校党委要确保大学生民族经济教育的政治方向正确。这方面，坚定社会主义方向是基本原则，不仅有助于他们更好地理解我国在处理民族问题方面实行的各项基本方针和政策，同时也有助于培养他们的马克思主义民族观，提高他们正确处理民族关系的能力，从而增强其综合素养。只有确保大学生民族经济教育的政治方向正确，才能培养出符合社会主义建设需要的合格人才和接班人。

二是督促行政部门抓落实。高校党委应积极敦促各行政部门按照中央和省委等有关部门的要求，有序推进大学生民族经济教育工作的实施。在分析工作开展情况和大学生思想状况的基础上，高校党委还需充分考虑学校的实际情况和学生需求，制定出具有针对性和可行性的总体规划、综合性计划并

部署相关工作。这将有助于实现大学生民族经济教育与学校的教育、研究和社会服务等工作形成紧密的结合，确保教育工作的协调进行，同时也有利于推动大学生民族经济教育工作的持续开展。

三是加强监督检查。高校党委应严格监督检查大学生民族经济教育各项相关工作的开展情况。高校党委应根据有关部门的要求，并结合学校的实际情况和学生需求，对大学生民族经济教育的各项工作进展进行定期的监督检查。这个过程包括检查和总结民族经济教育工作的经验，找出不足之处，并提出改进建议，以督促推动相关职能部门切实履行职责，提高大学生民族经济教育工作的实际效果。通过持续的监督检查，高校党委能够确保大学生民族经济教育工作的高效实施，并不断完善和优化教育内容和方式，以适应时代的发展和学生的需求。

（二）建立大学生民族经济教育工作机制

在高校中，负责大学生民族经济教育工作的三个主要部门分别为政治理论教学机构（如马克思主义学院、思想政治教学部、社会科学部等）、校（院）团委，以及各院（系）的党总支（党支部）。这三个相关部门齐心协力、互相配合、各司其职、各负其责是保证大学生民族经济教育工作取得效果的关键，但目前许多高校的大学生民族经济教育工作面临着无人负责、无人过问的局面。

大学生民族经济教育是一项十分复杂的系统工程，它需要政治理论教学机构提供坚实的理论支持，校（院）团委负责组织和协调相关活动，各院（系）的党总支（党支部）在基层开展具体工作。为了确保这些部门能够有效协作运转，需要建立一个由学校党委领导，各职能部门之间保持密切协作的高效协调机制。

高校在开展大学生民族经济教育工作时，应从以下两个方面着手。

理论教学方面。高校应根据中央和省委的要求，并结合学校教学工作和学生需求，制定相应的民族经济教育教学大纲和教学计划。高校教师应按照教学大纲、教学计划认真组织理论教学活动。通过这些活动，学生将更加深入了解马克思主义民族理论和我国民族政策，掌握民族区域自治制度的核心原则和实施细则，增强马克思主义民族意识，提高其正确处理民族关系的能力。

专题讲座方面。高校应该制订民族经济教育的讲座计划，按照各部门的相关要求以及实际情况来制订该计划。由高校教师来组织这些讲座，通过讲座帮助学生深入理解相关理论和政策。同时，学生也将更深刻地理解马克思主义民族理论、民族平等原则、民族经济的可持续发展和各民族共同繁荣等原则，以及民族区域自治制度的运行机制。这有助于引导学生更准确地认识我国民族关系中的一些问题，以及民族经济在我国发展中的关键作用。

三、健全大学生民族经济教育制度建设

（一）健全大学生民族经济教育工作制度

确立健全的制度体系对于高等院校民族经济教育工作的有效开展至关重要，能够有效地评估工作成效，并为大学生民族经济教育的针对性和成效性提供明确依据，以确保教育工作的高质量开展和有序顺利推进。这些制度包括以下两个方面的内容。

高等院校需要制定大学生民族经济教育工作的规章制度。这包括制定大学生民族经济教育的总体规划和纲要、教育工作的详细实施方案以及民族经济教育相关校园文化活动和社会实践活动的计划。此外，高等院校还应制定相关的工作细则以确保社团在积极进行教育工作时要有领导。如果不建立这些制度，教育工作将失去系统性和连续性，从而对最终的教育工作成效产生不利影响。

高等院校需要设立完备的大学生民族经济教育工作职能部门。高等院校为了确保民族经济教育工作的有序推进和显著成效，需要设立专门且完备的教学系部门对教育工作进行保障。在高等院校，课程实施的有关部门、学校或学院团委、各学院或院系的党支部是教育工作的三大职能部门，分别负责组织开展经济教育相关的理论教学和专题讲座、社会实践活动以及校园文化活动，共同保障工作的顺利进行。

（二）健全大学生民族经济教育考核制度

确立健全规范的考核制度是高等院校高质高效开展民族经济教育工作必不可缺的重要环节，考核制度的建立不仅是评估教育工作质量和取得成效的必要手段，还是推动民族经济教育发展的必要步骤，能有效帮助高等院校明

晰工作方向。

不断完善评估体系。评估工作应遵循明确的评估准则，确定相应的评估等级、参考标准以及各项指标，将评估标准和指标覆盖学校、教育者和学生三个层面。与此同时，应实现多种评估手段相综合，以建立全面的评估体系。学生层面的评估应当侧重于对民族经济发展知识理论的理解程度、是否积极主动参与相关教育活动、处理民族经济发展层面相关紧急情况的能力和应对成效等。教育者层面的评估应当聚焦于教育者的理论素养、教育水平、工作态度、工作效果、创新能力和科研成果等方面。学校层面的评估则侧重于教育工作的总体布局、制度建设情况和工作开展效果等方面。

强化激励机制。激励机制可以有效地推动民族经济教育工作的开展，应该将教育工作纳入管理和评估体系中。与此同时，综合运用物质和非物质奖励，以鼓励集体取得优异的工作表现。此外，对不合格的集体也应采取相应的纠正措施，以促进工作的推进和质量提升。还可以积极推动民族经济持续发展领域的"优秀"评选，通过树立榜样，奖励杰出贡献者，鼓励后进者，制定明确的激励准则，以激发更多教育主体提高其参与民族经济教育工作的积极性和热情。

健全监督机制。监督机制是保证民族经济教育工作质量的关键，各级职能部门应设定监督机制，定期或随机监督实际工作成效。有效监督有助于全面评估活动效果、教学成果和教育效果，以确保民族经济教育不变成形式主义的"面子工程"，而是真正提高其教育的实际效果。

四、完善大学生民族经济教育保障机制

（一）完善大学生民族经济教育队伍保障

确保大学生民族经济教育工作的质量需要高素质的队伍支持。这些队伍在高等院校中扮演着强化和完善大学生民族经济教育工作的关键角色，主要包括政治理论课教师、团委干部、学生辅导员以及班主任。为了提高他们的教育工作质量，需要采取实际措施来培养和壮大这一队伍。

培训和选拔具备以下特点的骨干队伍：坚守马克思主义和中国特色社会

主义理论，拥有扎实的理论基础，敢于创新，注重理论与实践相结合，具有较强的理论认知能力。这样的队伍将有助于提高大学生民族经济教育工作的效能。参与大学生国民经济教育的职工要牢记正确的政治方向，加强思想道德教育，肩负起引导大学生成长的重要使命。建立全面规范的选拔、培养和管理队伍制度，培养国民经济教育行业的专业大学生，使他们更加专业化，更好地适应岗位需要，最终成为大学生国民经济教育工作的专家，以便发挥更大的作用。

（二）完善大学生民族经济教育环境保障

为了支持大学生民族经济教育工作，需适度增加经费投入。教育行政部门和学校应合理规划预算，以确保活动有效展开。此外，学校还应提供必要场地、设备，并改善设施，以提供更佳条件和资源，有力支持民族经济教育工作。为实现这一目标主要采取的具体措施如下。

宣传部门应侧重进行正面宣传，重点介绍民族经济教育的成功案例、少数民族地区的经济发展成就和民族区域自治制度等内容。这将帮助大学生树立积极的态度，为其提供积极的精神激励。各类网络媒体应积极跟随主流价值导向，承担社会责任，开展多样化的网络民族经济教育活动，通过网络渠道推广民族经济教育资源。学校应促进校园环境改善，建设和谐文明的校园，以提供适宜的场所支持大学生民族经济教育工作。同时，高校应加大对大学生国民经济教育活动的经费投入。教育行政部门和学校需合理规划预算，以确保大学生民族经济教育工作的有效开展。学校应提供必要的场地和设备，改善设施，以提供更好的条件和手段，支持大学生民族经济教育工作。相关职能部门应设立适当的经费预算，以确保大学生民族经济教育工作的顺利进行。

通过以上措施，可以有效地提供环境保障，促进大学生民族经济教育工作的有序开展。

第六章

大学生民族
法治教育

党的二十大报告在擘画未来五年的目标任务时明确指出，要不断增强中华民族凝聚力。铸牢中华民族共同体意识是新时代党的民族工作的主线和"纲"①，它与中华民族整体观念的承续深度耦合，与新形势下重新确认中华民族的主体性、彰显中华民族的自我意识、激发中华民族的"内聚力"息息相关。

党的十八大以来，以习近平同志为核心的党中央在领导全面依法治国、建设法治国家的伟大实践中，从历史和现实相贯通、国际和国内相关联、理论和实际相结合上，深刻回答了新时代为什么实行全面依法治国、怎样实行全面依法治国等一系列重大问题，提出了一系列全面依法治国新理念新思想新战略，创立了习近平法治思想，指导和推动了社会主义法治建设发生历史性变革、取得历史性成就。②习近平法治思想是马克思主义法治理论中国化的最新成果，是习近平新时代中国特色社会主义思想的重要组成部分，标志着我们党对社会主义法治的理论认识和实践探索达到了新的历史高度。在新时代推进全面依法治国、做好法治宣传教育工作，必须把习近平法治思想作为根本遵循和行动指南。

党的二十大报告明确指出，要"深入开展法治宣传教育，增强全民法治观念"③。民族法治教育是指在教育过程中向学生传授民族法律法规、民族政策以及民族团结进步思想，培养学生自觉遵守法律、维护民族团结与国家稳定的思想道德教育。"青年强，则国家强"，作为社会主义建设者和接班人、

---

① 参见习近平：《论坚持人民当家作主》，中央文献出版社2021年版，第327—329页。
② 参见《习近平著作选读》第二卷，人民出版社2023年版，第375页。
③ 习近平：《高举中国特色社会主义伟大旗帜 为全面建设社会主义现代化国家而团结奋斗——在中国共产党第二十次全国代表大会上的报告》，人民出版社2022年版，第42页。

国家未来的栋梁之材，大学生应当具备较强的民族法治意识，现代教育应将大学生民族法治教育作为重要的组成部分。习近平总书记发出"要把青年工作作为战略性工作来抓，用党的科学理论武装青年，用党的初心使命感召青年，做青年朋友的知心人、青年工作的热心人、青年群众的引路人"①的号召，因此，我们对大学生的民族法治教育要涵盖大学生在民族认同、法治观念、法律知识、行为规范、公民素养能力等方面的教育，让大学生深入了解国家的法治精神、法律法规和社会秩序，从而树立正确的法律意识和法律观念，加强大学生对民族文化和传统价值观的认同和理解，促进其文化自信和民族自豪感的增强。当前，我国正处于实现中华民族伟大复兴的历史性节点，推动大学生民族法治教育是现代高等教育的重要使命，它不仅有助于提升大学生的自身素质，还有利于社会和谐发展，有利于铸牢大学生中华民族共同体意识，更有利于推动中华民族伟大复兴的实现。

第一节　大学生民族法治教育的现状

一、民族法治教育的内涵与外延

民族法治教育的内涵丰富多彩，外延广泛多样，其目的是通过教育手段，使广大民众广泛学习和掌握法律法规、法律思维和法治精神，增强法律意识，推动民族法治建设和实践。

（一）内涵

1.政治教育

政治教育是民族法治教育的引领和指导。政治教育是方向性教育，为法律教育、道德教育指明了方向，同时也能够提高全体公民的政治素养和政治

---

① 习近平：《高举中国特色社会主义伟大旗帜 为全面建设社会主义现代化国家而团结奋斗——在中国共产党第二十次全国代表大会上的报告》，人民出版社2022年版，第71页。

水平，培养学生独立思考和分析问题的能力，增强公民的参政意识和责任意识，推动政治体制和法治建设，引导公民通过合法渠道参与国家管理和社会管理，提高全体公民的文化素质和精神面貌。为此，高校的政治教育要坚持正确的政治方向，要强调政治的统帅作用。高校的政治教育还要符合时代特征，既不能放弃意识形态领域的主导思想，也必须正确引导大学生存在的不同政治见解，赋予政治教育新的时代内涵。

2.法律教育

法律教育是民族法治教育的核心和根本。通过多元方式的教育，使人们掌握法律知识、形成法律意识、内化法律精神，养成依法行为习惯，自觉依法办事。法律教育不仅仅是宪法、行政法、民法、刑法、劳动法等各个领域的法学知识教育，还应包括素质教育。但相比较而言，素质教育比专业教育更具有重要的意义。高校应该同时培养学生的法律意识和法律素质，从而提高大学生的法律素养和认知水平。只有将法治教育纳入国家不同层次、不同类型、不同形式的教育服务系统，从青少年抓起，才能使青少年在学校里、在课堂上学到法治知识，增强法治观念，树立法治意识，逐渐将法治内化为学生的思维方式、行为方式和坚定信念，形成守法光荣、违法可耻的社会氛围，使其成为社会主义法治的忠实崇尚者、自觉遵守者和坚定捍卫者。[1]

3.道德教育

道德教育是民族法治教育的组成和基础。道德教育之所以是其他教育的重要组成部分，是因为政治教育和法律教育都必须以人的存在为前提，且只有被有道德的人自觉自愿地接受，才能被内化。[2]承担大学道德教育的主要责任者是高校，社会、家庭、社区等也对大学生的道德教育起着至关重要的作用。[3]道德教育是一种实践活动，进行大学生的道德教育就要将关于道德的理论灌输与培养其道德实践养成相结合，不断实现大学生在道德上的知行合一。因此，高校要通过开展道德教育引导学生正确的行为规范和家庭、校

---

① 参见彭盼盼：《论我国公民法律素养的提升》，江西师范大学硕士论文，2014年。
② 参见姜清明：《高校"思想道德修养与法律基础"课程教学中政治教育、法律教育与道德教育的关系》，《中国林业教育》2008年第4期。
③ 参见刘莹：《新时代大学生道德教育研究》，辽宁师范大学硕士论文，2022年。

园、社会等各个方面的道德规范，进而培养学生的公民意识、法律观念和精神素质，增强法律规范的约束力。

4.爱国教育

爱国教育是民族法治教育的关键和保障。爱国教育是培养大学生的爱国情感、民族自豪感和民族认同感，提高他们对祖国、民族的热爱和忠诚度。通过爱国教育，大学生可以更加深入地了解祖国的历史、文化和发展成就，认识到祖国的伟大和独特之处，从而形成强烈的国家意识和认同感。通过爱国教育，大学生将深刻认识到自己作为国家未来的建设者和社会成员应该怎样为国家和社会发展作出贡献，培养强烈的社会责任感和公民意识，积极参与社会事务，推动社会进步。通过爱国教育，大学生将了解到国家的命运和发展与全球的联系和影响，认识到国际合作与交流的重要性，具备更广阔的国际视野和全球责任感。2019年11月，中共中央、国务院印发《新时代爱国主义教育实施纲要》。党的二十大报告提出："深化爱国主义、集体主义、社会主义教育，着力培养担当民族复兴大任的时代新人。"[1]2023年10月24日，十四届全国人大常委会第六次会议表决通过《中华人民共和国爱国主义教育法》，该法于2024年1月1日施行。以法治方式推动和保障新时代爱国主义教育。这些举措对于振奋民族精神、凝聚人民力量，推进强国建设、民族复兴，用新的伟大奋斗创造新的伟业，具有十分重大而深远的意义。

（二）外延

1.增强民族法治观念

民族法治教育的外延包括增强公民的民族法治观念。民族法治观念是指公民在社会生活中会一直遵循法律法规，认为这是社会稳定的必要条件，也是对自己权益的保护。党的二十大报告提出："建设覆盖城乡的现代公共法律服务体系，深入开展法治宣传教育，增强全民法治观念。"[2]普法开局以

---

[1]　习近平：《高举中国特色社会主义伟大旗帜 为全面建设社会主义现代化国家而团结奋斗——在中国共产党第二十次全国代表大会上的报告》，人民出版社2022年版，第44页。

[2]　习近平：《高举中国特色社会主义伟大旗帜 为全面建设社会主义现代化国家而团结奋斗——在中国共产党第二十次全国代表大会上的报告》，人民出版社2022年版，第42页。

来，司法行政系统坚持以习近平新时代中国特色社会主义思想为指引，全面贯彻习近平法治思想，把深入推进全民守法普法作为建设更高水平法治的重要基础性工程，守正创新、持续发力、真抓实干，公民法治素养和社会治理法治化水平显著提升，全民普法工作体系更加健全。公民对法律法规的知晓度、法治精神的认同度、法治实践的参与度显著提高，全社会尊法学法守法用法的自觉性和主动性显著增强。多层次多领域依法治理深入推进，全社会形成了办事依法、遇事找法、解决问题用法、化解矛盾靠法的良好法治环境和氛围。在这样的时代背景之下，各政府机构、社会组织、高校平台等要通过加强民族法治教育，学习法律和法规，领会法治精神，使全体公民养成依法行事的习惯，树立良好的法治观念，增强民族法治观念。

2.提升法律素养意识

民族法治教育的外延还包括提升公民的法治意识和法律素养。在民族法治教育中提升法治意识和法律素养，是全面依法治国的重要任务之一，也是维护民族团结、促进民族和谐的重要途径。法治意识是指人们对法律的尊重、信任和遵守，它是法治社会的基础。通过教育引导各民族认识到法治对国家和个人的重要性，使各民族自觉地遵守法律、维护法律尊严，形成良好的法治氛围。同时关注各民族群众的法律需求，因地制宜开展法律知识普及活动，使各民族群众了解掌握基本的法律知识，提高法治素养，注重培养各民族群众的法律思维和方法，让他们在遇到问题时能够依法解决，形成良好的法治习惯。民族法治教育可以强化各民族之间的联系和交流，促进民族间的相互了解和尊重，增强民族凝聚力，为实现中华民族伟大复兴的中国梦提供有力的支持。

"在法治之下，制度建设是法治的外壳，法治意识是法治的内核，只有作为内核的思想成为一个社会较普遍的认知现象，作为外壳的制度才会变得丰满和充盈。"[①]提升法治意识包括提高公民对法律和法规的理解和认识，增强对违法行为的责任感和遵守法律的意愿。民族法治教育的实施可以长期培养公民的法治信念，推广社会主义法治文化。通过在日常生活中开展普法活

---

① 柯卫：《法治意识的社会功能分析》，《求索》2007年第7期。

动、释义法律法规、讲解经典案例，让公民感受到法律及其实施能够实现社会的公平正义，从而提升公民的法治意识。

3.推动民族法治建设

民族法治教育的外延还包括推动法治建设。党的十八大以来，党中央坚持把全民普法和守法作为依法治国的长期基础性工作，全民守法是建设社会主义法治国家的长期基础性工作。法治建设是一个系统工程，需要统筹兼顾、把握重点、整体谋划、协调推进。只有坚持整体性、系统性、协调性，才能形成合力，取得最佳效果。习近平总书记指出，"坚持依法治国、依法执政、依法行政共同推进，坚持法治国家、法治政府、法治社会一体建设"①。民族法治教育能够充分发挥公民的主动性和创造性，做到尊重群众的首创精神，再通过将取得的实践经验及时上升到制度层面，丰富制度内涵，成为法治中国建设的组成部分。②通过宣传法律和法律精神，推动法律的实施和落实，促进全体公民遵守法律法规，维护法律的权威和尊严，稳步推进法治社会建设。同时，通过弘扬法治精神，进一步建立和完善法治体系，进而实现法治社会的建设。

4.促进民族文化传承交流

民族文化传承和多元交流是民族法治教育中不可或缺的重要内容。通过这一方面的教育，可以培养大学生对本民族的优秀文化传统和法治传统的认同和传承，使其具备民族自信和自尊心。此外，还可以引导大学生了解和尊重其他民族的文化特点，促进不同民族之间的交流、交融和共生。

通过民族法治教育，可以传承和弘扬本民族的优秀文化传统和法治传统。每个民族都有着独特的民族文化，这些文化凝聚着民族的智慧和传统的价值观。通过深入学习和传承这些文化，可以帮助大学生对自己的民族文化产生认同感，增强民族自信心和自尊心。比如，通过学习和传承传统的节日、习俗、民间艺术等，加强大学生对自己民族的历史和传统文化的了解，

---

① 习近平：《高举中国特色社会主义伟大旗帜 为全面建设社会主义现代化国家而团结奋斗——在中国共产党第二十次全国代表大会上的报告》，人民出版社2022年版，第40页。
② 参见江必新：《法治建设的中国智慧与中国经验》，《求索》2023年第1期。

培养他们对民族文化的热爱和自豪感。民族法治教育还可以引导学生了解和尊重其他民族的文化特点。多元文化交流和包容是构建和谐社会的重要基础之一。通过民族法治教育，可以引导学生尊重和欣赏其他民族的文化特点，避免偏见和歧视的产生。还可以通过组织跨民族的文化交流活动，让不同民族的学生互相了解、交流，培养跨文化沟通与交流的能力，这样可以促进不同民族之间的交流、交融和共生，增进社会的和谐与稳定。

在实施民族文化传承与多元交流的具体操作中，可以运用多种教学方法和教育手段。例如，可以组织学生参观民族文化遗址、传统村落等地，让学生亲身感受和体验优秀的民族文化；可以邀请民族文化专家、学者举办讲座和研讨，向学生介绍和解读各个民族的文化特点和价值观；可以组织丰富多样的文化艺术交流活动，让不同民族的学生展示自己的文化表演和传统手工艺，以增进对其他民族的了解和尊重。在推进民族文化传承和多元交流的过程中，必须注重文化尊重、平等对待和包容性，避免强调某一民族的文化优越感或歧视其他民族的文化。同时，还要结合不同地区和不同民族的实际情况，制定有针对性的教育计划和政策，确保民族法治教育的有效推进和落地实施。

总之，民族法治教育的内涵和外延不仅是法律知识的传授，更包含了公民的法律素养和精神层面的提升。民族法治教育作为一项持续性的教育工作，能够引导全体公民逐步形成依法治国、尊法守法、参与法治建设共建共享的文明新风尚，为国家发展和社会进步提供坚实有力的保障。

二、民族法治教育与铸牢中华民族共同体意识的关系

民族法治教育与铸牢中华民族共同体意识之间存在着密切的关系。民族法治教育是通过教育手段，向广大民众传授民族法律知识、培养法治意识和法律素养的教育活动，而铸牢中华民族共同体意识则是在中华民族全体成员中形成一种共同认同感、归属感和凝聚力，促使全体成员共同奋斗、共同进步。

（一）两者存在辩证关系

民族法治教育与铸牢中华民族共同体意识之间的关系是相互依存、相互促进的辩证关系。民族法治教育为铸牢中华民族共同体意识提供了教育基础，而中华民族共同体意识也为民族法治教育的传播和实施提供了社会支持和认同。

首先，民族法治教育有助于铸牢中华民族共同体意识。通过民族法治教育，人们能够更加全面地了解中华民族的历史、文化、传统和价值观。这有助于增强对中华民族的认同感和归属感，促使人们以中华民族为核心，构建共同体意识。民族法治教育注重培养公民的法治意识和法律素养，使人们能够通过法律规范和法制机制维护自身权益，同时也意识到维护中华民族共同利益的重要性。这样，民族法治教育能够加强中华民族成员之间的凝聚力，形成对民族认同的共识。

其次，铸牢中华民族共同体意识也为民族法治教育提供了重要的支撑和基础。中华民族共同体意识是构建和谐社会和实现国家稳定发展的重要因素。只有在具有民族凝聚力和共同意识的基础上，民族法治教育才能更好地传播和普及。中华民族共同体意识使人们更加关注中华民族的文化、价值观念和民族团结，从而为民族法治教育提供了广泛的社会支持和认同。

最后，两者之间也存在着一些辩证的矛盾。在民族法治教育的过程中，应该倡导法律的平等性原则，同时平衡和尊重不同民族的文化差异，避免民族主义的意识形态偏见。民族法治教育还应该注意在强调中华民族共同体认同的同时，保护和尊重少数民族的文化权益、语言权益等，促进多元文化的发展。

（二）以发展的眼光看待两者关系

以发展的眼光看待民族法治教育和铸牢中华民族共同体意识之间的关系，我们可以从国际、历史、现实和未来的视野来进行分析。

从国际视野看，各国普遍重视民族法治教育，将其作为培养公民素质和增强国家凝聚力的重要手段。通过民族法治教育，人们能够了解自己民族的法律制度、价值观和传统文化，从而促进国家的和谐稳定和发展。在跨国联系和交流日益频繁的今天，民族法治教育也有助于加深不同民族之间的理解和沟通，促进世界各民族的和谐共处。

从历史视野看，民族法治教育在中国历史上也有着重要的地位。先秦时期的儒、道、墨、法等各家学说虽然侧重有所不同，但都有各自的法律思想。在国家建设和社会秩序的形成过程中，法治意识和法律素养一直被看作是维系社会稳定的重要因素。通过历史经验的积累，我们可以看到，在民族法治教育得到重视的历史时期，中华民族共同体意识也相对较强，人们更加团结一致，推动国家的发展和繁荣。

从现实视野看，民族法治教育对铸牢中华民族共同体意识具有重要意义。随着社会经济发展和全球化的深化，中国面临着前所未有的挑战和机遇。在这个背景下，强调中华民族共同体意识的培养，可以促使全体中华民族成员更加团结一致，共同应对各种挑战。通过加强民族法治教育，人们能够更加了解自己的民族文化和价值观念，培养对中华民族的认同感和归属感，从而凝聚起更强大的力量，推动中华民族的发展和繁荣。

从未来视野看，民族法治教育将继续发挥重要作用。在未来的社会发展中，法治意识和法律素养的提升将成为每个公民必备的素质。通过民族法治教育，人们能够更好地理解和遵守法律，维护社会的公平公正和秩序稳定。同时，也能够加强对中华民族的认同和凝聚力，推动中华民族在全球舞台上的繁荣和发展。

综上所述，无论从两者的辩证关系看，还是以发展的眼光从国际、历史、现实和未来的视野来论述民族法治教育与铸牢中华民族共同体意识之间的关系，都可以更加全面地认识和了解这一问题的重要性和民族法治教育的内涵与外延。这将有助于我们更好地推动民族法治教育，加强中华民族共同体意识的培养，实现中华民族的长远发展和繁荣。

三、大学生民族法治教育的重要性

（一）增强民族法治意识

法治意识是人们对法律和法治社会的认识和理解，其中包括对法律权威的认同、对法律规则的信仰和维护、对法律标准的遵守等方面。增强法治意识可以增强公民的法律素质和法治观念，提升自身的文明素养和道德观念，从而成为有责任有担当、守法守纪的公民。而大学生作为社会的中坚力量，具有更加重要的社会责任和历史使命，他们确立正确的法律观念、增强法治意识，不仅对自身成长具有重要意义，更对建设文明法治社会、推进国家的发展构建有积极和深远的意义。

中国民族法治教育是通过对民族文化和法律体系的整合，加强对学生的民族法治教育，促进学生做文化自信、信仰自信的中国人，了解和学习中国传统法治精神，培养他们的法治思维和法律素质。对大学生进行民族法治教育，不仅要让其学习到相应的法律知识，还要明白法治思想的精髓和文化力量。只有对法治思想具有深刻的理解，才能在实践中牢记法治观念、规范自己的行为，做合理、合法、合心的事情，这一切依赖于大学生民族法治教育的加强。

（二）促进民族团结

大学生民族法治教育是民族团结建设中的重要一环。在大学期间，学生需要了解有关法律和制度，并学习如何在不同文化和民族的环境中生活，这将有助于他们在未来的职业生涯中更好地了解民族之间的关系，理解不同民族之间的文化差异，以及如何在跨民族的环境中促进和维护团结。民族法治教育也有助于大学生认识到所有民族都应当平等、尊重和包容，并帮助大学生树立正确的价值观，建立针对多元文化的开放心态。这种心态可以帮助建立一个既多元又充满活力的社会，让不同民族之间能够和平共处和发展。

此外，大学生民族法治教育还可以让学生意识到他们的责任和义务，并了解他们能够为促进民族团结作出的贡献，例如，参与社区服务、参与或组织多民族活动等。这种参与实践可以帮助大学生加深对不同民族之间的了解，从而促进民族团结。在现实中，民族之间的矛盾和分歧是不可避免的。但通过大学生民族法治教育的实施，可以帮助大学生更好地处理和解决这些问题，更好地促进民族团结。随着全球化和信息化的不断深入，社会不同层面存在着各种分歧和矛盾。在中国特殊的历史和地理背景下，民族团结如何得到保障，成了一个亟待解决的问题。而大学生民族法治教育正好能在这一方面起到积极的作用。

（三）提高法治素养

法治素养是指公民对于法律的认知、理解、支持和遵守的能力和意识，是公民法治意识和法治素养的核心表现之一。民族法治教育对于提高大学生法治素养具有重要意义。通过民族法治教育，可以让大学生深刻认识到法律的重要性和必要性，使其树立起一种全面的法律意识。如此，大学生能够积极地理解和了解法律条文，认识到法律是对社会行为进行规范的基础性制度，使其在生活、学习和工作中能够更加快速准确地把握法律实质，知法守法。通过民族法治教育，可使大学生了解、掌握和运用法律知识，熟悉法规、重要判例和规范性文件等法律文书。该过程可以促进大学生培养自己的法治素养，使其得以熟练掌握分析问题的方法，促进大学生更深入地思考和表达，从而提高其治理和解决问题的能力。

用民族法治教育培养大学生的法律理解能力是很重要的，这可使大学生更加了解和掌握法律的实质和意义。在实践活动中，民族法治教育也可以结合大学生的生活、学习和工作实际，通过具体案例和分析来让大学生更加深入地理解法律的用意和目的，进而提升大学生的法律知识和思考能力。大学生的适应能力是判断其能否适应社会、适应法治社会的重要标准之一。在民族法治教育中，可以通过开展团队或个人分析、案例分析等实践活动，让大学生了解不同领域、行业的法律常识和基本法律素养，以及可以采取的有效法律措施等，以便更好地应对现实社会中的复杂问题和各种挑战。

（四）维护国家安全

大学生民族法治教育的重要性在于能够增强大学生的法治意识和民族意识，促进他们对国家安全的基本概念和原则的认识，进而增强国民的法治观念和法律素养。同时，也可以培养法治意识和民族认同感，促进国家和社会的稳定与发展。

大学生民族法治教育有助于强化大学生的国家意识和民族认同感。民族法治教育可以帮助大学生了解国家法律和政策，并增强他们的国家意识和民族认同感。这将有助于加强大学生对国家的认同感和归属感，摒弃减少思想上的偏差和错误的价值观念，更好地维护国家安全。

大学生民族法治教育有助于培养法治意识和法律素养。民族法治教育可以帮助大学生了解法治的概念和基本原则，学会遵守法律法规。这将有助于增强大学生的法治意识和法律素养，增强他们的法律观念，并避免在社会生活中犯法或违反国家法律法规，防止安全问题的发生，确保国家和社会的平稳运行。

大学生民族法治教育有助于促进民族和谐。大学生民族法治教育可以帮助大学生了解各民族文化多样性的特点，并减少对其他民族的歧视和偏见。这将有助于促进民族和谐，避免或减少民族冲突的发生，维护国家稳定和社会和谐。

（五）促进民族地区发展

大学生民族法治教育在促进民族地区的发展方面有着非常积极的作用。大学生民族法治教育可以增强民族地区的法治意识。在民族地区，由于历史、文化、宗教、语言等方面的特殊性，很多人对法律知识的了解十分有限，对于法治意识的缺失也是很常见的。通过开展民族法治教育，可以让大学生了解到法律的重要性和法律对于民生的保障作用，从而激发他们对于法治的主动关注和积极参与，进一步推动民族地区的法治建设。

大学生民族法治教育可以提高民族地区的法治水平。民族地区经济发展的基础是法制建设，而法制建设的基础是法律知识的学习和运用。通过开设民族法治课程，可以让大学生了解到法律知识的基本概念和主要内容，提高他们的法治意识和法律素养，从而为民族地区的法制建设奠定基础。

大学生民族法治教育可以促进民族地区和谐稳定发展。在传统民族地区，基于历史和文化的缘故，民族和睦相处、和谐稳定的局面一度被破坏。通过民族法治教育的开展，可以让大学生了解到法治规则的重要性和作用，增强他们的法治意识，养成遵守法律的行为习惯，从而促进民族和睦相处、和谐稳定的发展，为民族地区的发展创造良好的社会环境和稳定的政治局面。

大学生民族法治教育可以促进民族地区经济发展。在当前经济全球化和区域化发展的背景下，民族地区也面临很多的机遇和挑战。而民族法治教育的开展，可以让大学生更加深入地了解到经济发展与法制建设的密切关系，更好地把握当前的发展机遇，从而为民族地区的经济发展提供更加有力的支持。

（六）培养敬法守法的习惯

随着社会的发展，法治已经成为现代社会的基石。民族法治教育不仅能够帮助大学生学习和了解国家的法律法规，更重要的是，通过这种教育，大学生能够培养敬法守法的习惯，进一步建立起他们的法律意识和法律道德观念。

民族法治教育能够帮助大学生学习法律知识。法律知识是人们尤其是年轻人必须具备的知识之一。在大学阶段，学生接受专业知识、学术素养等多方面的培训，而法律知识往往被忽略。随着社会的发展，法律已逐渐成为社会生活中必不可少的一部分。掌握法律知识是大学生做好自我保护和维权工作的基础。通过民族法治教育，大学生可以初步了解我国的法律体系、法律制度及其实施和维护机制，接受基础的法律知识培训。这对于今后大学生的个人成长和职业生涯的发展都有着极其重要的意义。

民族法治教育能够帮助大学生树立正确的法治意识和法律道德观念。法治意识是人们遵守法律法规的基础，法律道德则是人们在法律制约下做事的基础。大学生正处在思想、行为发展和养成的阶段，需要通过教育引导他们树立正确的法治意识和法律道德观念。民族法治教育能够让大学生了解国家法律法规的严肃性、专业性和公正性，理解法律的基本价值和作用，认识到不遵守和违反法律所带来的危害，加深他们对遵守法律的认识和理解，提高他们的法律素养和道德素质，形成正确的法治意识和道德观念。

民族法治教育能够培养大学生敬法守法的习惯。家庭教育、学校教育对大学生的个性特点进行挖掘和引导，而法治教育则更强调行为、思维的规范和操作性。法治教育是以教育、引导的方式推进法治化，着重培养和加强民众的敬法、守法习惯。在民族法治教育的引导下，大学生能够形成良好的法律敬畏心理和法律守则习惯，养成恪守法律、遵纪守法的好习惯，提高大学生的法治素质和意识。

综上所述，民族法治教育对于大学生具有重要意义。它不仅有助于培养大学生的法治意识和民族团结观念，更能提高他们的法律素养、敬法守法习惯，以及为民族地区发展贡献力量的责任感。在当前国家民族政策实施的关键时期，民族法治教育对于维护国家统一、促进民族团结、保障国家安全具有举足轻重的作用。

四、大学生民族法治教育的困境与挑战

在全面推进德、智、体、美、劳教育的大学生教育中，民族法治教育是不可或缺的一部分。它不仅可以为大学生提供必要的法律知识，使学生理解民族法律制度、增强法律意识、提高文化认同等，而且还可以提高大学生的公民素质和道德观念。但当前大学生民族法治教育还存在着许多困境与挑战。

（一）大学生对法律知识认知还不够全面

在当今的社会中，法律已经成为人们日常生活中不可或缺的一部分。然而，尽管法律的普及程度等有显著的提高，但部分大学生对法律的认知依然不够全面。

大学生对法律知识认知不够全面的原因有多种。法律知识并没有在大学的教学体系中得到足够充分的重视。大部分学校的法律课程仅着重于传授基本的法律原理和常识，而缺乏实践案例的深入分析，很难让学生完全理解和掌握法律知识。大学生在日常生活中很少与法律打交道。相较于职业律师或法官等专业人士，大学生往往不需要处理法律问题。因此，大学生对法律知识的需求相对较低。社会中存在着法律知识普及的不平衡。由于教育、家庭和社会环境的差异，一些大学生对法律知识的了解相较于其他人群要更加有限。

大学生对法律知识认知不够全面也显而易见。缺乏法律知识容易让大学生在日常生活中犯下错误。例如，在签订租赁合同、开设公司等方面，缺乏

法律知识容易造成经济损失和法律纠纷。如果大学生对法律缺乏充分的认知，就可能对法律行为抱有不信任或者怀疑的态度，进而对法治不完全信任。缺乏法律知识还可能造成法规合规上的漏洞和失误。

（二）社会各界对大学生法治教育重视不够

近年来，大学生法治教育逐渐受到了社会的关注和重视。然而，社会各界对大学生法治教育的重视程度依然不够，这也成了当前大学生民族法治教育的一大障碍。

政府在大学生法治教育方面的投入和关注有待加强。大学生法治教育是社会法治建设中不可或缺的重要环节，政府应承担主导责任，向大学生法治教育提供必要的经费支持和政策支持。就目前看，政府在大学生法治教育方面的投入相对较少，政策支持也不够明显。

高校在大学生法治教育中也存在着不足之处。高校在大学生法治教育中的作用十分重要，是大学生法治教育的主要承担者。然而，部分高校的法律课程设置和教学方法存在问题，缺少实际案例和生动的教学形式，使得学生认为法律抽象、难学。部分高校的法治教育缺乏科学性和前瞻性，缺乏面向未来的发展和规划。

社会各界在大学生法治教育中的角色不可小觑。社会应该扮演宣传者、助推者和服务者的角色，营造注重法治的社会氛围和文化环境。然而，社会对大学生法治教育的关注和支持不够，社会需要通过一些措施，提高对大学生法治教育的重视程度。

大学生个人是法治教育的最终受益者，也是实践主体。然而，在现实生活中，部分大学生对法治教育的认识和重视程度也存在不足，他们更关注的是获得好的成绩和找到一份好的工作，而没有足够的时间和精力去学习和研究法律知识。

（三）高校法治教育的教学内容和方式单一

尽管当前高校的法治课程设置做了很多调整，但是，教学内容、方式和针对性、灵活性的单一是普遍存在的问题。

教学内容单一。当前，高校的民族法治教育内容主要包括宪法、刑法、民法等基础知识教学，涉及的法律知识比较广泛。虽然这些基础知识是民族法治教育的重要组成部分，但是过于单一的教学内容没有针对性，难以引起大学生强烈的兴趣和共鸣。同时，针对不同民族地区的特殊法规和传统文化法律制度的介绍不足，难以使大学生真正深入地了解和尊重不同民族的文化传统和习惯。

教学方式单一。当前，高校的民族法治教育教学方式主要采用讲授和讨论的方式，学生在被动听课和讨论的过程中根据老师的安排跟进，难以形成独立思考和创新思维能力。而民族法治教育如果仅仅依靠讲授和讨论，难以引起学生的有效参与和兴趣。高校在教学方式方面的单一也让民族法治教育难以在学生中产生深刻的影响，难以真正形成一种德治先行的社会氛围。

教学针对性不够。高校的民族法治教育针对性不够。中国是一个多民族国家，各民族存在自己的法律制度和文化传统，而民族法治教育却缺少针对不同民族地区的特殊法规和传统文化法律制度的介绍，难以真正深入地了解和尊重不同民族的文化传统和习惯。在大学生群体中存在丰富的民族文化差异，面对多元化的群体，单一的民族法治教育难以满足不同学生的需求。

教学灵活性不足。高校的民族法治教育虽然已经有了教学计划和标准课程，但在执行过程中较为僵化，教学形式和教学方法缺少灵活性。因此，难以根据学生的个性化需求和特点进行有针对性的教学设计和实施。

（四）大学生民族法治意识薄弱

随着国家法治建设的不断深入推进，高校和社会逐渐重视培养大学生的法治意识。作为未来社会的主力军，大学生的法治教育得到了更多的关注。然而，仍有相当一部分大学生对民族法治意识的培养存在着淡漠的态度。

缺乏法律素养。法律知识对于大学生普及程度较高，但法律素养的缺乏普遍存在，对法律权利、责任、义务及其适用规则等方面的认识存在一定的误区。部分大学生往往觉得自己所追求的是自由、平等、正义等价值观，并没有真正认识到法律法规对于实现这些价值观起到了至关重要的作用。

法治教育体系不完善。在高等教育中，法律教育相对于其他学科来说并不具有同等的地位，法治教育体系不完善尤其体现在民族法治意识较弱上。

许多学生往往在课外不去主动学习，而是把精力放在了考试、评奖、享受生活等方面。对于民族法治意识的学习和宣传，学校也常常缺乏全面的计划和组织。

文化认同度不高。对于自己的民族和文化，部分大学生并没有强烈的认同感。这种文化认同度的降低，会使得日常生活中的法治行为和法律权利意识的诉求较为淡薄。同时，这种认同度的降低和社会的大环境密切相关，在大学生中许多人会认为只有在特定时期和地点才能表达对传统文化和民族文化的认同。

学习方式与实际生活脱离。大学生日常学习与人生经验脱节导致了法律教育的实际效果难以彰显。大学生接受的法律教育往往只停留在书本知识层面而不与实际生活紧密结合，这极大地限制了大学生法治素养的提升。

（五）大学生民族法治教育缺乏实践环节

大学生法治教育缺乏实践环节是推进大学生民族法治教育的一大障碍。当前，许多大学生较少接触法律案例的学习和交流平台。即使他们拥有很多法律知识与技能，却没有足够的机会积累实践经验，最终也无法熟练地处理各种法律纠纷，解决具体的法律问题。同时，部分学校的大学生法治教育过于理论化，缺少与实际生活结合的实践，没有为学生提供真实可行的法律实践教育。这种教育方式不能满足学生的学习需求，从而使他们学到的法律知识往往无法转化为实际能力。

究其原因可能存在两方面困境，一方面，高校教育体制存在缺陷。当前，部分高校对于民族法治教育的教学，以课堂讲授为主，而实践环节却存在着不足，相比较而言，基于教育资源、师资等方面的原因，高校缺乏对学生的民族法治教育的深入实践教育，难以形成有效的教育体系，无法培养学生实际运用法律知识的能力。另一方面，学生自身习惯问题。一些大学生对于民族法治教育缺乏足够的关注，对于课堂讲授以外的教育内容，学生们自主开展实践探究的动力不足。学生在大多数情况下缺乏自我学习和思考的能力，缺乏自信，没有足够的热情去进行民族法治的实践操作。

（六）大学生法治教育师资队伍薄弱

新时代的大学生教育中，法治教育是一门需要高度理论性、专业性和实践性的课程。然而，当前我国高校的师资力量、结构和水平与此要求还存在一定的距离。

很多高校的教师并非法学专业出身，他们在法律经验和专业知识上存在不足，难以完全满足学生学习法律知识的需求。这些教师自身学识能力的局限和专业法律水平的欠缺，以及对法治教育专业知识的理解不足，可能会在一定程度上削弱法治教育的实际效果。同时，由于教师对法治教育新内容方面的理论知识讲授缺乏生活现实性，可能会导致学生在学习过程中与现实生活脱节，无法激发他们对法治知识学习的兴趣和积极性。

从宏观角度看，法治教育课程体系应该是大中小学多元化教育体系的有机组成部分，需要不同层次的教育和整体规划有机衔接。然而，非法律专业的教师，其法学素养和法治教育所需的专业技能不相匹配。从微观角度看，法治教育是思想政治教育在法治领域的延伸，既与思想政治教育有一定的交叉性，又具有法治教育的专业独特性，这对教师的知识结构和教学能力提出了更高的要求。

大学生群体自我控制和判断力较弱，容易受到不良信息的影响。因此，高校教师在这个过程中给予正确的引导很重要。如果教师自身的法律知识不够健全，不仅会导致学生的法律知识匮乏，也会使学生因为缺乏社会实践经验而无法达到法治教育的预期效果。

综合上述现象，推进大学生民族法治教育仍然面临较大的困境和挑战。应采取相应的对策和措施，力求解决这些问题。

第二节　大学生民族法治教育的基本要求

随着我国社会主义市场经济日臻完善，国家对学生知识教育的投入显著增加，社会对人才的标准也日益严苛。这给我国传统的学生教育培养模式带来了巨大挑战，而社会大背景的转变往往会对学生的思想观念、思维习惯与价值观产生深刻影响。为确保实现铸牢中华民族共同体意识的目标，大学生民族法治教育在内容和方法方面需要深入浸润到大学生的思想意识中，并且需要具备多元包容和实践性的特点。本节将就这三个基本要求进行深入探讨。

一、深入浸润

深入浸润是大学生民族法治教育的首要目标。大学生是国家未来发展的中坚力量，因此民族法治教育要从思想、政治、文化、价值观等方面进行深入浸润。

加强思想政治教育。思想政治教育是依据社会发展需求和个人全面成长需要，按照社会思想潮流和个人思想品德演变规律，由社会团体和广大公众共同参与，旨在提升社会文明水平和个人思想道德素养的教育实践活动。作为学校思想政治教育的关键部分，学生法律教育在塑造和培养学生的道德和法律意识、全面提升学生的法律综合素质方面，起着极其重要的作用，也是深入推进法治建设和培养社会主义高素质人才的必要途径。要强化大学生的思想政治教育，宣传我国的法律法规，让大学生认识到法律的重要性，及时矫正错误的思想观念。

强化文化教育。文化是人类社会实践过程中的精神生产与物质生产的有机结合，人类的价值体系、传统习俗、道德观念、宗教信仰和法律规范等都可以被纳入文化这一范畴，它和教育之间的关系如车之两轮、鸟之两翼，相辅相成，不可偏废。教育是文化的一部分，文化依赖教育来传播。法治作为一种理性的制度设计，既是现代社会治国理政的基本方式，也是一种能够得到普遍遵守的社会规则，因此天然地具有一定的教育功能。文化和法治的结合也产生了一种新的文化类型，我们称为"法治文化"。而铸牢大学生中华民族共同体意识，就需要从中华文化特别是中华优秀传统文化、社会主义先进文化以及社会主义法治文化中增强文化认同和提升文化自信。通过文化教育，深入传承和推广中华优秀文化，引导学生形成爱国、敬业、诚信、友善等积极向上的价值观，从而增强大学生的民族自豪感和自信心。同时，持续地传播社会主义法治文化，也会促使学生、教师乃至家长群体受到法治教育的熏陶，最终形成共同的法治信仰。

注重价值观教育。价值观是人类在宏观层面对价值问题的研究和基本观点的综合体现，它存在于价值信念等各个方面。大学生的价值观受到历史和本土环境的深刻影响。社会主义核心价值观要发挥其强大的思想统一作用，将多元化、复杂的影响因素整合在一起，形成我国社会主义建设的主导价值观念。在高等教育中，教育机制的有效性可以促进个体价值的提升和转变。实施全面、系统、深入的价值观教育，可以提高大学生的道德素质、自我修养和社会责任感，塑造他们正确的人生价值观，从而促进自我提升和社会和谐。法治教育的思维方式应是双向的，即实现价值观与法治建设的相互促进。在这个过程中，学校需要既注重道德对法治潜移默化的影响，也要确保法治对道德的直接推动，更要促使学生的道德教育和法治教育效果相互支持。对法治的理解应该既注重表面的法条释义，也要对包含价值观的法条进行解答，更要引导学生接触、理解和感受法治的价值精髓。

二、多元包容

多元包容是大学生民族法治教育的重要要求，应对不同民族大学生的需求和要求予以照顾和支持。其具体实现可以从以下方面进行。

多元化教育内容。教育内容的多元化要求完善法治教育内容供给，增强法治教育的针对性。只有不断完善大学生法治教育的内容供给，打造既立足新时代法治建设新方位，又能满足多元主体需求的法治内容，才能增强法治教育的针对性。[1]这就意味着院校在教授法律课程时，应根据社会的发展需要，构建多元化的课程体系，压缩理论课时，提高法律实践课程和跨学科的选修课程，丰富学生的知识体系。开设教学课程，为学生提供有多元特色地区文化、经典文献、法规、经验和案例的教育内容，提高对多元文化的认知

---

[1] 参见王凯丽、陈树文：《新时代大学生法治教育探究》，《学校党建与思想教育》2022年第19期。

度。在对法学理论概念进行讲解的同时，以案例分析和讨论做辅助理论教学，增强学生知识转化的能力。丰富课堂文化，把握民族文化精髓，形成互动课堂。

完善多元化教育策略。针对不同民族学生的特长和需求，我们应该制定个性化的多元化教育策略，以激发学生的学习热情和自我认同。一方面，在全面依法治国的大背景下，我们需要提高少数民族大学生的法律意识，使其能够全面理解和应用法律。少数民族大学生的法治教育与一般公民的法治教育有所不同，我们需要考虑到他们的成长背景、所在地区的特殊性以及他们自身的心理特点。在普及传统法律知识的基础上，我们需要将法律知识理论与少数民族地区的特色相结合，让他们能够将所学理论与自身的实践相结合，从立法、执法、司法、守法等方面全面理解和应用法律。同时，这些知识也能够为少数民族大学生培养法治思维打下基础，帮助他们更好地理解我国当前的法治工作格局。另一方面，我们需要加强对少数民族大学生法治情感和法治意志的培养。法律意识是一种特殊的社会意识，是社会主体对社会法现象的主观理解方式，包括我们对法的理解、情感、意志和信念等各种心理要素的有机综合。因此，需要综合考虑少数民族大学生的心理要素，让他们意识到自己作为法律的主体，需要结合自身的理性、情感、意志和信念等因素考虑问题，利用法律来维护自己的权利，处理好权利和义务的关系。此外，由于民主和法律之间存在相互影响和依赖的关系，在对少数民族大学生进行法治教育时，需要体现出民主的内容，倾听他们的内心感受，理解他们的情感价值，将公正、平等、自由融入教育理念之中。

打造多元化校园文化。文化与民族之间的紧密联系，无法分割。我国的校园文化深入融合了民族文化，对法治建设起到了至关重要的作用。校园文化是展示学校文化氛围的主要方式，优秀的校园文化不仅能够体现民族的价值观和道德观，还能起到一种耳濡目染的作用。在多元文化背景下，民族学校的文化选择对校园文化的塑造起到了重要作用。这样的文化环境能够增强法治教育的影响力，创造出法治教育的主流环境。优秀的法治教育环境能够帮助大学生保持健康的心态，提高法治教育的有效性。建立完善的校园文化，关键在于建立强大的师资队伍，充分发挥民族文化的优势，并借助社会力量办学。要积极推动校园文化建设，促进不同民族学生的文化交流与融合，打造多元化的校园文化氛围，以更好地传递爱国、团结、友爱的核心价值。

三、丰富实践

丰富实践是大学生民族法治教育的重要要求，通过具体的实践活动，大学生才能更好地理解和落实相应的法律保障措施和文化传承。

第一，开展丰富多彩的社会实践活动。开展形式多样的法治实践教育，在真实情境中加深大学生对法律知识的学习和法治实践能力。法治实践教育是最生动的法治教育，是理论知识与实践行动紧密结合的最佳途径。它是思想政治理论课实践教学的重要内容，是大学生法治教育实践基地建设的核心部分。它以实践为载体，以真实情境为舞台，让学生在亲身参与中感受法治的魅力，理解法治的内涵，提升法治的素养。然而，我们不能忽视的是，法治实践教育面临着重要的挑战，那就是打破高校与社会之间的壁垒，将实际工作部门的优质实践教学资源引入高校，加强校企、校地、校所的合作。这是需要全社会共同努力的问题，也是关乎我国法治教育未来发展的问题。我们需要构建全方位的法治教育体制机制，全方位增强法治教育的育人功效。这需要创新教育方式，丰富教育内容，提升教育质量。

要为学生提供更多的实践机会，让他们在实践中学习，在学习中提升。同时，也要认识到，法治实践教育所选择的内容和形式，必须结合大学生的专业特点，满足他们的专业需求。这是一项有挑战性的任务，但也是一项充满机遇的任务。只有这样，我们才能真正实现法治教育的目标，真正提升大学生的法律素养和实战能力。

第二，打造线上线下教育融合平台。利用互联网技术，打造线上线下教育融合平台，为学生提供更多便捷、优质的教育资源和服务，以扩大实际效果。如今，新媒体时代网络技术平台的技术不断快速发展和进步，大学生的个人学习生活、获取各类信息服务的渠道以及各种社交方式都随之发生了巨大改变，这必然使新一代大学生群体的生活方式、思维方法等发生更大的转变。那么，高校大学生的法治教育也应该努力紧跟教育时代潮流，转变法治教育理念，坚持以新媒体网络技术为载体，以习近平法治思想为指导，将理论教学和实践教学相结合，增强法治教育的时代性和趣味性，提高大学生法治教育的教学效果。因此，有必要建设高校法治教育网络平台，使大学生积极主动参与进来。

高校可以有效利用抖音、快手等短视频平台，创建本校相关账号，积极挑选与法律相关的案例事件，使学生可以利用日常生活中的碎片化时间来增强对法律知识的理解。短视频的趣味性也会极大地提升青少年学生课外学习的热情。同时，学校也可以创建微博账号或微信公众号来发布"普法栏目"等专题，设立问题讨论，提高学生的参与度，积极引导学生加入法律案例的讨论；通过构建网络教学平台，可以给学生提供多种学习方式，满足大学生对新鲜事物的探索欲望，提高大学生学习的积极性和趣味性。

第三，加强校内外文化活动。加强校内外文化活动的开展对于推广法治知识、培养大学生的法治意识具有积极的影响。通过举办各种形式的校园文化活动，可以将法治文化融入大学生的日常工作和生活，潜移默化地促进大学生法治观念的培养和形成。一方面，可以在学校举办劳动竞赛、文艺比赛和运动会等活动的同时，通过配套的宣传资料和展板，向学生群体推广与法治相关的知识。此举可以在活动中融入法治宣传的元素，使学生通过参与这些活动来了解法治的重要性和实践意义。另一方面，可以在日常各种科技文化活动晚会和颁奖晚会中添加与法治相关的小节目。可以邀请法官、律师、知名学者等作为嘉宾，为大学生讲解法治知识、分享法律案例等。这样，可以使法治知识更加生动、贴近学生的实际需求，并潜移默化地提高学生的法治意识和法律素养。

此外，可以在校园内设立法治文化广场或主题展览区，展示有关法治的书籍、图片、视频等资源，让学生主动参观与学习。还可以开展法治知识竞赛、讲座等法治宣传活动，鼓励学生积极参与，加深对法治知识的了解。还可以通过社团活动等方式，鼓励学生组织和参与与法治相关的社会实践活动。例如，组织学生参观法院、检察院或公安局的有关法治活动，让学生亲身感受法治实践；组织学生参与法律援助活动、法律咨询服务，培养学生的社会实践能力和合作精神。

综上所述，大学生民族法治教育应以深入浸润、多元包容和丰富实践为基本要求。只有如此，才能真正提升大学生的民族法治意识和法律素养，进而实现共同团结和发展。

第三节　推进大学生民族法治教育的策略

随着中华优秀传统文化影响的不断深入以及社会、经济等各方面的迅速发展，大学生民族法治教育日渐成为一个紧迫而重要的任务。如何推进大学生民族法治教育？本节将就此提出几点策略。

一、加强教育宣传工作

提高大学生的民族法律意识，必须加强宣传教育。高校可以通过举办讲座、发放宣传资料等方式，让学生了解相关的法律法规和命令式文件，同时也可以引导学生走近民族法律、深入了解民族文化，形成多元化的法律意识体系，并建立起民族文化自信。高校需要充分利用校园的文化传播场所，让学生在学习文化知识的过程中，能够全面地接受法治教育。法治教育需要遵循其特定的原则，通过活泼、直观的实践活动，让学生理解遵守规范的必要性和方法。例如，利用角色扮演、模拟法庭等方式，让学生成为教学的主体，通过自我分析得出最佳答案，这样能使学生对知识的掌握更加深入和牢固。再如，通过举办法治主题班会、法律征文比赛、法律知识竞赛、参与校园治安联防工作等活动，利用板报、校园广播、校园网络等平台，强化法治宣传教育，营造浓厚的校园法治文化氛围。要打破课堂内外的界限，走出校园，开展第二课堂活动，如参加庭审旁听、邀请专业人员进行法治专题讲座；到社区、街道开展法律咨询和法律宣传，普及法律知识等。让学生在亲身体验中作出判断，强化他们的法治意识，影响他们的人际交往态度，学会处理涉及法律问题的方法。[1]同时，高校应成立具有专业背景的宣传团队，负责制定每学期的教育宣传计划和相关政策。

二、积极推动课程改革

要搞好大学生的民族法律素质教育，必须引入一些新课程。现有的大学课程大多是针对全体学生的综合性课程，很难重点突出对学生的法治教育，这就需要改革现有的课程，增加专业专长岗位和时间上的安排。

在专业选修课程的设置上，高校的各个二级学院要充分考虑到大学生毕业后可能会从事的与专业相关的工作，使他们既能利用自身的专业技能顺利就业，同时也能自觉遵守职业道德规范，并运用所学的法律知识解决工作中遇到的实际问题，得以实践。[2]一些高校已经在教育实践中进行了探索，如通过专业课程的设置来强化学生的法治教育，并引导他们更深入地了解民族文化，以此培养他们的法律实务能力。例如，安全工程专业的学生可以学习安全生产法和矿山安全法等相关课程；经济类专业的学生可以学习经济法和税法等相关课程；环境专业的学生可以学习环境与资源保护法学和环境法学等相关课程；师范类专业的学生可以学习教育法和教师法等相关课程。通过开设法治教育专业课程，高校既可以实现法治教育内容与各专业学科的有机融合，又可以推动大学生的法治素养和专业技能水平的共同提升。

关于法治教育在教学大纲中的比例，应适当增加法治教育的投资，扩大其在课程中的占比。[3]当前，法治教育的内容在教学大纲中的比例偏低，导致学校在法治教育上分配的时间较少。许多大学并未开设除思想道德与法治课程之外的其他法律相关选修课。由于法律知识的专业性较强，学生在有限的时间内只能接触到基础、表面的法律知识，无法深入理解法律相关内容。因此，应当提高法治教育课程在大学生教学计划中的教学时间比例。

---

[1] 参见揣志强：《浅谈高校法治宣传教育》，《黑龙江教育学院学报》2010年第6期。

[2] 参见王文洁：《新时代大学生法治教育研究——以T市四所高校为例》，山东农业大学硕士论文，2022年。

[3] 参见张鑫月：《新时代大学生法治教育路径创新研究》，河北师范大学硕士论文，2022年。

三、注重校外社会实践

实践是理论的来源，理论指导实践。大学生的法治教育，应当坚持理论知识和实践操作相结合，实现知行合一。针对大学生法治实践能力不足的问题，高校应充分利用社会资源，发挥实践活动的协同效应，扩展大学生法治教育的实践途径。除了在课堂上进行民族法治教育，还应强调实践环节的重要性。进行社会实践活动，能让学生深入社会，体验生活，更深入地理解民族文化和存在的法治问题，提升其社会责任感。

一方面，高校应当加强与当地公安局、法院、检察院、司法局四大机关的战略合作，建立大学生法治教育实践教学基地，通过实地参观教学基地，现场观摩行政执法活动，增强大学生的法治观念、法治意识。例如，大学生可以通过法院见习、现场旁听陪审等实践活动，根据第一课堂所学知识分析实际案例，现场感受、体会法律适用程序和法律的公平正义，了解违法犯罪给自身和社会造成的危害，提高大学生对法律的敬畏程度，有效预防大学生违法犯罪行为。

另一方面，高校可以与当地的基层社区协作，组建大学生法律志愿服务团队，进行社区调研活动，了解社区最新的法治状况和基层群众所涉及的法律问题，运用所学知识帮助基层群众排忧解难，让大学生真正做到学以致用。高校学生还可以选择参与实验性政策学习、规划实践性教学课程、社会调查和国内或国际竞赛等实践项目。

四、增强主体自觉性

唯物辩证法认为外因是变化的条件，内因是变化的根据，外因通过内因起作用。提升大学生法治教育的实效性需要各方面的"外在条件"和大学生的"内部因素"共同起作用。

大学生应当主动进行理论学习，提高自身的法治认知水平。这不仅包括法律基础理论知识的学习，也包括马克思主义法治理论的学习。马克思主义法治理论是对法的起源、本质和功能的深刻揭示，是建立在历史唯物主义的科学世界观和方法论基础之上的，对人类社会法治思想发展产生了广泛而深刻的影响。只有深入理解这些理论，大学生才能"透过现象看本质"，对法治有更深的认识，真正理解和遵守法律。

大学生可以通过上好思想政治理论课和主动进行课外学习两方面加强理论学习。一方面，要提高课堂出勤率，认真上好大学生法治教育相关的思想政治理论课。在课堂上，他们可以系统地学习法律知识和马克思主义法治理论，这是提高法治认知的重要途径。另一方面，要通过各种方式主动进行课外学习，如借阅相关书籍、建立理论学习研讨小组、登录"学习强国"手机客户端等，进行相应的理论学习。这种方式可以增强大学生的自主学习能力，使他们能够自主加强法治观念，提升法律意识，对法治有更深的理解和认识。

大学生需要通过提升法治意识和认知水平，明确自己的权利与义务，以增强接受法治教育的自我主动性。在实际生活中，有时会出现大学生过分强调权利而忽视义务履行的现象。通过法治教育，使他们明白，权利并非与生俱来且可以随意享受，它与义务是相互对应的。

五、营造法治校园环境

人创造环境，环境也同样创造人。人类与环境之间的相互影响是不可忽视的。人类不仅生活在环境中，也在不断地改变和塑造环境。从这个角度看，学校是社会精心设计的青少年成长环境，其活动具有高度的计划性和目的性，对大学生的思想道德塑造具有引领作用。特别是，学校的法治教育环境对大学生的日常行为有深远的影响，我们应该致力于构建法治校园。

应加强对校园法治文化环境的建设，发挥其育人的功能。所有文化都是社会生活的产物，体现了特定的历史和现实因素，与社会生活有密切的内在联系。法治文化作为一种精神力量，能在人们理解和参与法治社会建设的过程中转化为物质力量，推动法治社会的进步和个人法律素养的提升。高校可以通过在图书馆、教学楼、餐厅、学生公寓等大学生日常生活的公共场所张贴海报、设置展板、拉设横幅等方式进行法治文化宣传活动。也可以通过学校网站、校园广播、高校学报等平台开辟法治知识宣传专栏，积极打造法治文化宣传的新平台。

六、强化师资队伍建设

强化师资队伍建设是提升大学生法治教育质量和效果的重要一环。习近平总书记指出："要配齐建强思政课专职教师队伍，建设专职为主、专兼结合、数量充足、素质优良的思政课教师队伍。"[①]教师作为教育发展的第一资源，其素质和能力直接影响教育教学的质量和效果。因此，高校在进行大学生民族法治教育时，应加强师资队伍建设，包括增加师资数量和提高师资素养，从而为学生提供更好的民族法治教育。

高校应通过完善招聘机制和人才引进计划，加大法治教育课程教师的数量。可以通过提供良好的待遇、设立专职教职岗位、建立长效绩效考核机制等方式，吸引更多具有专业素养和教学经验的教师从事大学生法治教育工作。此外，高校还应根据实际需求，制订合理的招聘计划，确保教师队伍数量的充足，为每个学生提供充分的法治教育资源。

高校应注重提高民族法治教育课程教师的专业素养和教学能力。可以通过加强师资培训和提供进修学习机会，使法治教育课程教师不断更新专业知识和教学理念，适应法治教育的发展和需求。同时，可以与相关机构合作，邀请法律专业领域的专家、法官、检察官、律师等从业人员担任客座教授或兼职教师，为学生提供专业实践经验和案例分析教学。

高校应加强师资队伍的交流与合作。可以通过组织教师交流讲座、学术研讨会等形式，促进教师之间的互相学习和分享。可以建立与相关机构的合作关系，如开展联合研究项目、开设双向交流培训班等，提高教师的专业素养和教学能力。加强师资队伍建设，需要高校管理部门的重视和支持。高校可建立健全教师培养与发展机制，为师资队伍提供持续的职业发展和晋升机会。同时，可以加强对教师教学的评估与指导，提供教学培训和教学资源支持，进一步激发教师的教学热情和创新能力。

强化师资队伍建设是提升大学生法治教育质量和效果的关键所在。高校应积极招聘和培养优秀的法治教育课程教师，扩大教师队伍的规模、提高教

---

① 习近平：《论党的青年工作》，中央文献出版社2022年版，第196页。

师队伍的素质，为学生提供更好的法治教育环境和资源，从而培养德、智、体、美、劳全面发展的社会主义建设者和接班人。

综上所述，推进大学生民族法治教育，需要从宣传、课程改革、实践、强化师资队伍建设等多个方面进行。只有通过综合而有效的方法，才能增强大学生的民族法治意识，培养优秀的新时代法治人才，从而加强国家的法治建设，助力民族发展。

第七章

大学生民族文化教育

"六合同风，九州共贯。"习近平总书记在中央民族工作会议上指出："解决好民族问题，物质方面的问题要解决好，精神方面的问题也要解决好。"①加强中华民族大团结，长远和根本的任务是增强文化认同，建设各民族共有精神家园，积极培养中华民族共同体意识。铸牢中华民族共同体意识，必须加强文化认同，这是民族团结之根、民族和睦之魂。高校立德树人，必须大力推进民族文化教育。

第一节　中华民族大家庭在中华文明中形成

党的十八大以来，中国特色社会主义进入新时代，世界经历百年未有之大变局，民族工作面临着许多新的阶段性特征。习近平总书记对民族工作念兹在兹。高校要加强民族文化教育，培根铸魂，培养社会主义事业的建设者和接班人。

一、中华优秀传统文化是中华民族的根与魂

2014年10月15日，习近平总书记在文艺工作座谈会上指出："求木之长者，必固其根本；欲流之远者，必浚其泉源。"②中华优秀传统文化是中华民族的精神命脉，是涵养社会主义核心价值观的重要源泉，也是我们在世界

① 习近平：《论坚持人民当家作主》，中央文献出版社2021年版，第107页。
② 习近平：《在文艺工作座谈会上的讲话》，人民出版社2015年版，第25页。

站稳脚跟的坚实根基。增强文化自信，是坚定道路自信、理论自信和制度自信的基础。如果以洋为尊、以洋为美、唯洋是从，跟在别人后面亦步亦趋，东施效颦，就没有前途。

2018年8月21日，习近平总书记在全国宣传思想工作会议上指出："中华优秀传统文化是中华民族的文化根脉，其蕴含的思想观念、人文精神、道德规范，不仅是我们中国人思想和精神的内核，对解决人类问题也有重要价值。"①

2021年12月14日，习近平总书记在中国文联十一大、中国作协十大开幕式上强调："博大精深的中华文明是中华民族独特的精神标识，是当代中国文艺的根基，也是文艺创新的宝藏……故步自封、陈陈相因谈不上传承，割断血脉、凭空虚造不能算创新。要把握传承和创新的关系，学古不泥古、破法不悖法，让中华优秀传统文化成为文艺创新的重要源泉。"②

二、血浓于水促使各民族亲如石榴籽

近年来，习近平总书记在新疆、青海考察以及参加全国人大会议内蒙古代表团审议时多次讲道："促进各民族在中华民族大家庭中像石榴籽一样紧紧抱在一起。"③习近平总书记用"像石榴籽一样紧紧抱在一起"比喻各民族团结，形象贴切，寓意深刻。中国是统一的多民族国家，民族团结，国家兴旺，社会安定，人民幸福。团结稳定是民族工作的基本前提。只有团结各族人民，凝聚各族人民的智慧和力量，保障其当家作主的权利，才能同心同德实现全面建成社会主义现代化强国的目标，实现中华民族伟大复兴。

石榴籽粒相抱，百子同一。我国各民族的起源、形成、发展各有特点，且相互关联、补充、依存，有共同的民族利益，形成多元融合的统一体。"百子同一"就是对中华民族"多元一体"格局的形象表述。各民族历史有

---

① 《习近平在全国宣传思想工作会议上强调 举旗帜聚民心育新人兴文化展形象 更好完成新形势下宣传思想工作使命任务》，《人民日报》2018年8月23日。

② 习近平：《在中国文联十一大、中国作协十大开幕式上的讲话》，人民出版社2021年版，第11页。

③ 习近平：《论坚持人民当家作主》，中央文献出版社2021年版，第326页。

长短，地域有宽狭，但没有优劣、高低、贵贱之分，都处于同等地位。民族平等是民族团结的前提。在中华民族大家庭中，各民族平等相待，和睦相处，同呼吸、共命运、心连心，汉族离不开少数民族，少数民族离不开汉族，各民族之间相互离不开。

石榴籽粒相抱，百房同膜。统一是中国历史发展的主旋律和基本趋势。在悠久的历史进程中，中华民族共同开拓辽阔的疆域，创造灿烂的文化，形成共同发展的中华民族多元一体局面。祖国统一是全国各族人民的共同心愿，也是各民族努力奋斗的结果。56个民族56枝花，每个民族与祖国的前途命运紧密相连。石榴籽粒百房环抱，包于同膜，恰似我国众多民族与党的领导的关系。习近平总书记强调："做好民族工作关键在党、关键在人。"[1]坚持党的领导，这是中国特色社会主义最本质的特征，也是做好民族工作的根本保证。在中国共产党领导下，各族人民休戚与共，团结御侮，为国家独立、民族解放作出巨大贡献。我们党坚持将马克思主义民族理论同中国具体实际相结合，团结各族人民走有中国特色的解决民族问题的道路，并取得辉煌成就。新时代，国外敌对势力加紧渗透，与境内反动势力相勾结，伺机制造民族矛盾冲突，肆意抹黑中国。各族人民要牢记团结稳定是福，分裂动乱是祸。民族团结是各族人民的生命线，犹如空气和阳光，须臾不可分离。

三、守望相助促使各民族情同石榴籽

各民族守望相助，紧密团结。民族团结，重在交心。2014年9月，习近平总书记在中央民族工作会议上强调："做好民族工作，最关键的是搞好民族团结，最管用的是争取人心。"[2]人心看似微妙，实则无处不在，影响深远。

民族团结，需要将心比心，以心换心，才能消解猜疑和戒备。各民族只有风雨同舟，和衷共济，才能维护共同的民族利益。赢得了人心，各民族才能在经济上共同发展，在政治上民主参与，在文化上增强认同。做好民族团

---

① 习近平：《论坚持人民当家作主》，中央文献出版社2021年版，第108页。
② 习近平：《论坚持人民当家作主》，中央文献出版社2021年版，第106页。

结工作，重在基层，重在平时。要建立各民族团结融合的社会结构和社区环境，促进交往交流；切实转变作风，改进工作方法，将加强民族团结作为战略性、基础性、长远性的工作，注重微观、细节、平常，绵绵用力，久久为功，润物无声，潜移默化。

各民族遵纪守法，有序相抱。敬畏法律，在法律面前人人平等，坚持在法律范围内、法治轨道上处理民族问题，不能将涉及少数民族群众的民事和刑事问题归结为民族问题，不能将发生在民族地区的一般矛盾纠纷简单归结为民族问题。但是，凡涉及民族问题，凡是违法犯罪，都要依法处理。对于蓄意挑拨民族关系、煽动民族仇恨、破坏民族团结、制造恶性事件的犯罪分子要坚决依法打击。

各民族凝聚共识，同心相抱。各族干部群众只有切实增强政治意识、大局意识、责任意识，"像石榴籽那样紧紧抱在一起"，共同奋斗，共同发展，中华民族才能繁荣兴旺。

第二节　中华民族共同体在文化发展中生成

著名社会学家费孝通指出，中华民族作为一个自觉的民族实体，是近百年来中国和西方列强在对抗中出现的，但作为一个自在的民族实体则是在几千年的历史过程中形成的。中华民族的名称出现于近代，但作为一个共同体已存在数千年。

一、历代民族融合形成中华民族共同体

中国历史悠久，文化灿烂，各民族经过数千年融合，已成为一个"自在的民族共同体"。大约100万年以前，远古的人类就已在中国大地上劳作、生息、繁衍。在云南元谋、陕西蓝田、北京周口店、山西苗城、贵州黔西观音洞、河南三门峡和湖北大冶等地发现古人类遗骸、遗物和遗址，揭开了中国各民族历史发展的序幕。在距今六七千年前的新石器时代，中华大地的人

群呈现出区域特点，华夏先祖开始为多民族国家奠定基础。

考古发现的新石器时期的文物证实中华文明起源是多元的。《史记》记述传说中的黄帝、颛顼、帝喾、尧、舜时代族群众多，东方有夷族部落，南方有蛮族部落，西方和北方有戎、狄、羌族部落，黄帝、炎帝、蚩尤等部落居住于中原地区。部落间为争夺生存空间和资源，冲突兼并，最后黄帝部落成为中原最大的部落联盟。舜帝摄政，"流共工于幽陵，以变北狄；放驩兜于崇山，以变南蛮；迁三苗于三危，以变西戎；殛鲧于羽山，以变东夷"。炎黄子孙外迁，与周边氏族部落相互融合。

舜禅位于禹，禹建立中国历史上第一个王朝——夏朝。华夏部落联盟向外拓展，融合部分三苗和东夷，构成华夏族主体。禹来自西部族群，成为华夏部落联盟的领袖。夏启死后，五子争立，夷人后羿、寒浞"因夏民以代夏政"，统治中原数十年。夏朝灭亡之后，王室后裔淳维逃往北方草原，成为匈奴人始祖。

商朝王族是东夷的一支，灭夏之后，迁入中原，与夏部落融合。商朝四周分布许多族群部落方国，西方有羌方，西北方有土方、鬼方，东南方有人方、虎方。商王武丁同各方国接触频繁，在战争中兼并融合。

周族起源于渭水流域的戎、狄部落，与羌族姜姓部落通婚，周朝始祖弃为有邰氏之女姜嫄所生。公元前1046年，周武王联合庸、蜀、羌、髳、微、卢、彭、濮等方国在牧野大战，灭商朝，建立西周。周人由西向东迁入商故地，周公将亲属、功臣分封各地，又将商人作为奴隶分配给各地周人贵族，周人与商人逐渐融合。周朝对周边民族影响巨大。戎、狄、巴、蜀等部族模仿周人制作铜器。

东周王室衰微，历史进入春秋时代，华夏及周边的戎、狄、蛮、夷建立了100多个小国，连年战争，不断兼并。春秋晚期，出现齐、楚、秦、晋、吴、越6个强国。周文王伯父太伯、仲雍南来，与当地民族结合，逐渐形成新的地方文化。吴国之南为越国。吴、越对东南地区文化发展作出重要贡献。在长江中游，周成王封熊绎为子爵。熊绎子孙立国号"楚"，逐渐强大。

战国时代，秦灭蜀、巴，对川西和川东部族实行宽厚政策。这一时期，楚为南方大国，楚威王取越国西部，遣庄蹻率军远征云贵，扩地数千里。后庄蹻建国，自称滇王。楚国疆土辽阔，华夏族、苗族相互交流，南方诸族文化和华夏文化融合，产生绚丽多彩的楚文化。楚统一南方，为秦汉统一全国准备条件。在北方，各国驱逐戎狄远离中原。匈奴逐渐成为北方强大游牧民族。赵武灵王向北方少数民族学习"胡服骑射"，建立骑兵，推进军事改革。战国七雄有齐、楚、燕、赵、韩、魏、秦。秦本西方小国，秦穆公得戎人由余辅佐，开地千里，遂霸西戎。戎人本无君长，夏末及商周之际，一部分戎人从征有功，商、周天子授予爵位，以为藩服。西戎中的羌族原以射猎为生。公元前5世纪羌人爰剑从秦学得农业知识，教本族人耕种牧畜，群众敬服，推为首领。羌族兴起，成为西方强族。秦人和西戎诸族共同开发祖国西北，功不可没。春秋战国时期是中国历史上重要的民族融合期。

秦朝（前221—前206年）。秦灭六国，从分散逐步走向统一，许多戎狄蛮夷接受华夏文化，社会生产力发展，中国开始形成统一的多民族国家。秦分天下为三十六郡，在南方少数民族地区增设闽中、南海、桂林、象郡。在北方，派蒙恬攻匈奴，取阴山以南地区，设置三十四县。淮河流域的东夷，长江流域的南蛮，闽浙粤桂的越人，西方诸戎，云贵一带的筰、僰等族，都归秦王朝直接统辖。国家统一，郡县设置，为各民族的经济文化交流创造了空前的有利条件。

汉朝（前206—公元220年）。汉朝继承秦代统一大业。西汉初年，匈奴控制着北方广大地区，汉王室与匈奴和亲，缓和民族矛盾，避免战争，有利于各族人民休养生息。汉武帝派卫青、霍去病攻打匈奴，匈奴战败北撤，又遭丁令、乌桓、乌孙部族围攻，内部五单于争权夺利，势力衰落。公元前52年，呼韩邪单于向汉朝称臣。东汉时，匈奴分裂为南北两部。南匈奴内附于汉朝，南迁西河美稷县。北匈奴一部分降汉，一部分西迁，剩下的10余万部众并入已迁至匈奴故地的鲜卑。鲜卑族首领檀石槐死后，族内各部互相攻击。汉武帝派张骞出使西域，联络当地少数民族，西征大宛，汉置使者校尉领护西域各国。公元前60年改设西域都护府，直接管辖"三十六国"。汉族先进的冶炼钢铁、耕作灌溉、建筑技术、音乐文化以及丝绸、漆器等特产传往西域；西域的音乐、舞蹈等文化艺术以及良马、苜蓿、胡桃、葡萄和石榴等特产输入内地。汉朝在西北地区设立河西四郡、护羌校尉和金城属国，以保护羌族，在南越故地设南海等九郡。西南夷各族纷纷归附汉朝，汉朝在云、贵、川一带置牂牁等八郡。东北的乌桓属于东胡族。汉武帝迁乌桓人至上谷、渔阳、右北平、辽东等塞外郡地居住，设护乌桓校尉。又置玄菟等郡管辖东北各族。东汉名将班超在西域30年，官至都护，维护民族团结和祖国统一，深得各族人民拥戴。东汉末年，少数民族大规模内迁，与汉族杂处，形成"关中之人，戎狄居半"的局面。秦汉时期，中国建立统一的中央集权制国家，中原地区的华夏族在融合周边各民族的基础上，形成了新的民族共同体——汉族。

魏晋南北朝时期（220—589年）。汉族和少数民族纷纷建立王朝，鼎立并峙，群雄割据，民族在迁徙中融合同化。

三国时期，孙吴和蜀汉努力发展当地经济。诸葛亮七擒孟获，使少数民族甘愿臣服，置建宁、云南、兴古、永昌四郡，任命土官；命凉州牧安抚氐羌，改善民族关系。魏晋统治者为补充内地劳动力，招诱或强制边民内迁。西晋时，北方幽、并、雍、梁、秦、凉等州地民族错居杂处。西晋末年"八王之乱"造成严重的战祸、饥荒和瘟疫，少数民族首领乘机起兵，建立政权，连年征战，形成长期的分裂割据局面。当时，北方和西南等地出现"五胡十六国"。五胡指入居中原的匈奴、鲜卑、羯、氐和羌族。十六国为成汉、二赵（前、后）、三秦（前、后、西）、四燕（前、后、南、北）、五凉（前、后、南、北、西）和夏。这些政权大多是少数民族政权，只有小部分是汉族政权。前秦皇帝是氐族的苻坚，他重用汉士王猛，统一北方。苻坚企图进而消灭东晋，在淝水交战，溃败瓦解，北方再度分裂。十六国后期出现许多割据政权，更迭频繁。鲜卑族拓跋部崛起于代北，建立北魏。北魏统治者依靠汉族坞堡主势力建立基层统治网，吸收大批汉族官僚士族入朝为官，太武帝统一北方。此后，北方的北魏、东魏、西魏、北齐、北周和南方的宋、齐、梁、陈相继对峙，历史进入南北朝时期。北魏孝文帝迁都洛阳，加强中央集权，实行汉化改革，颁布均田令，推动北方社会经济文化的恢复和发展。

十六国、南北朝时期，北边的匈奴、鲜卑、羯、氐、羌等少数民族大规模南迁中原，与当地汉族融合。大量汉人南下长江及珠江流域，促进中原汉人与南方各民族的往来、同化和融合，并形成客家人。南北朝时期，北方周边的室韦、契丹、柔然、高车、突厥、吐谷浑和西域各族，同北朝在政治、经济、文化上保持密切交流。南方的蛮、僚、俚等族主要从属于南朝，有时依附北朝。民族大迁徙造就民族大融合，进入中原地区的匈奴、鲜卑、羯、氐、羌族学习汉人文化，汉人吸收少数民族的思想，在体制和文化上更具活力和创造力。

隋唐时期（581—907年）。隋文帝杨坚的祖辈世代在北魏为官，深受鲜卑文化影响，其父是鲜卑族宇文泰府兵十二大将军之一，赐姓普六茹氏。杨坚从北周取得政权，进而吞并南方陈朝。在经历300年分裂动乱之后，全国再次统一。不久隋亡，唐立。唐代疆域广大，各民族之间的政治、经济和文化联系更加密切。隋唐两朝王室成员以及大量功臣、官员具有北方胡人血统，隋唐王朝实质是各民族共同参与管理的政权。唐代周边有靺鞨、突厥、回纥、薛延陀、吐谷浑、吐蕃、瑶、俚、僚、蛮等族。唐王朝采取与少数民族和亲、允许少数民族内迁定居等政策，促进民族间的交流交往交融。唐太宗将文成公主嫁与吐蕃王松赞干布，加强内地与西藏的经济、文化联系。文成公主对于发展汉藏友谊和藏地经济文化作出巨大贡献，藏族人民对她深怀敬意。据《旧唐书·突厥传》记载，唐太宗重用的少数民族将领屡建功勋，授突厥贵族官职"五品以上百余人，因而入居长安者数千家"，许多部落、部族相率内附。

唐朝在少数民族地区设立羁縻府州，由中央王朝册封各地民族首领为都督、刺史等，世袭官职。在全国共设立羁縻府、羁縻州856个，加强了中央王朝同各民族地区的联系。唐朝统一北方和西北的东、西突厥。唐太宗设燕然都护府，统辖大漠南北各部，在回纥部设瀚海都督府。各部要求从回纥往南开一条驿路，称参天可汗道，密切内地同北方各族的联系。唐在东北的契丹族地区设松漠都督府，在靺鞨粟末部设渤海都督府，在靺鞨黑水部一带设黑水都督府，在室韦地区设室韦都督府，在辽东半岛设安东都督府。在西域南北分设安西都护府和北庭都护府。在西南边疆，册封皮逻阁为云南王。居住在中南和西南地区的俚、僚、五溪蛮、西原蛮、莫徭等族分属于内地各道、府、州。唐代诗人元稹《和李校书新题乐府十二首·法曲》云："胡音胡骑与胡妆，五十年来竞纷泊。"体现了长安城流行少数民族文化的盛况。

五代十国至辽宋夏金（907—1234年）。唐朝灭亡后，国家再次陷入分裂割据状态。"五代"指黄河流域相继建立的后梁、后唐、后晋、后汉和后周。"十国"指南方长江和珠江流域建立的吴、南唐、吴越、前蜀、后蜀、闽、南汉、楚、荆南和山西的北汉。十国之中，吴与南唐、前蜀与后蜀前后相继。五代之中，后唐、后晋和后汉以及十国中的北汉，为突厥之别部沙陀所建立。契丹族建立契丹国，后称辽。白族在西南地区建立大理国。

五代十国的分裂割据结束以后，宋朝同契丹族的辽朝、女真族的金朝长期对峙。

党项族是羌族的一支，在西北建立西夏。宋和辽、金、西夏曾和平相处，也曾多次发生战争。党项等族和汉族人民一起开发我国北部广大地区，发展生产，创造出具有时代特色的文化。金代文化是宋代文化的继承和发展，为元代文化的兴盛奠定基础。

元、明、清时期（1206—1911年）。蒙古族建立元朝，结束宋、金、夏以及吐蕃、大理、回纥等政权长期并立的局面，规模空前地重建统一的多民族国家，基本上奠定了中华民族疆域的基础。元朝在全国设立行中书省，并设宣政院直接管理西藏，设澎湖巡检司管理澎湖、台湾。元朝在西南少数民族聚居地区实施土司制度，任用各族上层人物充当各级官吏，称为"土官"。

明朝是中国古代最后一个由汉族建立的封建王朝，各民族的地理分布趋于稳定，为近现代民族分布格局奠定了基础。明朝在云、贵、川、康等地少数民族聚居区推广土司制度，授各族首领以宣慰使、宣抚使、安抚使、招讨使、长官等职，在各族聚居的府、州、县设立土官。宣慰使、宣抚使、安抚使等官隶属于兵部，土知府、土知州、土知县等官隶属于吏部，皆世袭其职，给予符印，确立承袭、等级、考核、贡赋、征发等制度。土司制度比羁縻府州制度更进一步密切了中央王朝和少数民族地区的关系。明朝在东北女真族聚居区设立奴儿干都司，下设卫和千户所，万历年间曾达到384卫、24所。在东北蒙古族分布区设兀良哈三卫；在西藏设乌思藏都司；在新疆东部、甘肃西部和青海西北部的少数民族地区设哈密等八卫；明朝先后封鞑靼的阿鲁台为和宁王，封俺答汗为顺义王。达延汗曾以漠南、漠北地区为六个"万户"，分封子弟。后来各部分裂，相继恢复对明朝的臣属关系。明朝封西蒙古瓦剌首领为顺宁王、贤义王和安乐王。这些边疆民族都与中央王朝保持密切联系。东北女真族首领努尔哈赤的先世为明朝建州左卫都指挥使。努尔哈赤统一建州各部后，被明朝封为都督佥事、龙虎将军，1616年建立政权后金，割据辽东。皇太极继位后，改女真为满洲，改国号后金为清。

清代是中国疆域、民族分布格局定型时期，为中华民族共同体的最终形成作出重要贡献。1644年清朝定都北京，大批满人入关，形成满汉杂居的局面，多民族国家的统一进一步巩固和发展。清雍正皇帝在云贵地区推行改土归流政策，客观上促进了少数民族地区封建领主经济向地主经济过渡，加强了内地和少数民族地区的联系，扩大了各民族间的经济、文化交流。在北方和西北先后统一漠南蒙古、漠北喀尔喀蒙古和漠西厄鲁特蒙古。在西域设伊犁将军，1884年在新疆设立行省。1885年在台湾建行省。

清代晚期，西方列强疯狂侵华，使中国沦为半殖民地半封建社会。这一悲惨境况激励各族人民紧密团结，一致对敌。各族人民在鸦片战争、太平天国革命、义和团运动和辛亥革命中，表现出不甘屈服于内外压迫的坚强斗志。五四运动以来，在中国共产党领导下，各民族共同进行反对帝国主义、封建主义、官僚资本主义的斗争。新中国成立以后，根除民族压迫制度，实现民族平等，各民族之间建立友爱、团结、互助的新关系，各少数民族的政治、经济和文化事业有了很大发展。现在，56个兄弟民族正在为实现中国式现代化、实现中华民族伟大复兴而共同奋斗。由此可见，我们伟大的祖国是由各民族共同缔造的，祖国的统一大业是由各民族共同完成的，少数民族为开发广大边疆地区建立了不朽功业。[①]

二、司马迁《史记》构建中华民族共同体

著史是在特定历史观指导下，对先民古事进行甄别、择取、剪裁、建构的复杂文化行为。特定历史观背后必有特定的宇宙观、世界观、人文观、政治观、生命观、财富观作为支撑。杰出的史学家必定是优秀的思想家。司马

---

① 参见苍铭、张宏超：《从历史观上铸牢中华民族共同体意识》，《广西民族研究》2021年第1期。

迁作为中国第一部纪传体通史的著作者，既是华夏文化体系的描述者、阐释者，也是自炎黄时代迄西汉华夏文明成就的集大成者、总结者与建构者，提炼先民大道，铸造华夏道统，建构民族认同，塑造民族性格，堪称划时代的大思想家。

（一）建构民族起源和国家认同

战国时期学者对华夏民族起源有多种提法，或源于燧人氏、有巢氏、神农氏、女娲、伏羲、盘古，或源于夸父、黄帝、炎帝、蚩尤，各执一词，莫衷一是。司马迁精研众说，去芜存菁，系统编排，确认华夏民族起源于黄帝。

《史记》首篇就是《五帝本纪》，这是第一部建构中华民族共同体的大经。黄帝之后是颛顼、帝喾、尧、舜，后世天子都是黄帝后裔。司马迁将夏、商、周三代的开创者列成世系表，他们都是黄帝后裔，虽然夷夏杂陈，族群万千，但天下一家，都是亲人，应和睦相处，相互关照。司马迁为神州万族建构共同的民族起源，是为建构共同的国家认同，寻求万世太平。大家认同一个政治共同体，就能共建、共享、共守这个政治共同体的规矩和秩序。为促进民族融合，建设和平世界，司马迁将当时国家权力所能延伸到的人群，包括匈奴、西南少数民族、东南百越、越南、朝鲜等，都定义为黄帝后裔，鼓励人们团结在黄帝旗帜下，成为黄帝事业的继承者。司马迁提出民族共同体的构想，成为后世努力的目标。

东汉以后中国政权一分为三，但魏、蜀、吴三个政权都不主张关门独立，都想重整河山统一全国。五代十国、南北朝以及近代的军阀混战都不能破坏华夏的大一统。我们都是炎黄后裔，必须像一家人那样聚集在一起过日子。这是中国历史与其他各洲各国的差异。司马迁的种族血缘建构，克服国家内部不同族群间的离心力，增强政治共同体的凝聚力。千年之前的建构影响了今天，今天的建构必将影响千年之后。这不是巧合，而是文化建构对于历史进程的巨大作用。司马迁是从根本上规范中华民族历史进程的文化巨人。

（二）建构华夏道统

司马迁以《五帝本纪》开篇，接着是世家等，都是在苦心建构华夏大族的血缘统系。族统既立，需要道统贯穿，才能建立起华夏大族的整体性，才能维系中央政府奉天承运的合法性。没有建构族统，就无法建构道统。没有建构道统，就无法巩固族统，无法保证千秋稳定，万世绵延。

三皇五帝、大禹、商汤、文王、武王、周公、召公的业绩都是华夏大族的辉煌实践，需要一个品学兼优的大圣人来阐发、宣教。春秋末世，纲纪崩坏，诸侯争霸，战事频繁，生灵涂炭。孔子修订《春秋》，以彰显先王道统，他是诗、书、礼、乐、易、春秋六艺文化的集大成者，自觉建构文明道统，以此约束霸欲、治理乱局，重建文武周公时代的天下一统和太平。孔子奔走于列国，行教于杏坛，都以此宏愿为动力和旨归。华夏道统需要一个集大成者、阐发者和承载者。司马迁为平民身份的孔子写"世家"，将他提高到王侯的尊贵地位，尊他为至圣、法宪和标准，就是因为他有利于构建华夏道统，并利用其影响力，使后人有所崇仰与遵循，从而在至圣先师的激励感染下，积极进行持续性的道统建构和强化。后人如果懂得至圣先师的价值，沿着他指引的方向前进，华夏文明将可绵延不绝，永续万世。

（三）建构华夏民族性格

一个民族的历史进程不是自然形成的，而是在圣王贤哲深谋远虑的选择和引导中铸就的。黄帝率军跨越万里，协和万国，抚佑兆民，秦孝公、商鞅削弱贵族世袭特权，始皇嬴政、李斯消灭封国，设郡县治理天下，都是对历史道路的自觉选择，对政治制度的自觉建构。《论语》推仁崇义，有子倡导孝悌，曾子三省吾身，都是自觉地引导社会价值，塑造民族性格。

世间百族各有文化差异和性格特征，受自然条件、生产方式、历史道路、圣贤教化等多种因素影响。圣贤教化可以规范、塑造民族的道德风尚和性格。作为总结华夏三千年文明史的史书，司马迁必须有所取舍，或屏蔽，或光大，进而提炼出治国之道、为人之德。这是一个艰难复杂的文化活动，必须着眼于民族的未来。司马迁博古通今，洞穿黑暗，始终能以阳刚、澄明的心态揭示民族性格中的美丑、善恶、明暗，引导民族性格朝着刚勇、奔放的理想方向发展，而不是偏执地以黑暗与丑恶来定义民族性格。如何解读民族历史，塑造民族精神，这不仅是知识问题，还是信念和理想问题。司马迁坚信华夏是有理想的民族。《史记》开卷人物就是境界高远、胸怀阔大的伟岸英雄，黄帝、颛顼、帝喾、尧、舜、禹、汤等，都是从容自信地站在历史源头，引导民族向着灿烂光荣的目标前进。

人懂得给自己的生命赋予特殊意义，从而摆脱饥则觅食、欲则寻偶、生则趋附、死则避逃的动物逻辑。仁人志士认为肉身只是工具，担当道义才是生命价值所在。《史记》追述史事，始终以道义为经，尧、舜、禹、汤、文王、武王、周公、召公、管仲、商鞅、屈原、贾谊、陈胜、吴广，皆顶天立地，纵横捭阖，血火开拓，成为华夏民族性格的骨架，万世不移。这是《史记》的主线。此外，《史记》还有一条伏线，于点滴之间凸显隐性道义，对民族性格的形成起着润物细无声的作用。正人君子为了担当道义，随时可以捐弃生命。华夏大族不仅需要担当道义的仁人志士，还需将此勇力内化为民族性格，标榜为价值原则，才能永葆文明昌盛，种族繁荣。司马迁终其一生，致力于叙史传经，追寻华夏道统，塑造民族性格。他为了完成《史记》，要求将死刑改为宫刑，忍辱余生，就是要将华夏民族的精神发扬至千秋万代。

（四）建构华夏民人一体历史观

古代世界，人们相信神灵造物，并相信神灵决定人类的政治命运和历史前途。司马迁摆脱神灵创造并主宰人类历史的观念，明确提出人类自身就是历史主体。他摆脱帝王英雄创造历史的观念，叙述大量底层小民的情感、行为、功勋及精神世界，建构人民创造历史、主导人类命运的历史观。司马迁没有将《史记》写成帝王将相专史，而是大胆突破，将人民共同创造历史的观念渗入《史记》的各个细节。身份卑微而德才昭彰的人物得到司马迁的关注。来自底层的人物因功勋卓著成为显赫人物，对历史产生影响，受到司马迁颂扬，可见他非常看重草根贱民。

华夏文明成熟于三代。先民将治国之道、为人之道凝聚为典册，《诗》《书》《礼》《易》成为大经。承载并践行治国之道、为人之道的标志性代表人物被尊为大圣，尧、舜、禹、汤、文王、周公、伯益、伊尹、管仲、孔丘者是也。及至秦汉，天下归一，江山齐整，需要一个大圣将六经之道予以系统、完整地综合表述。司马迁大笔如椽，追述先民履迹，刻画圣贤形象，《史记》横空出世。中国经统建基于先秦，成熟于秦汉，发展于宋明，溃散于清末，华夏文化沦入末路。两百年来，无数华夏儿女奋勇拼搏，上下求索，开天辟地，从黑暗中杀出一条血路，经历无数牺牲，付出惨重代价，终于再次幸运地站在民族复兴的临界点上。为实现中华民族伟大复兴，必须自觉发展华夏道统，让《史记》和《诗》《书》《礼》《易》的教诲重返殿堂。皇皇《史记》，道继《尚书》，光照千年。巍巍迁公，德侔仲尼，流芳后世。南宋史学家郑樵评价道："六经之后，惟有此作。"信哉斯言。[1]

三、近代民族自觉强化中华民族共同体

（一）清末民初萌生中华民族共同体意识

近代，列强入侵中国，中华民族整体意识苏醒，从"自在"的民族共同体逐步转向"自觉"的民族共同体。1900年八国联军侵华，1901年签订《辛丑条约》，中国陷入半殖民地半封建社会的深渊。随着清末民初反帝反封建斗争的展开与高涨，中华民族共同体意识由此萌发。"中华民族"是由"中华""民族"组合而成的。1901年，梁启超发表《中国史叙论》，首次提出"中国民族"概念。1902年，他在《论中国学术思想变迁之大势》中阐述"中华"的内涵，首次提出"中华民族"的概念。1905年，他发表《历史上中国民族之观察》，从历史演变角度重点分析中华民族的多元性、混合性，指出"中华民族自始本非一族，实由多民族混合而成"，汉、满、蒙、回、藏实为一家。因梁启超的地位和影响，"中华民族"一词在社会上引起强烈反响。留日学生创办《浙江潮》《江苏》《民报》《国民报》《童子世界》等报刊，对民族主义以及中华民族的含义展开热烈讨论。杨度在1907年发

---

① 参见摩罗：《〈史记〉建构华夏道统、民族性格和文化共同体的贡献（上）》，微信公众号"华学论坛"2021年5月27日；摩罗：《〈史记〉建构华夏道统、民族性格和文化共同体的贡献（下）》，微信公众号"华学论坛"2021年5月28日。

表《金铁主义说》，详尽解说中华民族的含义。他超越民族的血统意识，提出中华民族既是一个种族融合体，更是一个文化共同体。文化的一体性、凝聚性和不可分割性，造就了中华民族大家庭。梁启超对"中华民族"一词从形式到内容进行革命性创造。

辛亥革命推翻清朝专制统治，建立中华民国，"五族共和"成为民国政府处理民族关系的重要政治主张。1912年元旦，孙中山在《中华民国临时大总统宣言书》中郑重宣告："国家之本，在于人民。合汉、满、蒙、回、藏诸地为一国，即合汉、满、蒙、回、藏诸族为一人。——是曰民族之统一。"①《中华民国临时约法》总纲规定："中华民国人民一律平等，无种族、阶级、宗教之区别。"第一次以法律形式确定中华各民族之间的平等地位。"五族共和"初步确立民族平等的现代统一多民族国家的政治组织形式和法律基础。

1913年，蒙古族哲里木盟十旗王公和内蒙古西部二十二部三十四旗王公在归绥城（今呼和浩特）举行西蒙古王公会议，一致决定"联合东盟，反对库伦"，并通电声明："蒙古疆域与中国腹地唇齿相依，数百年来，汉蒙久为一家。我蒙同系中华民族，自宜一体出力，维持民国。"西蒙古王公的声明阐述了汉蒙之间不可分割的历史渊源和同为中华民族的共同体意识。

五四运动前后，随着反对外来侵略、争取民族独立的爱国运动日益高涨，"中华民族"一词逐渐普及，有关专门论著不断出现。1917年2月19日，李大钊在《新中华民族主义》中写道："吾国历史相沿最久，积亚洲由来之数多民族冶融而成此中华民族，畛域不分、血统全泯也久矣，此实吾民族高远博大之精神有以铸成之也。"②李大钊叙述各民族地域和血缘的差异已经消失，多民族的交融组成中华民族，铸成中华民族精神。1921年，常乃惪在《中华民族小史》中指出历史上以传统朝代或单一民族来指称中国境内的全部民族不妥当，最好以"中华民族"指称中国各民族。1923年，梁启超发表《中国历史上民族之研究》，全面分析中华民族的发展历史轨迹及其内

---

① 《孙中山选集》（上），人民出版社2011年版，第95页。
② 《李大钊文集》第一卷，人民出版社1999年版，第288页。

部诸种复杂成分。当时，出现了大量以"中华"命名的机构和团体，如中华书局、中华职业教育社、中华革命党、中华民族大同会、中华银行、中华艺社、中华教育改进社、中华足球联合会、中华工业协会、新中华报、中华日报、中华月报、中华新报、大中华自治公报等，"中华"成为中国各民族的总称和中华民族集体的代名词，"中华民族"的称呼深入人心。①

（二）新民主主义革命时期形成中华民族共同体意识

1931年，日寇悍然发动九一八事变，侵华战争爆发。1934年，曲木藏尧、岭光电、王奋飞在南京发起成立"西南夷族文化促进会"，提出在中华民族复兴运动中，作为"大中华民族构成分子之一"的西南"夷族""自当奋发追踪"。组建促进会就是为了改善、促进"夷族"的生活和文化，为"大中华民族重生"输入新血液。1936年，高玉柱和喻杰才以"西南沿边土司夷苗民众代表"身份向国民政府提交"请愿意见书"，提出在国难紧急之际，应扶助"夷苗民族"与国内各民族齐头并进，以"增大中华民族之力量"。同年，"西南夷族文化促进会"印行《新夷族》第1期，在发刊词中提出"实现总理'求中华民族之自由平等'的伟大遗教，改善其生活，促进其教化，健全中华民族力量，巩固祖国基业，更进而促成和平的世界"。②1938年，蒙古族、藏族、回族等民族的进步人士发布《蒙藏回族慰劳抗战将士敬告全国抗战将士书》，宣称："汉满蒙回藏各民族，同为组成中华民族的分子，以历史地理种种原因存亡与共相依为命，实有不可分离之关系。"同年，藏族人士青攘呼图克图、贡嘎呼图克图在《康藏民众代表慰劳前线将士书》中写道："中国是包括固有之二十八省、蒙古、西藏而成之整个国土，中华民族是由我汉、满、蒙、回、藏及其他各民族结合而成之整个大国族。"③

1939年，在中华民族危亡之际，顾颉刚发表《中华民族是一个》，首次

---

① 参见苍铭、张宏超：《从历史观上铸牢中华民族共同体意识》，《广西民族研究》2021年第1期。

② 参见伊利贵：《抗日战争时期西南少数民族精英中华民族认同的表述与实践》，《中央民族大学学报（哲学社会科学版）》2022年第1期。

③ 参见苍铭、张宏超：《从历史观上铸牢中华民族共同体意识》，《广西民族研究》2021年第1期。

指出"中华民族"是一个整体，在学理上进一步丰富完善"中华民族"概念。民族是"营共同生活，有共同利害，具团结情绪的人们而言"，"民族就是一个有着团结情绪的人民团体，只要能共安乐、同患难便是，文化、语言、体质倘能混合无间，固然很好，即便不能，亦无碍其为一个民族"。"中华民族是一个"的观点，一语道出中华民族的本质与精髓。中华民族是一个命运共同体，一荣俱荣、一损俱损。1943年，彝族精英岭光电在其著作《倮情述论》第四篇《国难期中夷胞应有认识与努力》中写道："夷胞与其他同胞一样，系出一源；夷胞照造出健全形象字……与古代殷周文物比较研究，则多相契合；夷胞始终是中国一部分，在唐代以前，为中国之一部……而夷胞之为国民，始终如一。"

1935年，日本侵略者制造"华北事变"，中华民族的根本利益受到严重威胁。"中华民族"一词在1934年和1935年的《中共中央文件选集》中从"2次"增至"21次"。1935年8月1日，中国共产党发表《为抗日救国告全体同胞书》，强调在全国范围内建立抗日民族统一战线。同年12月，在瓦窑堡会议上明确宣布建立"最广泛的反日民族统一战线"，将民族、政党、阶级和个人整合于中华民族命运共同体，以争取中华民族彻底解放。1937年，张闻天在《迎接对日直接抗战伟大时期的到来》一文中强调："彻底解放中华民族，就是中国无产阶级当前的最高利益。"1938年，中国共产党的文献使用"中华民族"一词高达97次。[1]1938年，毛泽东在党的六届六中全会上作题为《论新阶段》的政治报告，他强调中华民族一体性，"团结各民族为一体"是当时党的重要任务。1938年，中国共产党人杨松发表《论民族》，系统研究民族问题，中华民族是中国境内各族人民的统一称谓。[2]1939年12月，毛泽东在《中国革命与中国共产党》一文中指出："从很早的古代起，我们中华民族的祖先就劳动、生息、繁殖在这块广大的土地之上。""我们中国现在拥有四亿五千万人口，差不多占了全世界人口的四分之一。在这四

---

[1] 参见向驰：《抗战时期中国共产党中华民族观的嬗变及其价值意蕴》，《贵州民族研究》2021年第6期。

[2] 参见崔晓麟、陈婷：《中国共产党探索培育中华民族共同体意识研究（1921—1949）》，《广西民族大学学报（哲学社会科学版）》2022年第1期。

亿五千万人口中，十分之九以上为汉人。此外，还有蒙人、回人、藏人、维吾尔人、苗人、彝人、壮人、仲家人、朝鲜人等，共有数十种少数民族，虽然文化发展的程度不同，但是都已有长久的历史。中国是一个由多数民族结合而成的拥有广大人口的国家。"①

（三）新中国成立后巩固中华民族共同体意识

1949年，新中国成立，实现"中华民族"的真正自决，也使"中华民族"有了国家形式，被赋予国家属性。毛泽东提出的"使中华民族来一个大翻身"，新民主主义奋斗目标得以初步实现。此后，中国共产党在全国范围内开展民族识别工作，确定56个民族。1988年，费孝通发表《中华民族的多元一体格局》，指出"多元一体"是中华民族的重要特征。1993年，他撰文指出，"我们不应该简单地抄袭西方现存的概念来讲中国的事实"，"中国民族的实质取决于中国悠久的历史，如果硬套西方有关民族的概念，很多地方就不能自圆其说"。他认为，中华民族"主流是由许许多多分散孤立存在的民族单位，经过接触、混杂、联结和融合，同时也有分裂和消亡，形成一个你来我去、我来你去，我中有你、你中有我，而又各具个性的多元统一体"②。

2012年，习近平总书记提出实现中华民族伟大复兴的中国梦。中华民族休戚与共、荣辱与共、生死与共、命运与共的思想共识再次被唤起。2014年，习近平总书记在中央民族工作会议上指出，"一体包含多元，多元组成一体，一体离不开多元，多元也离不开一体，一体是主线和方向，多元是要素和动力"③。这是对中华民族多元一体格局深刻辩证的阐述，是对中华民族与各民族关系内涵最为精辟的论断。2017年，党的十九大通过新党章，首次将"铸牢中华民族共同体意识"写入其中。2018年，首次将"中华民族"写入宪法。党和国家的根本大法都深深地烙下"中华民族"的印记，成为

---

① 《毛泽东选集》第二卷，人民出版社1991年版，第621、622页。
② 费孝通：《中华民族的多元一体格局：民族学文选》，生活·读书·新知三联书店2021年版，第364页。
③ 中共中央文献研究室编：《习近平关于社会主义政治建设论述摘编》，中央文献出版社2017年版，第150页。

全党和全国各族人民的共同意志和根本遵循。2021年，习近平总书记在庆祝中国共产党成立100周年大会上的讲话中，"中华民族"一词是高频词汇，出现44次，"中华民族伟大复兴"出现21次。近年来，脱贫攻坚战取得决定性胜利，少数民族和民族地区告别绝对贫困，同全国各民族一道全面建成小康社会。党的十九届四中全会将"坚持各民族一律平等，铸牢中华民族共同体意识，实现共同团结奋斗、共同繁荣发展"作为我国国家制度和国家治理体系的显著优势之一。以史为鉴、开创未来。百年来，中国共产党团结带领全国各族人民迎来从站起来、富起来到强起来的伟大飞跃，极大地铸牢了中华民族共同体意识。①

第三节　中华民族共同体意识在文化教育中铸牢

党的十八大以来，中国特色社会主义进入新时代，习近平总书记创造性地提出"铸牢中华民族共同体意识"命题，对其核心内容进行科学定位，为新时代民族工作指明方向。高校是培养人才的重要场所，立德树人是高校的根本任务。铸牢当代大学生的民族共同体意识，高校可多管齐下，发挥积极作用。

一、古籍阐述中华民族共同体意识

古籍是中华优秀传统文化的重要载体，是宝贵的文化资源，关系中华文脉的传承。党的十八大以来，习近平总书记对传承和弘扬中华优秀传统文化作出一系列重大决策部署，古籍事业迎来新的发展机遇。2022年3月，"加强文物古籍保护利用"首次被写入国务院政府工作报告，引起社会关注。2022年4月，中共中央办公厅、国务院办公厅印发《关于推进新时代

---

① 参见苍铭、张宏超：《从历史观上铸牢中华民族共同体意识》，《广西民族研究》2021年第1期。

古籍工作的意见》，对推进新时代古籍工作提出具体要求。2023年6月2日，习近平总书记出席文化传承发展座谈会并发表重要讲话，强调马克思主义应与中华优秀传统文化相结合，探索中国式现代化发展之路，加强对民族文化资源的整理与开发。

（一）中国民族史料丰富

中国历史由中国各民族历史共同组成。自有文字记载以来，浩瀚的中国史籍就包含了丰富的少数民族史料。二十四史有"四裔传"类目，专门记载兄弟民族的历史，非常珍贵。此外，《魏书》《北史》《旧五代史》《新五代史》《辽史》《金史》《元史》《清史稿》等都记述了少数民族建立的王朝历史。出土的甲骨文、青铜器铭文、竹简、木简和帛书，以及《吴越春秋》《越绝书》《华阳国志》《十六国春秋》《蛮书》《契丹国志》《大金国志》《资治通鉴》《蒙古秘史》等史籍都载有少数民族史料。以少数民族文字记载的文献、碑铭、文物也是中国民族史不可或缺的宝贵材料。新中国成立以来，学术界开始全面研究民族史，发表大量论著，搜集资料，开展专题调查，为各少数民族编写民族简史，阐明各兄弟民族形成与发展的历史。还摄制一批少数民族影像资料，整理、出版突厥文、回纥文、西夏文、藏文、蒙文、满文、彝文、东巴文等古代文献，发掘一大批少数民族的遗址、墓葬、碑铭和铜鼓等文物。1981年出版《中国少数民族》，陆续编印少数民族社会历史调查丛刊。

（二）少数民族史料尤其珍贵

少数民族古籍真实而生动地记录了各民族的发展历程，蕴含着丰富的民族团结进步史料，是中华民族多元一体格局形成的重要实证。做好少数民族古籍工作，是新时代推进古籍工作的重点。与汉文古籍相比，少数民族古籍具有鲜明特色：一是散藏在民间和边疆民族地区；二是既有文献资料，也有口传资料；三是涉及民族多，分布不均衡；四是在整理和研究上，尚未建立系统的古典文献学。

20世纪80年代，少数民族古籍整理工作开始起步。1981年，中共中央下发《关于整理我国古籍的指示》，少数民族古籍工作起步。全国各地古籍工作者抢救上百万种散落于民间的少数民族古老简牍、活页函本、线装典籍，从文史哲到天文、地理、医药、宗教、工艺、美术，从纳西东巴文、西夏文到现行各民族文字古籍，包罗万象，不乏孤本、珍本和善本。

2007年，启动"中华古籍保护计划"。国务院公布《国家珍贵古籍名录》，少数民族文字古籍1133部，约占总数的9%。广西首创"以高品质复制件换原件"模式，抢救保护少数民族古籍1.2万多册（件），形成"广西经验"。云南抢救性征集彝、傣、瑶、纳西、傈僳等少数民族文献古籍3500余册（卷），建成西南地区收藏种类最多、原件最多的少数民族古籍资料库。新疆派专人赴南疆地区搜集578部古籍，完成1169部20万页的察合台文、蒙古文、锡伯文等古籍的数字化扫描。

"十三五"时期，全国少数民族古籍工作扎实推进，一批重点项目建设成效显著。《中国少数民族古籍总目提要》编纂古籍条目近10万条，被誉为"少数民族的四库全书总目"。《格萨尔王》《玛纳斯》《江格尔》被誉为少数民族"三大史诗"。这些古籍穿越历史时空，告诉世人，中国辽阔的疆域是各民族共同开拓，悠久的历史是各民族共同书写，灿烂的文化是各民族共同创造，伟大的民族精神是各民族共同培育。大量民间契约和官方文书也充分体现了各民族间密切的经济文化互动。2021年，国家民委古籍室组织实施"国家民委铸牢中华民族共同体意识古籍整理出版书系""古籍里的民族交往交流交融故事"等重点出版项目。知古鉴今，汲古润今，加快少数民族古籍资源的创新转化利用，为铸牢中华民族共同体意识提供文化滋养。

（三）少数民族史料开发利用

纸书虽可长久保存，但如果古籍长期被束之高阁，不去传承和利用，则不可能充分发挥其价值。新时代，为更好地保护少数民族古籍原件，将其数字化已成为共识。古籍数字化是建设国家文化大数据体系的重要内容，少数民族古籍数字化不仅能记录文献内容，还能记录说唱艺人的语言、动作、表情以及各种现场信息，使后续研究者能身临其境，让古籍得到活态化传承。目前，部分省、区和民间团体已经在珍稀少数民族文字古籍数字化、濒危讲唱类古籍采集等工作上取得显著成果，一些小型专题数据库已经问世，并开发了少数民族文字输入法和字库。少数民族古籍的整理、保护和创新开发，前景广阔。[①]

二、考古文物见证中华民族共同体

（一）考古文物体现中华民族多元一体特征

中华民族"多元一体"是中国考古学研究的重要理论创新。1977年，夏鼐发表《碳-14测定年代和中国史前考古学》，将中国新石器时代分为七大文化板块，为中华民族多元发展理论奠定基础。1981年，苏秉琦、殷玮璋发表《关于考古学文化的区系类型问题》，文中提出中国史前文化可分为六大区系，均以"各自的特点和途径在发展着"。1987年，严文明发表《中国史前文化的统一性与多样性》，明确提出"中国史前文化是多元的"，每个地区为一"元"，"中国早期文明不是在一个地区一次发生，而是在许多地区先后发生的，是这一广大地区中的许多文化中心相互作用和激发的结果"。周边地区环绕中原，形成"重瓣花朵"格局，中原是地理上的"花心"，也是文化发展的引领者。这种向心结构"奠定了以汉族为主体的、统一的多民族国家的基石"。1986年，张光直在《古代中国考古学》中提出"中国相互作用圈"模式，各地区多元发展，并通过密切交流，形成一个文化共同体。2002年，中华文明探源工程实施，"多元一体"成为对中华文明形成历程的标准叙述，被学界广泛使用。

中华文明"多元一体"的特质源于多元复杂的地理环境。旧石器时代，南北方石器差异明显，北方以片石器为主，南方以砾石器为主，中国早期农业呈现南稻北粟的差异。约7000年前，各地逐渐形成多元文化传统，以炊器为例，长江流域多釜器，淮河流域和黄土高原多三足器，燕山南北地区多筒形罐。文化圈内不同区域也有差异。钱塘江以南的上山遗址出土的陶器非常精致，白陶内涵丰富。长江中游的高庙遗址出土的陶器刻画图像繁缛复杂，表现出天极宇宙观的主题。淮河流域的贾湖遗址出土乐器，出现龟灵崇

---

① 参见周芳：《让少数民族古籍成为铸牢中华民族共同体意识的重要资源》，《中国民族报》2022年4月15日。

拜。西辽河流域的兴隆洼遗址出土的玉器温润，出现昆虫羽化的崇拜。距今
7000—6000年间，出现多区系并立发展态势。距今6000—5000年间，各地
发生跨越式发展，形成众多"古国"政体，如满天星斗，多元特色明显。西
辽河流域牛河梁遗址和安徽凌家滩遗址出土大量玉器，宗教气息浓郁。海岱
地区大汶口遗址出土高等级墓葬随葬品，精美陶器体现墓主的地位和富有。
距今约5000年前，太湖地区良渚文化蓬勃发展。距今约4300年，良渚文化
衰落，龙山文化兴起。各地仍保持多元发展之势。距今约3800年，多元文
化因素在环嵩山地区风云际会。中华民族多元一体的发展进程由此进入核心
引领的新阶段。①新兴的社会上层为获取远方的珍稀物品和神圣知识，努力
开展远距离贸易交流，使各地区成为共享文化精粹的共同体，即"最初的中
国"，中华民族"多元一体"格局逐步形成。

（二）少数民族考古文物内涵丰富

吴泽霖是我国民族学博物馆事业的开创者。他对少数民族文物的搜集保
护有深入研究。少数民族文物是指能反映少数民族生产生活基本情况的实
物。如有些民族用牛角尖镶的木锄耕地，有些民族不用汉族那样的桌椅，而
用矮几、矮凳。这些牛角锄、矮几、矮凳就是民族文物。有些民族文物很精
美，有些则极其平凡。少数民族地区有许多红色标语，不仅是革命文物，也
是反映民族关系的历史文物。中国各民族发展虽然有共同规律，但也呈现出
鲜明的民族特色。民族文物既是反映生产生活情况的实物，也必然带有某种
民族风格的烙印。

收集少数民族文物意义非凡。西方国家热衷于收集我国少数民族文物，
以便更好地侵略掠夺，加强其种族主义宣传，为其殖民活动寻找理论根据。
我国收集、整理、展览少数民族文物，是为了直观教育，消除历史上遗留下
来的民族隔阂，增进相互了解，加强民族团结。民族文物工作既有人民性，
为政治服务，也有实践性，为科研服务。

四川凉山的彝族擅长制作杯、碗、匙、碟、壶等木质餐具，刷上油漆，

---

① 参见李新伟：《"多元一体"概念在中华文明探源中的应用》，《中国社会科学报》2022年
10月20日。

精美适用。根据社会发展规律，人类早在新石器时期即已发明陶器，大小凉山彝族已进入奴隶社会，却不知道制陶工艺。这说明彝族人不是本地人，从外地迁入过程中遗失了制陶技术，被迫以木代陶。贵州的仡佬族历史悠久，是早期的土著，他们在丧礼中吹奏以泡桐木制作的箫。贵州盛产竹，各民族普遍使用竹制乐器。仡佬族在一般场合也用竹制乐器，却在古礼中保留桐箫，由此可推断仡佬族祖先来自不产竹的北方黄河流域。俗话说："礼失而求诸野。"有些风俗习惯或工艺技术在中心地区早已遗失殆尽，在边区或落后地区仍有原型。许多古代汉族的习俗或工艺流传到少数民族，融入其中，保留下来。西南地区的苗族和布依族流行的蜡染，原本是隋唐时代汉族盛行却早已失传的蜡缬工艺。藏族的艺术、服装、建筑、日常用具也有唐代汉族的影响。实物可以丰富理论，理论需要实物佐证。少数民族文物的收集整理，既为政治服务，也为科研服务，并为充实祖国的文化、丰富各族人民的生活提供资料。

随着中国进入社会主义新时代，少数民族地区各项事业蓬勃发展，生产力显著提高，生活不断改善。历史不会重复，在今天看似极其普遍的用品在将来或许具有重要的科研价值，所以文物亟须抢救。到民族地区收集文物，可分为全面、专题两种类型。全面收集必须体现这一地区或这一民族的生产方式、阶级结构、生活情况、文化成就。专题性收集必须深入细致地通过文物来解决问题。无论哪种收集，都必须事前明确目标，确定范围，拟订工作提纲，在实施中有条不紊。收集民族文物必须依靠群众，走群众路线。文物的范围非常广泛，涉及许多知识领域。文物的鉴别和记载需要扎实的历史学和考古学功底，也需要自然科学和艺术学方面的修养。在收集和整理民族文物时应虚怀若谷，多多请教内行。

一切文物都是人民生活中的一部分，是生活资料或生产资料，也体现了社会关系。每件文物都有其历史。收集文物时，应了解其生产过程和社会作用，再经过系统整理，才可对教学、科研或宣传工作有积极贡献。民族文物收集者必须在民族地区居住较长时间，了解基本情况，体验生活，这样才能准确选择富有代表性的文物，准确记录每件文物的活态状况。倘若违背这个原则，胡乱收集，潦草记录，看似给博物馆提供了许多实物，但因残缺不全，无法被系统利用，甚至产生误导，引发民族矛盾。在民族地区收集文物，必须严格遵守党的民族政策，尊重少数民族意愿，维护民族团结，不得妨碍其生产，触犯其风俗习惯。民族文物收集后，要进行科学编号，整理初步记录，进行鉴定分类，提出问题，写成总结报告，展出文物，请专家审核修正。①

（三）开展民族学田野调查注意事项

田野调查是民族学、人类学特有的研究方法，也是民族学者安身立命之本。吴泽霖是我国民族学的奠基者之一，在长期的学术研究与田野实践中形成了独特的经验。他在1982年发表《民族学田野调查方法》，系统论述民族学田野调查方法。田野调查就是研究者深入实践，开展系统调研，获得第一手资料，其基本模式是：明确调查目的，确定调查地域，查阅前人有关资料，拟订调查提纲，培训工作人员，确定调查关键环节，核实新资料，撰写专题或综合的调查报告。

第一，民族学田野调查需要密切配合。因历史、文化和经济条件的差异，人们头脑中仍有大民族主义或狭隘民族主义思想残余。在民族地区进行田野调查时，调查者要多从对方立场考虑，被调查者要积极配合。双方认识一致，齐心协力。每个民族都有些落后的文化残余。调查和总结这些落后面，不是为了猎奇，更不是为了诬蔑当地民族，而是为了记录它们在历史上的社会功能，有助于研究人类社会的发展变迁。双方应长期生活在一起，深入了解，"同吃，同住，同劳动"和"参与观察法"都是长期田野调查实践的经验总结，行之有效。

第二，民族学田野调查需要语言相通。语言隔阂会妨碍彼此交流，影响调查效果。语言是区别民族的标志之一。研究民族语言，也是民族文化研究的新路径。田野调查者不能忽略用民族语言书写的文献资料，而且最好懂这种民族语言。如果需要翻译，田野调查者必须真正谙悉这两种语言。

第三，民族学田野调查需要广泛接触。田野调查主持者不能仅靠个人观

---

① 参见吴泽霖：《关于少数民族文物的一点认识》，《文物参考资料》1957年第4期。

察和点滴资料，而应选择合适的访谈对象，综合考虑其年龄、知识水平、社会关系、翻译能力、工作态度等因素。妇女在家庭工艺上有独特的创造和贡献，值得关注。通过与她们密切接触，可全面、立体地了解当地社会面貌。

第四，民族学田野调查需要坚持一年。田野调查可以有一个或数个专题，可以在一个地区或多个地区，调查对象也可以是一个民族或多个民族。参加调查的人员可根据需要或多或少，但调查的周期最好是一年。欢度节令、庆祝丰收、纪念古人、祭祀鬼神等社会活动大都一年一次，在特定时间举行。在这些场合，通过服饰、舞蹈、仪式、乐曲、歌词等，将人们带入一个独特的文化场景。调查者参与这种活态化的历史检阅，有助于领会该民族的文化渊源和精神风貌。如果田野调查时间太短，就有可能了解不深，以偏概全。①

第五，民族学田野调查要选好样本。中国少数民族众多，都值得调查。如广东、湖南、江西、广西四省之间的五岭地区是民族聚居区，就是很好的调查样本。瑶族与中华民族共同体关系，体现在族源、体质、语言三方面。瑶族源于黄河、长江中下游古代的九黎和山苗，汉人融入瑶族，壮侗语族群同化成瑶族，形成盘瑶、布努瑶、茶山瑶三大支系。瑶族族源体现中华民族共同体特征。南岭呈东西走向，包括大庾岭、骑田岭、都庞岭、萌渚岭、越城岭，既是一道天然屏障，成为南北交通要道，也是文化界限，成为民族聚居区。除汉族外，南岭走廊主要分布瑶族、苗族、畲族、侗族、仡佬族、壮族、彝族、毛南族、布依族、土家族、水族等民族。不同的族群从不同的路径进入南岭，大庾岭有畲族，骑田岭有苗族，萌渚岭和都庞岭有瑶族，越城岭有侗族、苗族和瑶族。瑶族主要分布在山区，侗族也居住在山上，位置却低于瑶族。瑶族传说的千家峒类似陶渊明所描述的桃花源：四面皆山，从洞口入，土地平旷，与世隔绝，是瑶族人理想的家园。瑶族承认同源共祖，保存《评皇券牒》（或《盘王券牒》，俗称《过山榜》），记载其祖先与汉皇帝女儿通婚的故事。南岭走廊的族群特征是中华民族共同体形成的微缩表现。瑶民的迁徙历史体现中华民族的形成过程。瑶族与其他中华民族成员的

---

① 参见吴泽霖：《民族学田野调查方法》，《中国民族》1982年第6期。

血缘和地缘联系以及文化和经济互动，自然成为中华民族的一部分，共生共融。[①]

三、文化传统呈现中华民族共同体

（一）传承神话传说增强民族凝聚力

德国哲学家谢林曾说："一个民族，只有当他们认同了共同的神话时，才是一个真正的民族。"如果将民族理解为具有共同文化的统一体，其言不虚。民族因神话而形成，神话解体也将导致民族解体。神话是民族凝聚的精神纽带。一个民族中的不同集团有不同的意识形态，可以选择不同的制度；当他们信奉共同的神话时，这个民族尚未真正分裂。共同的神话和信仰可以使一个民族走到一起。海内外华人是世界舞台上一支举足轻重的力量，但如果民族内部不团结，就会影响中华民族的崛起。传统神话如同精神纽带，可以将居住在不同地域、有着不同政治主张、奉行着不同制度的全球华人团结起来。[②]

神话是人类文明进程中最重要的文化记忆之一，出现于文字产生之前，只能通过口述方式传承下来。少数民族神话史诗非常丰富，苗族有《古歌》《亚鲁王》，壮族有《布洛陀》，瑶族有《密洛陀》，阿昌族有《遮帕麻和遮米麻》，彝族有《梅葛》《查姆》，纳西族有《创世纪》，佤族有《司岗里》，拉祜族有《牡帕密帕》。这类神话如同史诗，以鸿篇巨制描述出宏大的历史画卷，呈现出先民开天辟地、筚路蓝缕的开拓精神，表达各民族之间同根同源、团结一心、共同奋斗、开创未来的家国情怀。

今天看来，神话所叙述的内容也许荒诞不经，但如果将其置入当时语境，很多看似怪诞的情节就会变得真实自然。例如神话中经常出现的"龙"，有人认为这是一种根本不存在的动物，进而采用历史虚无主义，主观臆断，否认"龙的传人"的合法性。闻一多提出："大概图腾未合并以前，所谓龙

[①] 参见周大鸣：《从瑶族看中华民族共同体的形成》，《云南民族大学学报（哲学社会科学版）》2023年第1期。

[②] 参见田兆元：《传统神话与民族凝聚力》，《社会科学报》1995年2月16日。

者只是一种大蛇。这种蛇的名字便叫作'龙'。后来有一个以这种大蛇为图腾的团族（Klan）兼并了，吸收了许多别的形形色色的图腾团族，大蛇这才接受了兽类的四脚，马的头，鬣的尾，鹿的角，狗的爪，鱼的鳞和须……于是便成为我们现在所知道的龙了。"[1]这种解释并不是简单的形式化索隐，而是基于《尚书》《周礼》《吕氏春秋》《后汉书》等大量古文献的全面考察，结合中华民族史前文明时期的社会组织形式，从一个合理的视角关注"龙"作为中华民族象征的历史演变与文化构成，解释神话作为社会历史发展进程中文化表达的本质。

神话大都具有特定的历史背景和文化含义，在解读神话时不能望文生义，也不能怀疑一切。《史记·五帝本纪》记载，轩辕修德振兵，教熊、罴、貔、貅、貙、虎，与炎帝战于阪泉之野。这一情节属于将口头神话转化为历史的史家笔法，如果单从文字解释，就可能认为黄帝曾率领熊、罴、貔、貅、貙、虎等几种驯化的动物与炎帝作战，看似有一定道理，但完全遮蔽了历史真相。黄帝称"轩辕氏""有熊氏"，"熊"作为特定名称，既是部落图腾，也是地名或其他代称。黄帝率领"熊、罴、貔、貅、貙、虎"，可能是以这些动物为图腾的部落联盟，黄帝则是其部落联盟的首领。只有科学解读神话，才能探究中华民族形成与发展的历史。

神话的创作者是"人"而不是"神"。神话作品都是站在人的立场观察世界，包含特定的思想倾向，表达特定的创作目的。许多神话虽不是写历史事件，却包含历史上的重要主题。习近平总书记明确提出："盘古开天、女娲补天、伏羲画卦、神农尝草、夸父逐日、精卫填海、愚公移山等我国古代神话深刻反映了中国人民勇于追求和实现梦想的执着精神。"[2]这种精神就是中华民族文明进程中真实的主题。盘古开天讲的是先人创造世界、化生万物的开创和献身精神；伏羲画卦讲的是人们对文明的探索和对自然规律的把握；神农尝草讲的是神农胸怀民众、舍己为人的高尚品格；女娲补天、夸父逐日、精卫填海、愚公移山则反映出中华民族在困难面前威武不屈、矢志不

---

[1]　《闻一多讲中国神话》，吉林人民出版社2023年版，第24页。
[2]　习近平：《论坚持人民当家作主》，中央文献出版社2021年版，第235页。

移的斗争精神。这些神话虽然不是刻画客观历史，却体现了中华民族坚守的价值观和文化自信。自古以来，中国大地上无数埋头苦干的人、拼命硬干的人、忘我奉献的人都是这一主题的真实写照。这些神话主题体现历史发展规律，符合历史真实。

许多少数民族神话为表达"中华民族共同体意识"，会将民族团结和共同发展的历史融入多个民族同源共祖的主题框架下。从解释多民族同源的角度，这些神话可以划分为造人、育人、感化生人、变化生人、联姻关系、灾难后重生等多民族同源情形。汉族地区普遍流传女娲用黄泥造人形成各个民族的神话，少数民族神话也有极其丰富的神话叙述。源于现实又超越现实，充满想象与幻想又具有无可置辩的理性与神圣，这正是神话数千年流传不息的生命力与价值所在，也成为维护中华民族大团结的重要文化力量，是客观存在的民族观，也是真实的历史。这类神话主题更接近于历史真实的本质，是从大量历史实践中抽象出来的符合辩证唯物主义和历史唯物主义的真实。

运用马克思主义原理分析神话，避免强制阐释和过度解读，应将神话置于具体的历史条件和时代环境之中具体分析，才能找到正确答案，在神话研究中有意回避特定的历史语境是不对的。毋庸讳言，戴着历史虚无主义的有色眼镜研究神话，只能得到歪曲的结论。站在客观的立场科学建构和全面分析中国神话体系，才会避免身在神话宝藏中的"灯下黑"与妄自菲薄，改变"言必称希腊"的自卑，进而真正看到中国神话的历史价值和文化价值。

在抵制神话研究的历史虚无主义时，也要防止另一个极端，即对神话"过度解读"，将神话等同于历史，将神话人物看作历史人物。盘古、三皇五帝等文化始祖，既是历史上人民英雄的代表，也是中华民族传统文化和精神的象征，是历史客观存在与艺术真实的完美结合。这种现象很好地解释了神话的创作规律，印证神话的"虚构"绝非历史的"虚无"。[①]

（二）研读诗词了解中华民族共同体

文学作品是塑造和弘扬中华民族共同体形象的重要手段，承载着国家和

---

① 参见王宪昭：《神话的虚构并非历史的虚无》，《民族文学研究》2021年第4期。

民族发展的价值认同。中国古代封建帝王的文学作品往往代表当时的国家意志。在中国古代，帝王作诗也是一种传统。汉高祖刘邦唱《大风歌》，汉武帝刘彻作《秋风辞》，魏武帝曹操作《观沧海》《龟虽寿》《短歌行》，成为千古绝唱，隋炀帝杨广的《春江花月夜》是张若虚同名诗歌的先导。唐代帝王好诗者众多，289年间共二十余位帝王，除唐宪宗、唐敬宗、唐武宗、唐僖宗、唐哀帝外，其余人有诗作近三百首存世。其诗歌内容涉及帝王的思想情感、文艺活动、政治主张等，其中不乏有关唐代中原汉族与边疆民族关系的诗歌。这类诗歌从帝王的特殊视角展现了唐王朝与边疆各民族由矛盾、冲突走向统一、融合的过程，是唐代吸收异民族和异文化、创造新文明、形成多民族国家和"大一统"国家治理模式的见证，是研究中华民族变迁融合、中华民族共同体形成发展历史的基本文献。①

深刻理解中华民族的变迁融合历史，从传统文化中汲取养分，是树立正确的民族历史观、维持民族连续性发展、实现中华民族伟大复兴的必由之路。民族问题深刻影响唐代内政与社会生活，进而及于文化和诗歌。民族的变迁融合往往迅速地反映在文学作品中。帝王的特殊身份决定了其创作的诗歌是文学与政治交融的产物，以政治目的为最终旨归。唐代帝王作为唐代历史的亲历者和见证者，创作不少诗史性质的诗歌，有民族史实的记录，也有民族共同体构建意识的表达。探讨唐代帝王诗歌反映的民族问题，有助于从更深层次理解铸牢中华民族共同体意识的历史基础，从而牢固树立"休戚与共、荣辱与共、生死与共、命运与共的共同体理念"。习近平总书记在第五次中央民族工作会议上强调，"铸牢中华民族共同体意识是实现中华民族伟大复兴的必然要求"②，"必须坚持正确的中华民族历史观，增强对中华民族的认同感和自豪感"③。

① 参见马路路、潘百齐：《唐代帝王诗歌镜像中的中华民族共同体构建》，《西北民族大学学报（哲学社会科学版）》2022年第2期。
② 习近平：《论坚持人民当家作主》，中央文献出版社2021年版，第327页。
③ 习近平：《论坚持人民当家作主》，中央文献出版社2021年版，第326页。

（三）传统节日纪念先贤增强民族凝聚力

中华民族的传统节日形式多样，主要有春节、元宵、龙头节、社日、上巳、寒食、清明、端午、七夕、中元、中秋、重阳、下元、冬至、小年、除夕等，不仅清晰地记录着华夏先民丰富多彩的社会生活内容，也积淀着博大精深的历史文化内涵。在传统节日纪念先贤，既是传承优秀历史文化的方式，也是增强民族凝聚力的重要手段。中国人慎终追远，在清明节祭祀先人，其俗由来已久，至少有两千多年历史，2008年清明节成为法定节假日。

2014年，华东师范大学在清明节祭祀首任校长孟宪承，组织民俗学专业的研究生撰写祭文，举行行礼、戴柳、读文、献花等仪式。以后又增加了献青团、清酒、燃香等环节，参祭者的服饰及祭祀礼仪日趋完备。2015年，华中师范大学、江苏大学、山西大学等八所高校倡议清明节"纪念大学大师，继承传统文化"。华中师范大学祭祀恽代英，江苏大学祭祀张之洞，山西大学祭祀创校前辈，形成高校祭祀先贤的热潮。2016年，北京师范大学、中山大学等加入，中山大学祭祀孙中山，赣南师范大学祭祀革命先烈。2017年，南京农业大学举办清明文化论坛，上海高校也积极参与，体现出浓厚的海派文化特色。高校在清明节举行系列礼仪活动，祭祀先圣、先贤、先烈，强化学生的文化认同与文化自信，也是增强民族凝聚力的一种方式。[1]

---

① 参见田兆元：《传统文化进高校，开启先贤祭之路》，《社会科学报》2017年4月23日。

第八章

大学生民族
音乐教育

第一节　民族音乐教育对铸牢中华民族共同体意识的价值彰显

一、民族音乐交融与中华民族共同体意识的关系

民族文化是民族生存和发展的立根之本和力量源泉，没有中华文化繁荣兴盛，就没有中华民族伟大复兴。传承和弘扬中华优秀传统文化是推进社会主义文化强国建设、提高国家文化软实力的重要内容。民族音乐作为中华优秀传统文化的重要组成部分，在培养人民审美情操、提高民族整体文化素养上发挥着重要作用，以潜移默化的方式切实增强了民族凝聚力和民族认同感。

民族音乐是祖祖辈辈生活、繁衍在中国这片土地上的各民族在悠久历史文化传统上创造的具有民族特色、能体现民族文化和民族精神的音乐，包括民间歌曲、民间歌舞音乐、民间器乐、民间说唱音乐和民间戏曲音乐等。但寻根溯源，民族音乐更多是由少数民族衍生出来的，其表现主体是具有少数民族特色的音乐形态，如湖南的瑶族歌舞、土家族民歌和苗族鼓舞等。少数民族独有的特色让学界和业界都十分关注各少数民族的腔调和演奏形式。

事实上，民族音乐不仅是少数民族人民在劳动生活中的智慧结晶，更是诸多民族在交流中的融合，每一种民族音乐都杂糅多个民族的特色，是多民族共同完成的音乐艺术。民族音乐的杂糅和交融，形成了休戚与共的中华民族命运共同体，是中华民族共有的精神家园，在此基础上才得以形成中华民族共同体意识。回顾历史、立足当下并结合民族音乐的特性，民族音乐交融

在不同历史时序中都对中华民族共同体意识有着不同程度的作用和影响。

民族音乐交融是中华民族共同体意识的历史文化根脉。正如费孝通所说，中华民族是一个你中有我、我中有你的多元统一体，其前身是诸多分散孤立的民族单位。原始时代的音乐艺术和宗教、劳动、巫术仪式以及人的集体生活是紧密相连的，它传递意义所面向的他者或对自我精神的愉悦必然是社会化的产物，正是集体生活的社会活动才形成了部落氏族，从而发展为民族。

音乐作为表达情感的重要形式，不仅面向集体成员和集体，而且面向自然。生产力的低下和工具使用效率较低使得早期人类总是崇拜猛兽自然，他们用舞蹈、音乐和诗歌等多种形式向自然表达情感。这种面向自然的歌舞祭祀逐渐演变为一种自然形态下的集体仪式，以自身带有地域特色的声音和动作进行表演，形成了早期的原始信仰。个人情感的集体表述和面向自然的歌舞仪式，使得原始氏族在文化和信仰上凝聚成为整体，流变为具有文化认同和身份标识的民族。

可以说，音乐作为最为原始的艺术表现形式之一，它天然附带个人的情感表达，对于凝聚民族认同和集体意识有着不可磨灭的重要意义，民族的集体认知产生于民族音乐等集体活动中。《吕氏春秋·古乐》描述的"昔葛天氏之乐，三人操牛尾，投足以歌八阕"正是民族音乐在集体仪式中的具体表现。周礼第一次建立了古代祭祀天地神灵和祖先的礼乐制度，以音乐的通俗化形式和媒介仪式确立国家的中心并以此凝聚天下人的集体意识。山野民歌在国家大型祭祀仪式下出现了宫廷乐舞的转向，但这并不意味着通俗民乐就此没落，春秋时期工业发展和大城市的出现使得民间音乐交流普遍增多，诸国争霸带来了战争，也让各国互赠乐工、乐器，加速了不同地域之间原本割裂封闭的民族音乐走向交融。秦统一六国不仅确立了秦国政治上的强大，也使得持续交融的秦音乐文化成为中华大地主流，秦音乐文化引领各种多元的音乐文化走向一体的华夏音乐文化。①南北朝时期随着各民族间交流往来增

---

① 参见孙琛：《由戎入夏，进而引领大一统：秦音乐文化发展演变轨迹的试探》，《中国音乐》2014年第2期。

多，少数民族音乐长期与传统音乐交融，诞生了隋唐燕乐。

中华民族主流音乐受到少数民族的有益补充，而少数民族在对主流音乐进行借鉴融合的变迁中也学习了中华民族主流音乐中所附带的价值观念和大一统思想。民族音乐文化的交融，给予所有参与交融的民族一种历史认知和坐标定位，即各个民族在历史上是存在共性的、是相互交融美美与共的，各个民族已经在民族文化如民族音乐的交融中混杂融合，已经形成一个你来我去、我来你去，我中有你、你中有我，而又各具个性的多元统一体。

民族音乐交融是中华民族共同体意识的孵化器、催化剂。马克思的辩证唯物主义揭示了意识本质上是客观事物在人脑中的演绎，中华民族共同体意识作为意识是中华民族共同体这一客观存在于人脑的主观映像，而中华民族共同体的真正形成是近代中国共御外侮的客观结果。因此，中华民族共同体意识是求存压力下中华大地上所有主体联合产生的共同意象，是人们对中华民族共同体的一系列认知、情感、评价和认同等心理活动的总和。[1]在中华民族共同体的价值信念结构中，民族音乐交融充当了强大的媒介建构作用，民族音乐孵化催生了中华民族共同体，尤其使得中华民族共同体团结了中华大地上最为底层的农民阶级，并在社会主义建设时期发挥了巨大作用，即便是在当下的新时代仍然熠熠生辉。

抗日战争之前，中华大地已经开始产生各种反映革命和国民精神的民族音乐作品，最先对民族危机作出反应的是以上海音专为中心的一批爱国主义音乐家如萧友梅的《五四纪念爱国歌》等，以及反映五卅运动的《五卅运动》，反映北伐的《国民革命歌》(又名《北伐军歌》《打倒列强》)和《工农兵联合歌》等。[2]苏区军民结合当地方言和民族特色，编撰了一系列苏区民谣，如《日头一出红彤彤》《打倒豪绅地主》《穷人翻身乐融融》，鄂豫皖革命民歌《八月桂花遍地开》在底层革命大众中兴起，随革命军队传唱大江南北，被改编成很多方言版本，充分展现了民族音乐交融的创造性。著名陕

---

① 参见青觉、赵超:《中华民族共同体意识的形成机理、功能与嬗变:一个系统论的分析框架》,《民族教育研究》2018年第4期。
② 参见关心:《从萌发到形成:抗战音乐在国民意识演进中作用分析》,《首都师范大学学报(社会科学版)》2011年第6期。

北民歌《东方红》在情歌《骑白马》的基础上，融合当地民族特色，以最真挚朴实的语言唱出了人民群众对毛泽东及其领导的中国共产党的深情，这不仅是人民集体创作的结晶，更是民族音乐交融下中华民族共同体意识的价值信念塑造。

特殊的抗战时期，红色文化和各个地域的民族音乐结合在一起，将全国各族人民的价值信念牢牢团结在中国共产党的伟大旗帜之下，实现了中华民族共同体意识的价值信念建构。时至今日，灿烂的红色音乐文化蕴含的民族精神仍在传唱。可以说，中华民族共同体意识是在民族音乐交融这个过程中完成了价值信念的塑造，打造了最庞大人口、最具代表性、最普罗大众、人民最喜闻乐见的文化认同，华夏大地上的炎黄子孙在红色革命精神与民族音乐交融中奠定了思想上的又一次大一统。

新时代背景下，民族音乐交融是中华民族共同体意识的文化认同媒介。现代性工业文明和原子化的生活方式使得过去的宗族观念分崩离析，民粹主义和社群主义兴起，在这样的大环境之下铸牢中华民族共同体意识这一集体观念是一项系统性工程。其中，民族团结进步教育作为一种典型的社会化途径，对培育和铸牢中华民族共同体意识起到不可忽视的作用，民族音乐交融为民族团结进步教育提供了良好的传播路径。和诸如新闻报道、课程学习等获取信息和意义的媒介形式不同，民族音乐以娱乐和艺术的表现形式呈现，具有民族认同与追求 和谐、美好的共性。

民族音乐形式有助于引导处于不同地理环境中的各族人民达到集体的统一。通过民族音乐，国民的自我归属感会被反复唤起，进而不断地对地域空间进行再编码，以此激发国民自觉生成集体性意识。因此，在多元一体的中华文化格局下，民族音乐是中华民族共同体的文化枢纽，民族音乐交融对于铸牢中华民族共同体意识具有重要意义。通过民族音乐的传唱和融合可以有效地增强国民的集体意识和爱国精神、民族精神。民族音乐能够让各民族了解民族差异性，绽放出多元多样的文化色彩，也能在交融中达成同一性，进一步为中华民族共同体奠基，以此形成全国各族人民基于中华民族的命运共同体意识。

历史上民族音乐交融为中华民族共同体意识建立了坐标和定位，是中华民族得以构成整体的艺术形式，同时也是民族大同意识的传播媒介。中华民族共同体意识的形成需要以中华民族共同体为前提，在救亡图存的历史下，民族音乐交融塑造了中华民族共同体的价值信念和文化认同，以音乐艺术铸造了最普罗大众的中华民族共同体意识。民族音乐是中华民族共同体的历史文化根脉、孵化器、催生剂以及当下的文化认同媒介。中华民族共同体意识在民族音乐交融中完成共同体的历史认知奠基，革命年代的民族音乐交融以形塑价值信念催生了中华民族共同体及中华民族共同体意识，新时代民族音乐交融将继续为中华民族共同体意识提供传播渠道和传递媒介。

二、湖湘民族音乐交融与铸牢中华民族共同体意识的历史回顾

中华民族共同体意识的坚实基础在于各民族文化所构筑的中华民族共有精神家园，在于各民族团结交融汇聚的历史现象。民族音乐是民族文化的关键载体，各民族音乐交融在维系民族团结和构建中华民族共有精神家园中发挥着文化桥梁般的强大作用。但根据现有的民族音乐与中华民族共同体研究发现，学者们致力于通过各民族音乐文化比较和生态研究为中国民族音乐文化整体观提供现实和理论依据，这既和田联韬主张建立中华民族传统音乐文化整体观的理念不谋而合，也契合费孝通提出的"中华民族多元一体的格局"。从民族音乐交融和中华民族共同体意识的角度出发，以湖湘民族音乐为例，多数民族音乐研究主要聚焦在点、线、面三大方面。

（一）点：单一民族音乐事象探讨民族音乐文化间的交往互鉴关系

目前，已有较多研究湖湘单一民族音乐的历史流变中其他民族音乐交融杂糅现象的成果。湖南常德丝弦是一种以唱为主，说唱穿插的民间表演艺术形式，因其多以扬琴、琵琶、三弦、二胡等丝弦乐器伴奏而得名丝弦，从起源上说常德丝弦本身就是因水运商贸繁荣起来的多种区域民族文化融合的产物，充满了徽、皖、浙等多地特色小曲风格，也融合了京剧和川剧的唱腔。尤其是在后期发展中，花鼓戏、常德本土音乐小调、京川两地唱腔不断交流融合形成了风行于沅澧的常德丝弦，而后又分化演变成多种形态，比如以常

德本土音乐为主的老路丝弦和融合了四川清音小曲的川路丝弦。[①]

此外，湖南保靖土家族民族音乐兼收并蓄，不断吸收、融合其他民族音乐的优点和特色，保靖山歌包括破头腔和沿河腔两种歌腔；而保靖以北的龙山县的山歌则只有一个歌腔——沿河腔。《湘西苗族》一书曾提到"现在湘西靠近苗区的土家族、汉族都爱唱韶萨号坎，即破头腔。其实它最早是苗歌当中的一种腔调"，由此我们可以看出，保靖土家族民歌借用苗族的歌腔来发展本民族的民歌旋律，表现出较强的吸收性。融合型是将本族音乐与外族音乐的特点相融合而创造出音乐风格混杂的类型。融合型民歌使传统的民歌在保持部分原貌的基础上融入他族民族因素，加入一些原本没有的内容或形式，注入新的精神内涵，既反映出土家族民歌的特点，又有他族音乐的某些特征，具备融合特征，形成民歌族属交融现象。

除湖湘本地起源的民族音乐外，也有部分外来民族迁徙至湖湘地区而融合湖湘特色的民族音乐。湖南翦氏维吾尔族是成吉思汗时期从新疆地区南迁至湖南省桃源县枫树维吾尔族回族乡定居的少数民族。随着时间的流逝和地域的转变，风俗文化、民族音乐等方面都出现了其他民族文化特别是汉文化和本土少数民族文化交融的态势，尽管翦氏维吾尔族仍保持一定的民族特色，如不和外族通婚、保留自身民族服饰特征，但是该民族的民族音乐却出现了明显的湖南汉族及其他民族的音乐风格曲调，翦氏维吾尔族广为人知的《枫树乡——维吾尔的第二故乡》歌词中记录着民族迁徙的历史和维汉一家亲的情境场面。[②]

（二）线："文化线路"视域下多民族音乐传播交流状况研究

"文化线路"是近年世界遗产保护领域出现的重要的新动向。根据世界遗产委员会界定，"文化线路"是一种陆地道路、水道或者混合类型的通道，其形态特征的定型和形成基于自身具体的和历史的动态发展和功能演变。它代表了人类的迁徙和流动，代表了一定时间内国家和地区内部或国家和地区

---

① 参见邹佳诺：《湖南常德丝弦的前世今生与传承展望》，《民族音乐》2023年第2期。
② 参见温琴、祖木来提·吐尔共：《中国新疆少数民族音乐文化之变迁研究——以湖南"翦氏"维吾尔族音乐现状调查为例》，《人民音乐》2017年第4期。

之间人们的交往，代表了多维度的商品、思想、知识和价值的互惠和持续不断的交流，并代表了因此产生的文化在时间和空间上的交流与相互滋养，这些滋养长期以来通过物质和非物质文化遗产不断得到体现。作为一种活态的文化符号，文化线路因其广泛的流动汇聚性，从来都是多民族音乐交融互渗的人文之路、音乐之路。民族音乐在文化线路中的传播交流犹如一股清新之风，成为各民族情感和心理彼此亲近的纽带，潜移默化地推动着各民族之间更加深入地学习互鉴及其对同根文化的认同。

民族音乐学关于音乐与"路"的研究，主要是针对由"流域""通道""走廊"构成的"路"地理文化空间与音乐结构和象征意义生成之间的互动关系问题的深入思考。[①]"流域"所形成的"路"，为历史上的政治、军事、经济、文化与物质、民族与民族间的迁徙、民族与民族间的交流，以及民族与民族间的跨地区、跨民族的文化交流，提供了更加便捷的运输渠道。例如，在湖南省，湘水、沅水、资水、澧水四大水系组成了相对完善的水系，这些便利的水系为各地区之间的相互交流和融合，形成多种类型的音乐形式创造了有利的先决条件。土家族曲种三棒鼓音乐在湘北和湘西如岳阳、常德、桃源、石门、桑植、澧县、溆浦、邵阳、新化、龙山、永顺等地区的跨地区和跨民族的广泛传播，就是由于"流域"带来的。

另外，湖南沅陵县的土家族排鼓、唢呐、土家族打溜等传统音乐的组合，以及湘水、沅水、资水、澧水四大水系中大量的船夫歌谣，大多都与"流域"中的人和物的运动有着紧密的联系。再比如，南岭民族走廊地区各民族的音乐，在其历史发展过程中，也表现出了北部汉族的特征，这与其所处的长江和珠江流域的水陆交通条件密切相关。这是由于长江水系体系发育完善，形成了便捷的运输渠道，为中原文明与南岭文明之间的交流、融合奠定了基础。在少数民族音乐的保护与传承过程中，人们为了让它们不再局限于当地传播，会拓宽它们的影响范围，而在少数民族音乐的传播过程中，也带来了不同音乐的交流与碰撞，其他音乐中的某些歌词、旋律、唱法和表演

---

① 参见赵书峰：《流域·通道·走廊：音乐与"路"文化空间互动关系问题研究》，《民族艺术》2021年第2期。

形式，获得认可后有可能内化成新的音乐形态，这也通过音乐表明，少数民族间的互动带来了认同。

除湖湘本土民族音乐向外流转的文化线路之外，其他民族文化特别是民族音乐在民族走廊中也会流动到湖湘地区。湖南江永的平地瑶有部分来自山东军户移民，位于"潇贺古道"附近，实质是南岭民族走廊区域为防止"瑶乱"的治理手段，军户移民将汉族傩戏在湖湘地区传承，其音乐形态、表演形态、仪式信仰体系从本质上说是移民文化的结果。[1]族群的迁徙和流动构成了文化线路的形成，多民族文化尤其是民族音乐在文化线路中交融。

（三）面：区域内多民族生态下各民族音乐文化共生与混融研究

多民族杂居区的居住形式决定了不同民族音乐生活上的交融性。因为多民族杂居区各民族交错居住于同一地域，民族间交往频繁，各民族在荣辱与共的交流互动中相互吸纳、彼此影响，形成了一种普遍的共生、共享与混融的多元音乐文化格局。赵书峰认为，以瑶族还家愿、梅山信仰为代表的湖南瑶传道教仪式及其音乐是在梅山文化发展的历史语境中，对其母体文化（如盘王信仰）、汉文化（如天师道）的一种儒化、涵化的文化产物，梅山信仰仪式及其音乐的文本构成是共时性与历时性发展的时空背景下瑶族和汉族对"三峒梅山"信仰文化共同继承与多维互动的结果。[2]

位于湖南省的西北边陲的桑植，与鄂西、渝东、黔东毗邻，是一个以土家族、白族、苗族为主体的少数民族聚居县，总人口43万，其中少数民族占总人口的92%，农业人口占87%。这些民族只有语言，没有文字，所创造的文化多以口头代代相传，桑植民歌就是他们创作的口头文学与音乐的结合。据记载，桑植县境内有10万多首民歌流传，素有"歌海""民歌之乡"之称。悠久的历史，长期的多民族杂居融合，深厚的民族民俗文化底蕴，以及山清水秀的自然面貌，使桑植民歌具有优美动听的曲调，多彩纷呈的艺术

---

[1]　参见杨志强、张应华、赵书峰：《"音乐与'路'文化空间互动关系问题"三人谈实录》，《音乐探索》2021年第3期。
[2]　参见赵书峰：《湖南瑶传道教音乐与梅山文化——以瑶族还家愿与梅山教仪式音乐的比较为例》，中央音乐学院博士论文，2011年。

形式、风格浓郁的民族风情等诸多可贵的特点。

桑植民歌是个多民族融合的地理概念，而不构成区分民歌的具体民族归属。此界定想法的提出来源于《桑植白族民歌选》一书的出版，一些长期从事桑植民歌研究的音乐工作者认为此书选编的很多民歌不能完全以白族身份认定，对于这个问题，此书的作者在序中也讲道："750多年前，大理白族先民落籍到桑植后，不可避免地受到博大精深的楚文化的历史熏陶，特别是与土家族、苗族文化相互渗透浸染，白族民歌中或多或少会有一些兄弟民族文化的漏痕，反之亦然……在表述桑植白族民歌创作本身的内部规律和特点时，便不能将这些未确认的作品认定为白族民歌。"由此足见，桑植民歌是桑植各族人民共同智慧的结晶，是经过了上千年的民族杂居、通婚、亲密融合以后逐渐形成和丰富起来的，所以从音乐特征上已难以简单地视为土家族的民歌或者白族的民歌。地理位置和社会生活环境形成了民族间的交流与认同，这种"杂居区"就是中华民族共同体的缩影。这些杂居的环境中多民族音乐文化共生与混融，就是民族共同体的投射。

又比如，栖居着许多少数民族的湘西地区，同一区域内的民族音乐呈现出较为复杂的交融态势。各少数民族虽同处一域但仍保持着音乐上的独特性，不同苗区的湘西苗族鼓舞在音乐上有显著差异，保靖、吉首和古丈苗区的鼓舞节奏和花垣苗区鼓点有显著差异。又如土家族和苗族在仪式民族音乐中也有明显不同，湘西地区土家族迎亲中打溜子班队伴奏是婚娶中不可或缺的仪式，而湘西地区的苗族更注重民乐相伴，对于打溜子班队则可有可无。相对于各民族保留的独特音乐特色，区域内民族音乐交融更见动态性和整体性。湘西腊尔山台地地区的苗族民歌在和不同地域的方言、民歌特色结合后产生了黑苗系腔调、大河苗系腔调等各具特色的族系腔调。[①]

三、民族音乐教育铸牢中华民族共同体的优势

习近平总书记强调要大力培育中华民族共同体意识。从2014年的中央

[①] 参见乐之乐：《湘西地区非物质文化遗产的地域性特征及保护策略研究》，《民族论坛》2015年第5期。

民族工作会议到党的二十大，习近平总书记高瞻远瞩、运筹帷幄，以马克思主义政治家、思想家、战略家的非凡理论勇气、卓越政治智慧、深厚天下情怀，提出了一系列关于中华民族共同体意识的重要论述。中华民族共同体意识作为社会意识的一种，离不开相应的社会存在的现实支撑，离不开中华民族的客观存在，离不开政治、经济、文化、社会、生态等多方面的共同支撑。

音乐是文化的一种表现形式，反映了不同民族、地区、时代的历史、风俗、情感、审美等方面的特征，是文化的生动表现和载体。音乐作为文化的重要组成部分之一，通过音乐的繁荣发展可以增强一个民族或一个地区的文化认同和文化自信，促进文化的繁荣与创新，进一步增强中华民族共同体意识的现实支撑。民族音乐是一种具有特定地域、特定民族的文化形式，是民族文化的重要组成部分，它能够体现出民族的精神所在，它往往与当地民族的历史、风俗有关，反映了当地人们的日常生活习惯与民族文化特色。传承发展民族音乐，不仅可以传承弘扬民族文化的优良传统，促进民族文化与时俱进，同时民族音乐的扩散传播可以促进不同民族之间的交流与融合，增进民族团结与共识，从而进一步促进中华民族共同体意识的培育。通过对民族音乐的教育传承，可以进一步发挥民族音乐丰厚的传承遗产优势、凝聚集体认知优势和深化集体情感优势。

（一）民族音乐教育能塑造集体记忆

民族音乐是一种反映民族文化特色和风土人情的音乐形式，它有着悠久而灿烂的历史，因此积累了丰厚的历史遗产。通过对民族音乐丰厚历史遗产的继承发展，可以塑造集体成员的共同体记忆，有效促进铸牢中华民族共同体意识。牛顿说过："如果说我比别人看得更远些，那是因为我站在了巨人的肩上。"同样地，多样的民族与悠久的历史使得我国拥有极其丰重的文化遗产。从空间上来说，每个民族都有自己独特的音乐文化，我国的民族音乐不仅包括汉族的音乐，还包括藏族、维吾尔族、蒙古族、壮族、苗族等各少数民族的音乐，不同民族音乐之间的交流、融合形成了丰富多彩的民族音乐风格和类型；从时间上来看，我国作为历史悠久的古国，从远古时期就开始发展的民族音乐，经过各个朝代的演变和创新，形成了独具特色的音乐体系和理论，例如我国传统的宫、商、角、徵、羽五声音调。因此，通过对民族音乐的传承创新来铸牢中华民族共同体意识可以充分发挥我国的历史文化优势。传承民族音乐就是继承民族文化的优秀传统，就是发扬光大民族的精神，壮大民族的灵魂。在这个过程中我们不仅传承了传统的民俗文化与民间故事，也印刻了中华各族人民之间共有的历史叙事和集体记忆，强化了中华民族共同体意识。

教育是音乐文化传承的主要载体，是音乐文化生存和发展的基础，除了口口相传的民间音乐传承，教育对于一个民族音乐的传承也至关重要。在历朝历代都有设立关于音乐教育的官方机构，目前普遍认为我国古代音乐教育制度始于周代，周初建立的大司乐是我国最早的宫廷音乐机构。设立这一机构主要是为了培育贵族子弟以及培养乐工来完成宫廷饮宴、祭祀等场合的表演任务。音乐文化的传承，需要通过教育来实现，通过对我国民族音乐的教育传承可以让后代学习和掌握本民族的音乐知识、技能和情感，在继承和发扬音乐的艺术价值的同时，也能更为有效地传承中华民族的集体价值观念，塑造中华民族的集体记忆，增强本民族的文化认同与文化自信，为铸牢中华民族共同体意识打好基础。

（二）民族音乐教育能凝聚集体认知

文艺工作要走群众路线，即文艺要坚持以人民为中心的创作导向，反映人民群众的思想感情和生活实践，满足人民群众的精神需求和审美要求，引导人民群众的思想观念和道德风尚。人民群众发挥群众的智慧，将一个个日常生活琐事与历史民间故事通过艺术性的创作，最终成为本地区脍炙人口的民族音乐。民族音乐作为各民族文艺作品中的重要组成部分，是各族人民历史记忆与生活实践的真实写照。各个民族口述史中的民族音乐往往传承着一个民族的实践活动和不同民族之间的交流融合实践。这两种实践认知都体现在民族音乐的发展之中，通过对民族音乐的教育传承可以有效传承中华民族的共有历史叙事记忆和集体认知。

民族音乐文艺作品的创作从群众中来，即深入生活、扎根人民，从人民群众创造历史的伟大实践中汲取创作素材和灵感，从人民群众的思想感情和审美趣味中汲取创作营养和动力，用人民群众喜闻乐见的形式和语言表现出来。"从群众中来"的创作思路体现出我国民族音乐创作的两大特点。首先，民族音乐的创作一部分是来自日常生活，都是广大人民群众基于自身的生活实践，汇聚广大人民的集体智慧而生产出来的。湖南地区的《放猎狗》，歌词中的"四面山头放猎狗，湖南江口装猎枪""斑脚羊皮好蒙鼓，打到鼓穿不放娘"等都是对于人们日常生活状态的再现，具有浓厚的生活气息。其次，民族音乐的创作另一部分是以当地的某些重要历史事件为基础，经过不同时期作品的艺术性、创新性加工而生产出来的。例如湖南地区流传的民歌《盘王大歌》，就是产生于瑶民因漂洋过海产生的还盘王愿活动，后来经过不断丰富和发展，到唐代基本成型，到宋代完全成熟。

此外，在民族音乐的发展过程中也蕴含了各族人民在共同文化思想上的共同性，民族音乐不仅仅代表着各民族的历史文化特征，同时也蕴含着民族之间交流融合而产生的共性。这种个性与共性在代代相传中，都得到了一定的传承与发展，随着民族之间交流融合程度的不断提高，各民族的文化差异性被逐渐削弱，从而形成一种具有共同性的文化。这种文化同样体现在民族音乐之中，通过对这类民族音乐的传唱，能够潜移默化地唤醒集体成员的共有历史记忆并以此增强共同体成员之间的凝聚力。例如瑶族人民翻身获自由后形成的新民歌《瑶汉人民心相连》，其中的歌词"松树石榴隔千里，瑶汉人民心相连"就体现了这种共同历史记忆及其背后蕴含的中华民族共同体意识。

（三）民族音乐教育能深化集体情感

民族音乐作为礼乐文化的一种，不仅可以对集体认知产生一定的影响，同时也可以通过情感上的深化来促进中华民族共同体意识的形成。在我国，广阔的地域空间与历史的悠久造就了多样的民族，各地区的民族有着自身独特的民族音乐类型与表现形式。民族音乐作为一个民族文化的外在象征，通过民族音乐的口口相传，蕴含在歌词中的民族文化和共同体意识也得以代代相传，族内成员在长期潜移默化的民族音乐熏陶下加强对于民族内部的认同感与归属感，民族音乐中蕴含的共同体意识也潜移默化地深化成员的情感体验，引导族内成员的行为。

弘扬和发展民族音乐教育，就是以音乐作为传播的载体，借助音乐的力量传播本民族的生活习惯和文化特色。从而进一步加强不同民族之间交流与融合，促进民族之间的互相了解与互相认同，提高中华民族共同体内部的认同感，形成你中有我、我中有你，各民族共同繁荣发展的中华民族共同体。在民族音乐教育过程中，通过对民族音乐的传唱教育，加深了各族人民之间的情感联结。同时民族音乐也是中华民族精神的重要载体，传承了各民族的优秀思想和道德，是对民族的优秀传统和价值观的传承和弘扬。

民族音乐教育能够从精神的层面出发，通过集体情感的共鸣来引导中华各族人民形成中华民族共同体意识，构筑中华民族共有精神家园。习近平总书记提出："要推动中华优秀传统文化创造性转化、创新性发展，以时代精神激活中华优秀传统文化的生命力。"[1]我国的民族音乐教育发展传承是与创新相结合的。我国的民族音乐虽然有着深厚的传统根基，但并不故步自封，而是不断地与时俱进，与其他音乐文化交流互鉴，进行创造性地发展和变革。例如，湖南苗族的新民歌《永远不忘党恩情》以歌颂党、歌颂社会主义、歌颂新生活为主要内容，成为各族人民凝聚共同情感的重要媒介之一。在这个过程中，不同时期人们结合当时的时代背景与社会现状，对其进行创新性改编，使其具备不同时代的集体情感，使得民族音乐在贴近人民群众生活的同时也具有很强的时代性，能够与时代结合深化集体的情感体验。

---

[1]《习近平在福建考察时强调 在服务和融入新发展格局上展现更大作为 奋力谱写全面建设社会主义现代化国家福建篇章》，《人民日报》2021年3月26日。

第二节　当前高校民族音乐教育面临的问题

一、民族音乐文化传承受限，铸牢共同体意识的内容基础缺乏

民族音乐文化是中华民族多元一体格局的重要组成部分，是中华民族文化的瑰宝，是中华民族共有的精神财富。然而，随着社会的发展和变化，民族音乐文化面临着传承和发展的困境，如传承主体缺失、传承方式单一、传承内容流失等。这些问题不仅影响了民族音乐文化的生命力和创造力，也削弱了各民族对中华文化的认同感和归属感，影响了铸牢中华民族共同体意识的内容基础。由于民族音乐在现代社会的冲击下失去了生存的土壤和传承的主体而导致传承危机，加上民族音乐在和西方流行音乐的市场化竞争中遭遇困境难以实现内容的创新发展，导致民族音乐内容陈旧且影响力和认同度降低，高校民族音乐教育也缺乏良好的内容样本和传播基础，直接影响民族音乐在铸牢大学生中华民族共同体意识方面的效果和作用。

现代性社会生活解构了民族音乐内容传承和发展的生存环境。从民族音乐的发展历史上说，民族音乐产生于少数民族族群或区域人民集群在特定生存环境中的生产实践。"十里不同音"这样多样化的民族音乐腔调正是不同的生存环境所导致的生活方式和生产实践不同的外在表征，可以说民族音乐多样化的根基就是存在差异的生活环境和生活方式。比如湖南省内由于东西南三面环山、北为洞庭湖，中部丘陵星罗棋布的地理环境产生了不同语调的方言和独具特色的少数民族，瑶族的《盘王大歌》和迁徙民歌是在瑶族独特的地理环境和历史进程中出现的，土家族打溜子是土家苗寨独有的音乐形式。再如湖南西部三锹乡地理环境相对封闭，即便内部有苗、侗、汉三个民族这样多样化的民族分布，但长期趋同的生活环境和劳动生活，使得三个民族原先的民族差异在民歌中逐渐消失，转而使用共同的酸话方言歌唱三族共

同民歌。①

由此可见，民歌的产生和地理环境以及劳动生活密不可分，民族音乐根植于各族人民的日常生产、劳动生活中，集中反映了当地人民的精神需求和情感需求②，在日常劳动和大型庆典或婚丧嫁娶等场合，民族音乐是表达情感和传递信息的重要手段，瑶族男女情歌对唱以民族方言传递情感和精神意义。这样的民族音乐建立在较为稳定和封闭的生活环境中，但改革开放后，先进的机械设备改变了落后传统的生产劳作方式，网络和新媒体改变了人们的沟通交流模式，过去诞生于田间劳作中的民歌随着劳动工具的升级和家庭联产承包责任制而逐渐消失，男女对唱山歌也逐渐没落。过去相对封闭的传统生活在现代化生活方式的冲击下支离破碎，民族音乐赖以生存发展的传统生活环境和文化氛围不复存在。例如湖南桑植民歌，它和田间劳动密不可分，在劳动中人们根据劳动强度决定节奏快慢和旋律强弱，并以桑植民歌打发时间抒发情感。③

在城镇化的影响下过去桑植人民的劳动方式发生了重大转向，现代科技成果使得大多数桑植人民的劳动和演唱情境几乎完全消失，现代性加速了传统民歌的消亡。此外，由于从总体支配到技术治理的几十年改革态势，城乡经济发展差距日益扩大，大量劳动人口和青年群体流向城市工作学习，许多民族音乐的传承主体出现了迭代危机，诸多民族音乐出现传承人老龄化而青年传承群体缺失此类青黄不接的窘境。尤其是许多民族音乐只通过家族、师徒和活动形式传承，这些都需要极为相近的社会距离和长时间的熏陶，长期的城乡分割使得家族传承难以为继，青年人对经济收入的追求让许多师徒传承也无疾而终，而在诸如大型活动庆典和民俗活动中的民族音乐表演呈现时间短，传唱人群和受众局限于群体内部，致使无法培养更多的受众和传承者，仅有年老群体长时间固定在民族环境中发展成为传承者。总而言之，现代性社会破坏了民族音乐长期的生存土壤，虹吸了民族音乐的青年传承群

---

① 参见李闻：《湖南民歌中的地域性差异成因》，《中国音乐》2010年第3期。
② 参见陈洁：《内外兼修：探索少数民族音乐的当代传播发展路径》，《艺术百家》2020年第3期。
③ 参见涂子皇：《浅析湖南桑植民歌的发展现状与非遗保护》，《艺术教育》2022年第11期。

体，使得民族音乐传承发展逐渐停滞甚至消亡，这种失语的状态难以为民族音乐教育提供坚实的内容支撑。

民族音乐在市场竞争中缺乏可持续的造血再生能力，大众对于民族音乐缺乏认同基础。一方面，民族音乐本身具有较强的地域特色，多以方言和小众乐器演奏，听众在接受民族音乐过程中存在一定的文化隔膜。特别是一些少数民族音乐乐器音域较为狭窄，听众观感不太柔和，只在小众领域中传播，并不被大众熟知，因而缺乏和听众的互动，难以进步。少数民族音乐音调高而尖，不适合与其他乐器合奏，显得十分单调，自身音乐体系难以更新进步因此在市场化进程中处于边缘弱势的地位。即便在一些少数民族区域，新生一代也逐渐不再学习自身传统的民族音乐，而转向了充满活力、节奏韵律强的时尚流行音乐。另一方面，西方音乐文化和外来音乐文化的入侵对于本土民族音乐造成了极大冲击。[①]

随着改革开放和全球化的不断深入，尤其是通信技术和互联网的快速发展，中国和世界的交流不断增多，许多外来音乐文化在中国迅速风靡，如西方的摇滚、爵士、民谣和嘻哈。这些外来作品具有独具一格的演奏特色、舞台效果和视听表现，而且风趣诙谐，极易模仿，广为传唱，引发了大量听众的共鸣和追捧，占领强势地位的西方音乐文化严重挤压了民族音乐的生存空间，形成外来音乐在中国爆火甚至成为流行文化的现象。民族音乐在本身音乐特性的局限以及外来音乐文化入侵的双重夹击下越发艰难，也对自身做出了一些转变。比如一些湖南民歌不再囿于地方方言演唱，而是选择用普通话面向普罗大众，例如《浏阳河》中大部分歌词用普通话演唱，仅有一小部分如"几十里路"的"路"唱成了"楼"音、"出了个什么人"中的"出"唱成了"屈"音，这种在普通话中夹杂方言的演唱既突出了民族地方特色，让地方人民倍感亲切，又能让更多受众感受到湖南民歌的魅力。[②]

然而这样成功的案例终归是少数，也有学者认为民族音乐在与流行音乐融合的过程中会导致民族音乐本身的特色和韵味缺失，成为大众文化的附

---

①　参见柯丽娜:《新环境下少数民族音乐传播路径探索》,《贵州民族研究》2018年第7期。

②　参见贾敏、谢丹:《试析湖南民歌的艺术特色》,《四川戏剧》2017年第7期。

庸。一些少数民族音乐人开始将流行音乐的元素融入民族音乐的创作中，并改变一些传统民歌的唱腔和韵律，偏离了民族音乐本身的传统和艺术本质。更何况多数民族音乐背后是有浓厚的历史文化积淀和民族传统的，流行音乐的融入仅仅是技法的结合，没有将民族音乐背后的故事和历史彰显，难免显得不伦不类。民族音乐本身的传播弱势、外来音乐的强烈冲击，使得民族音乐在市场上的受众稀少，传播广度、文化认同度都较低，民族音乐人难以在音乐市场中获得精神和物质上的收益，由此进一步加剧民族音乐在市场上缺乏认同的恶性循环，民族音乐难以实现自给自足，也自然谈不上涌现大量优秀作品了。

民族音乐传承发展的窘境使得少有出色出彩的民族音乐样本出现。只有以地区特色音乐文化教育为支撑，民族音乐文化才能保持源源不断的生机，才能为弘扬共同体意识提供坚实的内容基础。然而，一方面是现代性社会对作为民族音乐生存土壤的传统农耕社会具有极强的颠覆性，过去通过民族音乐传承知识、学习生产生存技能的口头传播社会一去不复返，网络媒介使得少数民族内部的日常劳动交流逐渐断绝，现实经济的压力让少数民族背井离乡，民族音乐缺乏生存的土壤和传承的迭代。另一方面西方流行音乐进一步挤压民族音乐的市场空间，大多民族音乐的歌手和内容创作者在市场竞争中难以为继，民族音乐的源头活水无法流动。

传承的缺失、市场的打击，民族音乐长期缺乏优秀的作品和样本。地区高校民族音乐教育既缺少民族音乐的大师来传承，也缺乏优秀民族音乐内容作为教材，在传承保护发展民族音乐、培养民族音乐新人方面心有余而力不足。只有进一步盘活民族音乐，鼓励民族音乐优秀内容的产出，才可以为民族音乐教育提供源源不断的内容基础。

二、现行民族音乐在高校的三重困境：学生、教师与课程

民族音乐是每一个民族所特有、具有该民族实践烙印与文化特征，能体现民族文化和民族精神的音乐形式。民族音乐教育是整个音乐教育中的重要内容，是对大学生进行民族素质教育的重要手段，它在整个基础教育中起着不可忽视的作用。随着我国高校教育改革的全面实施，音乐教育作为素质教

育的重要组成部分，也有了一定的发展与进步。目前高校的音乐教育侧重点还是聚焦于培养学生的艺术审美能力、提高学生的音乐鉴赏能力和让学生掌握音乐常识方面。但是由于民族音乐本身的特殊性与局限性，以及高校的民族音乐教育体系的不足，使得民族音乐并未得到广泛传播，民族音乐的功能也未得到进一步扩展。民族音乐作为音乐的一种重要形式、一种人文艺术，与日常生活息息相关。但是根据相关调查研究，民族音乐在大学生中的传播仍有欠缺，大学生对于民族音乐既缺乏了解认知也缺乏兴趣，这种现状一部分源于民族音乐本身的特点，另一部分源于各大高校对于民族音乐的教育缺乏足够重视。

（一）学生对于民族音乐的认知困境

随着社会经济的发展和网络技术的普及，多种表现形式的音乐逐渐占领日常生活的主要部分，音乐的多元化发展有其有利之处，这种多元化的音乐形式极大提升了大学生的音乐接触广度，大学生群体有了更大的选择权；但音乐的多元化发展也导致学生对于民族音乐的认知有所欠缺。相对于流行音乐而言，民族音乐的知名度与传播力仍有所欠缺，这主要有几个因素，首先是民族音乐相对于其他类型音乐而言具备一定的门槛。民族音乐的演唱需要发挥演唱者独特的表现力和音乐性，不仅要掌握共鸣、滑音、颤音、润腔等音乐表演技巧，还需要对歌曲的历史背景和文化背景有一定的了解，具备深厚的文化底蕴。其次是相对于民族音乐，流行音乐旋律更加语调化。流行音乐歌词通俗易懂，内容贴近生活，整体的节奏感会更强，演唱时间较短，符合当下趋势，因此更易于被学生接受。最后是整体社会环境的影响。社会环境对于个体的音乐风格形成有着明显作用，网络对流行音乐的大力包装与宣传，使得学生的音乐审美受到潜移默化的引导，这进一步压缩了民族音乐在学生中的生存空间。

此外，学生对于民族音乐认知有限，不仅体现在流行音乐对民族音乐传播空间的侵占，还体现在民族音乐自身资源的匮乏上。除了在前文中提到的民族音乐学习具备一定的门槛，民族音乐的形成与发展离不开本地区的水土人文特色外，在市场化的冲击下，赖以生存的经济基础和文化土壤正遭到前所未有的破坏，许多地区的民族音乐都面临着无人问津和后继无人的局面。再加上目前缺乏对于民族音乐的挖掘、继承和发扬，对于地区内的民族音乐歌曲缺乏系统性、专业性的梳理，使得民族音乐教育无论是基础课还是技术课、史论课，从师资队伍的建设到教材的建设等方面都非常少。学生无论是在网络上，还是现实生活中都很少接触到民族音乐，加之普通高校学生音乐基础知识较差，对于课堂上讲授的民族民间音乐文化知识关注度不高而很难留下完整的印象，进一步加剧了民族音乐的传播困境。

（二）民族音乐教育的教师困境

民族音乐教育不仅与学生有关，作为传播者的老师对于民族音乐教育也至关重要。目前对于高校民族音乐教育的教师层面的困境主要体现在两个层面，一个层面来自教师本身，我国的高校音乐教育在改革开放后得到了快速发展，也培养出了大批音乐人才，但聚焦于民族音乐主题上，我国的民族音乐教育相关人才仍十分缺乏，特别是民族器乐演奏人才和民族音乐理论人才。人才的缺乏导致民族音乐教育课程体系的建设举步维艰，普通高校难以单独开设民族民间音乐选修课。同样，人才的缺乏导致在民族音乐教育中部分老师的民族音乐素养不足，民族民间音乐的课程内容包含面比较广，因此这不仅要求教师既要有较深的民族民间音乐文化底蕴，还要对民族音乐歌曲背后的文化故事有一定的了解。另一个层面是教授过程中教材建设有待加强，我国常见的民族音乐教学方面的教材一般分为：教学类、练习曲类、考级类、名曲选集类、名家流派曲集类、文字著述理论类等。但目前高校的音乐教学教材大多集中于技巧类教材，侧重于应对考级教学，缺少名家流派类和文字著述理论类的教材。巧妇难为无米之炊，教师缺乏优秀的教材造成民族音乐教育有诸多困境，学生一味地在演奏技法上下功夫，只追求弹奏，不注重培养文化内涵，无法表现出作品的真实意境。

（三）学校对民族音乐教育课程设置不足

民族音乐的内涵是非常丰富的，它体现了各个民族的历史、文化、精神和追求。因此对于民族音乐的教学课程而言，不仅需要开设音乐美学和音乐技巧类的课程，同时也需要开设音乐史、音乐评论、民族音乐学等多个学科的相关课程。学校通过在教学课程设置上加强各学科之间的联系，可以有效促进学生对于民族音乐有更为广度的理解。目前，部分高校在民族音乐教育的课程总体设置和教学活动安排上仍有所欠缺。

目前，在课程设置上，对于民族音乐课程的设置主要分为两种，必修课程与选修课程。前者是针对少数民族音乐教育专业的学生开设的，其中包含民族音乐教育，课程设置对于民族音乐的教学也更为全面一些；而后者是针对非民族音乐教育的普通高校学生，由于此类学生对于民族音乐接触较少，缺乏基本认知，所以往往是对其进行民族音乐知识的通史类教授。根据对于部分高校课程实际情况的调查，发现湖南地区部分高校缺乏对于民族音乐课程的设置，或课程设置过于单一，对于必修课程的课程时长安排较少，且课程教学上大多为音乐技巧的教学，对于传统音乐理论，传统基本乐理和作曲手法的教学较少。对于非民族音乐专业的学生，学生对于民族音乐的学习往往是通过选修相关课程来进行，这类选修课程的授课内容仅仅停留在基本认知上，缺乏深入的介绍。

民族音乐是由人民群众所创造的，它主要通过口头传播而流传。民族音乐的教学相对于其他课程而言，需要更高的实践性与特色性。学生在教学课程上掌握相关技巧后，只有通过舞台实践才能更为直观地感受到民族器乐教学的成果。另外，民族民间音乐实践教学最重要的是要进行"走出去"教学，这样才能让学生体会到原汁原味的民族音乐。如果平时学生较少参与舞台表演与课外实践，往往不利于学生理论实践的同时进步。再者，民族音乐往往与本地区的历史文化、风俗习惯息息相关，目前民族音乐的教学缺乏特色性课程，高校在民族音乐课程的教学中，不能将课程设置安排与地方民族音乐资源的优势相结合，单纯按照书本上的知识进行讲解，不仅限制了学生的思考与探索，也让课程变得枯燥乏味。

三、地区民族音乐教育体系有待完善，向共同体意识聚焦不够

民族音乐是一个民族生活、文化的重要体现。目前民族音乐教育体系对于学生音乐文化素养、音乐歌唱技巧等诸多方面都发挥了很大作用，但民族音乐教育对于中华民族共同体意识的培育仍有所不足。中华民族共同体意识

作为中华民族共同体的集体意识，它的培育离不开人民生活的方方面面。目前，民族音乐教育体系对于中华民族共同体意识的培养有所涉及，但缺乏清晰明确的呈现，这种欠缺体现在教育理念、教育内容和教育功能三个层面。

首先是在教育理念层面。目前，对于民族音乐教育的培养都是建立在通识教育理念的基础上，对于民族音乐的教学理念建立在尊重与保护民族音乐、传承与发展民族音乐、理解和欣赏多元音乐的基础上，对于民族音乐的教育往往侧重于知识传承，对于实践创新方面涉及较少，且在民族音乐教学过程中，缺乏对于其背后文化底蕴的深入讲解。例如，一些音乐教师和学生对中国民族音乐的历史、特征、风格、价值等方面缺乏深入了解和研究，对民族音乐文化的内涵和精神缺乏敏感性和理解力，甚至存在一些误解和偏见。这导致了在具体的音乐教学中对民族音乐的重视程度不够，对民族音乐的欣赏和鉴别能力不高。从而造成学生在学习中缺乏对于民族音乐文化上的认同和集体情感上的凝聚，不利于共同体意识的培养。面对时代的发展和共同体意识的培育要求，高校更应该及时转变单一的教育观念，更应该体现社会教育先进的价值取向，在多元教育观念的指导下，优化民族音乐教育内容，转变民族教育功能。

其次是在民族教育内容层面。目前对于民族音乐教育的内容仍缺乏一个清晰的认知，教育的内容大多聚焦于智育和德育两个方面：第一个方面侧重于学生个人能力的提升，能够提升学生关于民族音乐的演唱水平、知识水平、审美能力和音乐文化素养。第二个方面则是针对民族音乐教育精神层面的提升，民族音乐教育可以使人形成良好的思想品格，促进学生对于绚丽多姿、丰富多彩、形式多样的民族民间音乐文化的进一步了解。目前的教学内容大多侧重于智育层面，缺乏民族音乐对于学生德育培养能力的关注。社会主义核心价值观是当代中国精神的集中体现，也是中华民族共同体意识的重要内容。通过在民族音乐教育中加强社会主义核心价值观教育，可以使得学生牢固树立正确的祖国观、民族观、文化观、历史观、宗教观，培育和践行爱国、敬业、诚信、友善等公民美德，构建积极健康、向上向善的社会风尚。

最后是在民族音乐功能层面。民族音乐是中华民族传统文化的重要组成部分，也是各民族共同的文化遗产和精神家园。对于民族音乐教育的功能不仅有基础的民族音乐知识、民族音乐演奏技巧上的提升，同时我们仍可以看到，通过对优秀民族音乐的传承学习，可以有效激发学生的民族自尊心、自信心和自豪感。民族音乐教育能够激发学生的民族精神，培养起学生对祖国和人民深厚的感情。但目前教育体系对于民族音乐教育的功能缺乏足够的认知，对于民族音乐教育中蕴含的爱国主义情感功能和对本民族文化自信的功能仍有所欠缺，对于将这种爱国情感与文化自信转化为促进中华民族共同体意识的形成方面需要进一步得到拓展。民族音乐教育能够让学生对各民族文化有所了解，增强各民族之间的文化交融，为提高学生的民族精神，培育中华民族共同体意识大有裨益。

第三节　推进大学生民族音乐教育的宏观理路与实践举措

一、推进大学生民族音乐教育的宏观理路

（一）坚持马克思主义指导思想，加强民族音乐教育思政引领

马克思主义是对自然、社会和人类思维发展本质和规律的正确反映，具有鲜明的科学性、革命性、实践性、人民性和发展性。它创造性地揭示了人类社会发展规律，是中国共产党带领人民创造美好生活的科学指导，马克思主义的指导作用体现在社会生活的方方面面，在思想文化领域和社会实践领域都有所涉及。民族音乐作为中华优秀传统文化的重要组成部分，作为社会意识的一种，承载着中华民族独特的历史记忆、文化传统和民族情感，是社会生活在人们头脑中的反映。因此我们对民族音乐教育问题的研究，也必须坚持马克思主义科学理论的指导。

1.遵循唯物辩证法，在继承革新中开展民族音乐教育

马克思主义唯物辩证法发展的观点指出，一切事物都处在永不停息的运动、变化和发展的过程中，整个世界就是一个不断变化和永恒发展着的物质世界。发展的实质是事物的前进和上升，是新事物的产生，旧事物的灭亡。发展的原理是唯物辩证法的基本原理，因此在认识民族音乐的过程中，必须用发展的观点来看待民族音乐教育，这就要求我们在对待民族音乐教育的过程中，要看到其前进性和发展性，要正确对待民族音乐在不同时代所发生的变化。融入具体的实践中去，就是要求我们在传承这些各式各样的民族音乐的基础上，结合新时代的背景，将时代特色融入民族音乐教育之中，促进民族音乐教育的运动、变化和发展。

马克思主义唯物辩证法联系的观点指出，联系具有客观性、普遍性和多样性。联系是事物本身所固有、不以人的主观意志为转移的，既不能被创造，也不能被消灭。联系包括横向的与周围事物的联系，也包括纵向的与历史未来的联系，因此在面对民族音乐教育的时候，我们要用联系的观点来看待它。这种联系的观点体现在两个方面：首先是民族音乐的纵向联系，民族音乐是经过漫长历史演变最终形成的具有本民族特色的文化形式，这种时间上的纵向联系要求我们在面对民族音乐教育时，要在把握传承过去民族音乐的基础上发展出新的民族音乐，重视过去民族音乐与现在民族音乐之间的必然联系。其次是在民族音乐的横向联系上，民族音乐由于地域和风土人情的限制，往往同一种民族音乐也会有不同的表现特点，例如不同民族音乐，它的不同流派之间虽有着个性的差异，但仍存在着一定的共性。我们在面对民族音乐教育的时候，不仅要把握它们的个性差异，同时也要把握它们之间的共性，通过将普遍的共性与差异的个性结合起来，更好地加强民族音乐的教育。

在进行民族音乐教育之时，我们要把握住民族音乐背后所蕴含的文化遗产和风土人情，民族音乐教育不单单是演唱技巧和曲目的学习，更应该在对立统一中进行继承和革新。

唯物辩证法的对立统一规律指出，一切存在的事物都由既相互对立、又相互统一的一对矛盾组合而成。同时事物之中的对立统一规律又揭示了事物发展的源泉和动力。因此我们在继承和革新民族音乐教育的时候，就要发现民族音乐教育之中所蕴含的对立统一规律。民族音乐的对立统一首先体现在对民族音乐的继承与革新之上，继承意味着对过去民族音乐的保留，革新意味着对民族音乐的发展，这需要打破过去旧的民族音乐，在这保留与打破之中就蕴含着对立。民族音乐教育正是在不断的继承与革新之中走向统一，从而促进民族音乐教育的发展。其次，民族音乐教育的对立统一还体现在具体的学习实践中，民族音乐教育有其自身的丰厚底蕴，因此我们一方面要重视民族音乐理论的教育，通过理论知识教育能够帮助学生更好地理解音乐的基础知识。此外，理论知识还能够帮助学生更好地理解音乐的历史背景和文化内涵，从而更好地欣赏和演奏音乐。另一方面对于民族音乐教育也要重视它的实践性，实践对于民族音乐教育非常重要。音乐不仅仅是理论知识，更是实际演奏。只有通过实践，学生才能真正掌握音乐的演奏技巧，更好地表现音乐的情感内涵。

2. 以实践为基础，坚持以人为本加强民族音乐教育

我们党经过长期艰苦卓绝的斗争，总结出一系列正确的思想路线，即一切从实际出发，理论联系实际等。实践性是马克思主义哲学最基本最核心的特征，马克思主义哲学来源于实践，又回归并指导实践，经得起实践的考验。在马克思主义中，实践是检验真理的唯一标准，结合到具体的民族音乐教育中，就是不仅要对民族音乐理论知识进行学习，同时在民族音乐的教育过程中要坚持以实践为基础。民族音乐来源于实践又回归于实践，通过在实践中进行民族音乐的教育，从而更好地促进民族音乐教育的发展。民族音乐从一诞生，其自身就带有实践性，音乐作为人类文化的重要组成部分，它源自人类对声音的感知和模仿。

人们通过模仿自然界的声音，如鸟鸣、风声、水声等，创造出了最初的音乐。之后随着人类社会的发展，人们开始使用各种工具和乐器来演奏音乐，正是因为在实践中的不断探索与创新，使得人们发展出了各种不同的音乐形式和风格。民族音乐这种与生俱来的实践性，使得我们在面对民族音乐教育之时，也要注重在实践的基础上推进教学工作的开展。这要求我们坚持马克思主义立场、观点、方法，将实践因素融入民族音乐的教学之中，使得学生更加直观地感受音乐艺术的人文内涵，从而不断深入地理解和体会音乐中的劳动美、韵律美以及深藏的情感美。总之，实践对于民族音乐教育至关重要。只有通过不断的实践，学生才能真正掌握音乐的精髓，更好地传承和发扬民族音乐文化。

习近平总书记强调教育的首要问题是"培养什么人"，马克思主义教育观提出了以人为本、强调人的全面发展的理论，我们党一直以来贯彻的也是德、智、体、美、劳全面发展的教育理念。因此，在作为德育教育的音乐教育过程中，必须将人文关怀融入其中，民族音乐教育作为一种社会活动，离不开学生的主体参与。在民族音乐教育的过程中要努力践行以人为本的马克思主义人文关怀，只有在关注学生的主体性的基础上才能更好地推动音乐教育的发展。

这种以人为本的人文关怀主要体现在两个层面。首先是在学生层面，当代大学生群体个性活跃，有较高的主动性，如果固守过去一以贯之的教育模式，忽视学生的需求与能动性，反而不利于民族音乐教育活动的开展，只有在充分尊重民族音乐教学规律的基础上，通过将民族音乐的教育与学生的主体能动性进行科学地结合，才能从根本上理解学生对于民族音乐的情感，并在课堂上与学生产生良性互动，增加其对民族音乐的认同感。其次是在教师层面上，对于民族音乐教育要坚持"具体问题、具体分析"，针对不同民族音乐的不同文化特色，结合不同的教学模式来进行理论和实践学习，例如湖湘地区的苗族鼓舞，不同流派的主要伴奏乐器虽都是苗鼓，但在具体的实践中，对于其他伴奏乐器如唢呐等的侧重又有所不同。具体问题具体分析还体现在对于学生的教学实践活动中，广大教师要做到"因材施教"，通过改变过去千篇一律的教学模式，结合不同学生的个性特色和兴趣爱好，针对性展开个性化的教学实践，从而更好地引导学生对于民族音乐的学习，推动民族音乐教育的发展。

（二）坚持多样文化平等，积极弘扬中华民族共同体意识

在如今的时代背景下，文化内容与文化形式也趋于多元，作为文化重要表现形式之一的民族音乐在近年来也受到了一定的冲击。在坚持多样文化平

等的基础上，如何继承与发扬我国民族音乐艺术、如何通过民族音乐文化发展弘扬中华民族共同体意识已经成为当前需要重点关注的一个问题。民族音乐与中华民族共同体意识早已发展为你中有我、我中有你的局面，通过推动民族音乐文化的发展可以进一步促进中华民族共同体意识的培养与传播，同时中华民族共同体意识的深入人心也会推动民族音乐的发展。

民族音乐是中华文化的重要组成部分和表现形式，通过对民族音乐的教育和民族音乐文化的传播，可以有效地从个体的认知和行为层面对中华民族共同体意识的培养发挥积极作用。因此，有效地弘扬中华民族共同体意识，离不开民族音乐教育与民族音乐文化发展。民族音乐文化是民族音乐教学的前提，民族音乐教育是民族音乐文化的载体和传播渠道之一，只有正确认清和重视民族音乐文化，以理性客观的态度去继承与弘扬民族音乐文化，才能更好地推动民族音乐教育的发展。促进多元民族音乐文化融合是优化民族音乐艺术传承发展效果的重要路径之一。目前的民族音乐文化呈现出多元发展且相互融合的趋势，在这样的背景下通过促进民族音乐文化的平等交流与融合发展，可以进一步来弘扬中华民族共同体意识。

1.促进民族音乐文化自身的多元平等交流融合

在我国，民族音乐不仅仅代表着中华民族的音乐，同时也包含着中华各民族的音乐。中华民族音乐是指中华民族所创作和拥有的音乐文化，不仅包括汉族音乐，也包括我国55个少数民族的音乐。中华各民族音乐是指我国各个民族在其特定的地域、历史、文化、宗教等背景下形成和发展的具有鲜明民族特色的音乐。因此促进民族音乐文化自身的交流与融合，首先要从中华各民族音乐文化的角度出发，促进中华各民族之间音乐的平等交流。近代以来，不同地域与不同民族之间的交流促进了我国各民族之间音乐形式的交流。这些地域民族音乐曲调丰富多元，深刻反映了本民族的历史风情与地域特色，在经济政治交流的带动下促进音乐文化的互相交流影响，从而最终融合形成本地区的独特剧种与民族音乐文化。例如，湖南的国家级非物质文化遗产桑植民歌起源于原始农耕时期先民日常生产生活中的歌谣，之后一直在桑植县区域传承下来，有着两千多年的历史。大革命时期，多地红军在桑植县集结，带来了各地的传统民族音乐并和桑植民歌融合在一起，从而推动了桑植民歌的发展。

其次要将中华民族音乐作为统一整体来看待民族音乐与外来音乐的平等交流融合。在全球化的视野中，音乐文化的交流是不可避免的，因此便需要我们运用合理的方式、理念看待这一过程。在音乐文化交流的过程中，音乐家们应坚持文化价值相对主义的观点，抛弃对不同民族文化高低优劣的区分。在认可其他民族音乐文化多样性的存在中，坚守本民族的音乐内涵，建立对本民族音乐的自信、自适、自觉，最终引向对本民族音乐的高度认同。

2. 在民族音乐教育中促进民族音乐文化的融合与传承

多元民族音乐文化的融合，需要解决自身民族音乐文化的问题，了解目前民族音乐所存在的不足与挑战，对本民族的音乐文化作出客观正确的评价，通过民族音乐文化的教育宣传，使得人们更加了解自己本民族的音乐文化，这样才能更好地实现民族音乐文化的传承和发展。在坚持多元文化平等的基础上，促进民族音乐文化融合与传承离不开对于民族音乐文化的宣传，为了让民族音乐艺术在当代社会发挥更大的作用，我们应该加强民族音乐文化的宣传和普及工作，通过各种媒体和渠道，向公众展示民族音乐艺术的魅力和价值，激发公众对民族音乐艺术和文化的兴趣和热爱，提高民族音乐艺术的社会认同度和社会参与度。

同时，我们应该鼓励和支持更多的人了解和欣赏民族音乐艺术，参与到民族音乐艺术的传承和发展中来，通过学习、演奏、创作、交流等方式，丰富和创新民族音乐艺术的形式和内容，从而推动民族音乐艺术的繁荣和发展。而在这之中，民族音乐教育作为民族音乐宣传的有效途径之一，通过在高校普及民族音乐教育课程和开展民族音乐文化专题研究活动，设置有关项目资金扶持或者是特定教学环境投资、教学设备支持等方式，来推动学生进一步了解民族音乐及其文化，这不仅可以激发学生对于民族音乐的兴趣，也可以推动民族音乐文化的进一步发展，同时在其发展过程中也会促进民族音乐文化的传承与融合。

高校民族音乐教育的开展，还要从内容选择上加强把关，从形式与内容丰富多样的民族音乐文化中挑选出适合学校音乐教育的作品或内容；在教育传承的过程中不仅要重视民族音乐演奏技巧的教学，也要选择民族音乐背后的精髓文化，通过对于民族音乐文化内在底蕴和外在技巧的结合教学，为学校民族音乐教育的开展制定正确的教育方向和教育目标。此外，对于学习主体的学生而言，在学习民族音乐相关知识的同时，也要提高自身对于民族音乐的认知和把握，在日常的学习和生活中，将不同的时代价值体系和其他音乐流派融入其中，促进民族音乐文化的传承与创新发展。通过传受双方的共同努力，不断挖掘民族音乐的内在价值，从而在高校音乐教育中促进民族音乐的发展、宣传、传承和融合。

3. 以多元民族音乐文化铸牢中华民族共同体意识

我国自古以来就是多民族的国家，在漫长的历史发展过程中，不同民族之间不断地交流与融合，最终形成了中华民族共同体。民族音乐作为中华民族共同体在艺术文化领域的主要载体之一，民族音乐文化有着独特的诠释力、延伸力和传播力，其对于中华民族共同体意识的形成与发展至关重要。

第一，民族音乐文化以其独有的诠释力，能够用音乐的语言和形式来阐释中华民族共同体意识的内涵和特色，使之更加鲜明和生动。民族音乐文化包含的理想、信念、情感等因素在各民族之间是相通的，挖掘其中共性的存在能够彰显民族团结精神，促进中华民族共同体意识的形成。民族音乐往往包含着不同民族的音乐文化内涵，在这差异性之中也蕴含着共性，即对于中华民族共同体的认同和对和谐美好情感的追求。例如湖南著名民族音乐歌曲《榨油菜》《十二姓瑶人游天下》等，其中蕴含着劳动人民对于美好生活的向往以及努力奋斗的精神。

第二，民族音乐文化以其独有的延伸力，能够在不同的时代和环境中创造出新的音乐作品和形式，使之更加丰富和多样。民族音乐文化在不同时期有着不同的价值内涵，在新时代的背景下，其中就包含着铸牢中华民族共同体意识的要求。习近平总书记指出："铸牢中华民族共同体意识，就是要引导各族人民牢固树立休戚与共、荣辱与共、生死与共、命运与共的共同体理念。"[1]这就要求民族音乐文化在新时代的环境下，创新和发展自身的音乐作品和形式，以其强大的生命力和创造力来为铸牢中华民族共同体意识作出

---

① 习近平：《论坚持人民当家作主》，中央文献出版社2021年版，第327页。

贡献。

第三，民族音乐文化以其独有的传播力，能够通过各种媒介和渠道向不同的群体和地区传播中华民族共同体意识的精神和价值，使之更加广泛和深入。在如今互联网时代，网络技术的发展和个体传播能力的提高为民族音乐文化和中华民族共同体意识的传播扩散提供了新的契机，同时借助音乐这一艺术载体来传播中华民族共同体意识也成为更为便捷有效的途径。通过民族音乐的传播可以增强中华民族内部的民族认同感和文化自信，可以构筑中华民族共有精神家园、建设美丽中国，增强中华民族凝聚力，为铸牢中华民族共同体意识提供强大的载体。因此，民族音乐文化对于中华民族共同体意识外延的扩大以及对提高中华民族共同体意识的传播广度和影响深度发挥着重要作用。

（三）强化引领民族教育，推动"共同体+民族音乐"发展的制度创新

党的十八大以来，党中央高瞻远瞩地对铸牢中华民族共同体意识教育作出了一系列部署，完备的制度体系是开展中华民族共同体意识教育的首要保证。在这一举措的影响下，各省、市以及各个学校纷纷发布了相关的举措，并在这些举措的基础上，加强了组织体系的完善，加强了项目的监管，整合了平台资源，出现了许多关于铸牢中华民族共同体意识的教育基地、培训基地和研究基地。在各方的共同努力下，铸牢中华民族共同体意识的教育工作获得了较大的突破。通过制定法律法规和政策，给组织一个统一的结构和程序，而组织为了保持自己的存在和发展，就需要按照这些制度的规定来获得合法性和资源的支持。

我们的学校教育组织，处在一个制度化的环境中，必须遵循法律法规、党政意识形态、政府管理政策的强制机制，才能更高质量、更有效率地进行教育教学。铸牢中华民族共同体意识是一种具有优越性的制度设计，而在高校这个场域中，民族音乐教育则是一种具有自身特点的教育途径。

民族音乐教育是按照人们的认识规则，在进行音乐教学的实践活动中，逐步地对人们的中华民族共同体意识进行培育和巩固，从而将这种意识以一

种制度化和规范化的方式烙印在人们的脑海之中，为进一步巩固中国特色社会主义制度发挥其优势。我们需要在强化引领民族教育的基础上，推动"共同体＋民族音乐"的制度创新，从制度方面促进两者的融合与发展。

课堂教学是学生接受教育最直接的途径，在大学里，要想弘扬民族音乐，铸牢中华民族共同体意识，就必须解决"学生学什么"和"教师怎么教"这两个核心问题。"学生学习什么"，即将民族音乐纳入课程体系中。在课程内容上，各个民族地区应按照各自的需要，进行课程内容的选取和编排。"教师怎么教"，即如何制定教学大纲。要根据地方的民族音乐文化特点来制定教学内容，构建考试系统，让学生们产生浓厚的学习兴趣，对本民族的民族音乐文化有更深层次的理解，从而促进各族人民之间的团结和进步。

1.挖掘当地资源，弘扬本土民族音乐

高校的地位和教师教育的特殊性，使其既具备"继承"又具备"传播"的自然优点，更具备"可持续性"的独特功能，对民族音乐传承与保护具有独特优势。需要革新中国民族音乐教育的方式，使更多的人走出教室，进入民间，进入社会之中，吸收民间艺术的养分，拓宽自己的文化眼界。在开设民族音乐课程时，高校应该充分利用大学自身的优点和独特的功能。由此，可以将本土的民族音乐文化作为教育材料，让大学生进行规范地学习、管理，并对其在教育实践中的可行性和可操作性进行探讨，打造高校特色的民族音乐名片，为建立音乐学院的特色课程和精品课程奠定良好的基础。

高校是促进民族音乐教学和铸牢中华民族共同体意识的主要阵地，要充分发挥校园音乐文化建设的作用，充分挖掘高校所在地区具有特色的民族音乐，也要考虑到受众性和趣味性等因素，让大学民族音乐教育可以更好地与铸牢中华民族共同体意识相结合。

要进一步加强大学民族音乐铸牢中华民族共同体意识教育创建工作，让民族团结教育深入人心。在推动不同民族之间的文化交流融合，将中国优秀的民族音乐文化发扬光大方面，高校负有举足轻重的责任。但是，有些高校仅仅重视培养大学生关于民族音乐技巧的知识，而没有将其与中华民族共同体意识融合到整个教学活动中去。大学教育的传统内容缺少趣味，应该将"共同体＋民族音乐"的课程融入大学生的生活之中，激发他们的学习兴趣，提高他们的积极性，同时举办更多的实践活动、宣传活动、主题教育，将效用发挥到最大化。

2.构建"共同体+民族音乐"教学模式，加强田野调查

高校怎样利用民族音乐文化来铸牢大学生中华民族共同体意识，是构建"共同体+民族音乐"制度的核心问题。这需要高校教师对这两个领域都有充分的认识，这样才可以更好地开展教育工作。因此，高校要加大对民族音乐的研究力度，到少数民族地区去研究，或是邀请一些经验丰富的少数民族音乐传承人来给学生授课，从而加深学生对民族音乐的理解和认识。除此之外，高校教师还应该对以民族音乐铸牢大学生中华民族共同体意识的教育方式进行创新，将民族音乐文化知识与关于中华民族共同体的知识进行融合，按照课程思政的要求，让不同民族的学生紧密团结。

在开展民族音乐的教学活动中，我们要充分挖掘与之相适应的内容，大力宣传中华民族优秀的民族音乐文化，宣传中华民族团结史，充分利用学科思政的育人作用，并通过行之有效的方式，促进课程思政与思政课程的有机结合，构建"共同体+民族音乐"教学模式，达到二者相互融合、相互促进的效果。同时，第二课堂也是进行铸牢大学生中华民族共同体意识教育的一个关键阵地，可以利用各种实践活动，增进广大高校学生对中华民族共同体意识的情感认同。民族音乐来源于人民，因此，在进行民族音乐的教学时，需要进行田野调查。

20世纪50年代到70年代，《人民音乐》杂志创设了一个新栏目——民间音乐研究专号，从此形成了中国民族音乐的专题，在此专号上主要刊登了一些有关云南纳西族、云南与四川的彝族、贵州的苗族、内蒙古的蒙古族以及其他一些地方民族的音乐研究成果。20世纪50年代中期，以"民族学"为先导，中国开展了对少数民族音乐的调研。对云南、贵州、四川、广东、广西、湖南、福建、新疆、内蒙古、西藏、青海、吉林、黑龙江等地区的少数民族的传统音乐、舞蹈、戏剧、美术等艺术形式的历史与现况进行了一次"人文人类学"式的调研。在新中国音乐史上，这是首次较为全面地对少数民族音乐进行实地调研，收获了丰富的一手材料。

民族音乐必须重视田野调查，而田野调查又是民族音乐学科的关键一

环，只有在扎实科学的田野调查基础上，我们的民族音乐学研究才能取得理论上的进步和突破。通过这种实地考察，大学生不仅能切身体会到国家的民族政策，也能体会到各民族共同团结进步、共同繁荣发展的时代主题，还能对社情民意有更多的认识，从而增强"中华民族一家亲，同心共筑中国梦"的观念，积极地参与到民族团结进步的工作当中。

将中华民族共同体意识教育制度融入学校民族音乐教育教学体系中，就意味着需要审视当前民族音乐教育存在的问题，用制度重构和形塑学校民族音乐教育的教育者、受教育者、教育内容、教育手段、教育评价等结构要素，以保证中华民族共同体意识教育以制度化、常态化的形式在学校中有序开展。构建"共同体+民族音乐"的教学模式要取得政府、教育部门、民族管理部门的充分支持，形成制度保障。除此之外，要在高校开展有力的执行，将"共同体+民族音乐"的教学模式落到实处。最后，要对高校"共同体+民族音乐"教学模式的执行实行常态化的管理，建立评估体系保证其有效运转。

二、推进大学生民族音乐教育的实践举措

民族音乐和礼乐教化有着密不可分的联系。民族音乐产生于劳动人民广泛的劳动实践之中，在口口相传的特定农耕区域中民族音乐更是交流沟通的载体媒介，是个体在部落社会和乡土社会实现社会连接和个体完成社会化的重要手段。早在先秦时期，宫廷礼乐成为教化的工具，正是因为民族音乐作为劳动人民的智慧结晶必须经过后天习得[1]，在习得教育的过程中实现社会化从野蛮走向文明，这种系统复杂学习的机会天然迎合文治教化。因此，民族音乐和教育从历史维度上说便是相生相长的。甚至过去在一些特定民族区域，如果一个人不会民族音乐，他不仅找不到对象，而且在以口传文化为核心的民间传承机制下无法生存。

然而，随着传统民族音乐传承在现代性冲击下失去生存土壤，民族音乐

---

[1]　参见陈雅先：《论音乐文化与音乐教育的关系——兼谈音乐传承之文化与音乐文化的传承》，《音乐研究》2000年第3期。

面临传承断裂的危机，高校民族音乐教育可以很好补足这方面的缺失，从而成为民族音乐传承的优质载体。学校本身作为文化习得性的公共场所，以文育人、以文化人的特质和民族音乐不谋而合，除此之外，学校教育的两大优势能够很好补充传统民族音乐传承的不足。一方面，学校教育作为现代科学的基础性设施有明确统一的教学思想、目标和理念，遵循学生身心发展规律，其系统性和规律性有效弥补了民族音乐乃至民族文化传承零散性和不稳定性的缺陷。另一方面，学校教育为民族音乐教育提供文化传承阵地，二者互融互通共同进步。

学校教育自身的特点和样态为民族音乐传承提供了保障，为学生提供了世界性、多学科的交叉视角；民族音乐纳入学校教育体系让学生接触民族语言、民族历史，进一步树立民族文化自信，建构共同的民族价值体系。[①]因此，将民族音乐教育融入现代教育体系是正本溯源，是从民族音乐危机源头上进行改造，让民族音乐在学校教育中重新焕发生机、再生民族文化和民族力量，形成绵延不绝的良性循环。从民族音乐的现代性危机出发，大学生民族音乐教育急需好内容、好传播以及好教学，这需要从以下几个方面着重推进。

（一）注重民族音乐的传承保护，夯实中华民族共同体意识的内容基础

有一种观念认为民族音乐传承并不在高校教育的范畴，即便民族音乐学科在高校建立起来也仅仅是用于学术研究，而高校并不负责民族音乐的保护传承。导致这一错误观念泛滥并成为主流有两个方面的原因。一方面，民族音乐品类的不断衰减、流失，长期以来被视作以口传身授为主要传承方式的传统文化不适应当下商业竞争的具体表征，少有人意识到这一现象出现的根本原因是现代性对传统社会的颠覆，在这一过程中高校教育长期抢占了民族音乐传承人接触民族音乐的时间和机会，高校是导致民族音乐衰微的重要原因。另一方面，有人认为高校不能传承民族音乐，尤其是简单教唱几首民歌

---

① 参见韩彦婷、尹爱青:《在学校音乐教育中传承民族音乐文化的思考》,《东北师大学报（哲学社会科学版）》2018年第4期。

并不是对民族音乐的传承，否则就是直接否定民族地区纯而又纯的所谓传承。这一观念忽视了高校早已是社会文化传承主渠道的既定事实，将少数民族音乐排斥在高校教育体系之外。[①]

此外，"欧洲中心论"长期在高校教育体系中占据优势地位，以欧洲音乐理论体系为基础的高校音乐教育进一步挤压和侵占了民族音乐的发展空间，中国音乐教育不是20世纪二三十年代的欧美式就是50年代的苏联式[②]。面对21世纪中国音乐在何处、往何处去的基础问题，首先需要明晰的就是关注加强民族音乐的保护传承是高校义不容辞的责任义务，学校音乐教育和民族音乐文化传承是互为基础的。

建立以学校为基地的民族音乐传承体系，为民族音乐传承提供文化空间。民族音乐发源于人类社会，承载着民族文化和民族精神，承担着引导后人社会化的行为规范、交流协作的使命，因此学校理所当然成为传承民族音乐文化的空间载体和最好的基地。已有相当部分高校将区域民俗、民族音乐等地方特色文化纳入高校教育体系中，并为民族音乐提供展演空间和场地，建设一大批卓有成效的民族音乐教育传承示范基地。如中南大学曾在学校多次开展民族音乐进校园活动，将学校作为民族音乐传承的公共文化空间，邀请湖南民族乐团在高校开办系列民族音乐专场演唱会。吉首大学音乐舞蹈学院率先建立民族音乐云数据库，以湘西州国家级非遗音乐舞蹈和省级非遗音乐舞蹈资源为基础，用数据库的方式存储展示民族音乐风采。

在湖南有大量民族音乐需要突破传统空间的束缚走向更多受众，从而摆脱民族音乐传承断裂的困境。湖南师范大学以中国南方少数民族音乐文化研究中心为民族音乐保护传承基地，大量走访常德、湘西、湘南等地，为土家族、苗族和瑶族民族音乐传承提供了新的载体。民族音乐教育是民族文化的生命线，高校应切实发挥文化空间功能，立足所在地域的民族文化和特色民

---

① 参见李松、樊祖荫、张欢等：《对中国少数民族音乐文化传承的反思——"第三届全国高等音乐艺术院校少数民族音乐文化传承与学术研讨会"主题发言》，《中国音乐学》2013年第1期。
② 参见樊祖荫、谢嘉幸：《中国（大陆）以音乐文化多样性为基础的音乐教育：发展现状及前景》，《中国音乐》2008年第2期。

乐，加强对民族音乐原生态的保护和传承，防止其流失和异化。

面向青年大学生群体，加强民族音乐的内容留存和发掘。高校面向的是未来社会文化的建设者，高校民族音乐教育可以影响大学生对民族音乐的态度和观感，大幅提升民族音乐的普及度和影响力，有效增强大学生群体的民族凝聚力和共同体意识。加强民族音乐教育需要从教材编写、课程设置和实践活动多个方面着手，使得民族音乐内容得以留存，促进民族音乐传播传承。

在教材编写方面，高校对现有民族音乐的统计摸排和文献出版仍有不足，各地方要依托各地方高校研究和地区文化，详细摸排民族音乐的具体情况，包括民族人口、语言文字、地理分布和生态人文、信仰风俗情况，把握各民族乃至民间音乐过去和未来的特征，形成中国民族音乐图景并出版文献。此外，在教材内容结构的比重上更多偏重民族音乐的优质样本，将更多民间的、独具风格特色、广为传唱的民族音乐纳入教材体系，地方性院校要注重服务当地特色民族音乐传承，发挥专业人才优势加强当地民族音乐研究，自主编写地方音乐资料和教材，建立民族音乐档案馆、展览馆等平台，收集和展示各民族音乐的资料和作品，不断扩大民族音乐在大学生群体中的影响力。

在课程设置方面，由于我国高校音乐教育长期以来施行以西洋发声方法为主、本土民族唱法为辅的"学堂乐歌"式的教学理念[1]，对于民族音乐内容引入不够。只有通过教学让更多优质民族音乐内容输入，才能够为民族音乐传承培养更多人才并迸发出强劲的内容创作活力。因此，大学生民族音乐教育必须加强课程内容建设，通过开设民族音乐概论、民族音乐欣赏等课程，介绍各民族音乐的历史、流派、风格、器乐、歌舞等内容，让更多大学生了解和尊重各民族音乐的特色和价值，激发大学生对民族音乐的兴趣，增强对中华文化共同体的认同感和归属感，自主成为民族音乐的认同者和弘扬者。

---

[1] 参见张东：《中西文化比较视域下的高校民族声乐教育困境及其出路》，《黑龙江高教研究》2018年第8期。

在实践活动方面，高校要高度重视课外活动和民族音乐相结合，以传统文化进校园、民俗艺术进校园、大学生暑期实践等活动载体为依托，组织大学生参与民族音乐的实践活动，如学习演奏民族乐器、参与民族歌舞表演、走访民族音乐传承人等，提高大学生对于民族音乐的认识和理解。

教材编写为中国民族音乐教育奠定内容基础，课程设置和实践活动在此基础上发挥学校立德树人、以文化人的教育引导作用，发掘民族音乐的精神内涵和现实价值。

发挥高校的人才专业优势，促进民族音乐内容再创新生产。高校具备人才和平台优势，可以让更多专业人士参与到民族音乐的内容创新创作中来，让大学生成为民族音乐的传播者和创作者。一方面，民族音乐长期以家族传承、师徒传教和活动传播三大主要形式为载体，缺乏专业性和科学性。而许多高校立足地方、服务地方，不仅十分了解地方文化而且具备专业性的科学人才，结合专业人才和地方音乐可以有效刺激民族音乐优质内容的产出。

高校要以民族音乐的民族特点和文化特色为基点，结合流行音乐文化的传播特征，大胆改良各民族的民族乐器和简化民族音乐的演奏方法，避免古老乐器被历史淘汰，让民族音乐更便于歌唱、传播。要鼓励民族音乐人才深入民族音乐发源地和传承地一线采风学习，深刻感受民族文化和民族精神，利用专业知识和现代技法对民族音乐改编、改良，使民族音乐走向全国乃至走向世界。在此已有一些成功案例，如《瑶族舞曲》《五朵金花》《阿诗玛》《芦笙恋歌》《刘三姐》《北京喜讯到边寨》《苗岭的早晨》《彝族舞曲》等，正是专业人员既用现代先进作曲技法改编民乐山歌又保留融合多个民族曲调，才使这些民族音乐在全国乃至世界都有一定影响力。

另一方面，高校引入民族音乐教育可以让更多大学生成为民族音乐的爱好者和传播者，以用户创作内容的方式推动大学生群体自主传播自主创作，扩大民族音乐的内容基础，从而让民族音乐形态样式更为多元。老一辈与新一代对于民族音乐有着不同的情感差异，老一辈聆听民族音乐倍感亲切是因为他们从小受到民族音乐的熏陶，新一代在全球化多元音乐的形势下有了更多选择，在和西方流行音乐的注意力争夺中，高校可以更多偏重于民族音乐的宣传和教育，让年轻一代感受民族音乐的美感，积淀他们对于民族历史的情感，让他们成为民族音乐的爱好者和传播者。

总的来说，学校对于民族音乐的保护和传承有着义不容辞的责任义务，其公共文化空间可以成为民族音乐内容保护的基地，它直接面向青年群体，是民族音乐传承的第一阵地，其专业人才优势为民族音乐内容创新创造提供绵延不绝的动力。高校是奠定民族音乐内容基础的重要载体，只有在高校中不断加强民族音乐教育才能更好传承民族音乐，才能在民族音乐中凝聚民族精神，以民族音乐内容基础夯实青年群体的共同体意识。

（二）推动民族音乐的数字化传播，多渠道触达大学生

当下是数字技术蓬勃发展的互联网时代，是所有人对所有人的传播。信息技术的发展也为民族音乐带来了新的传播图景，民族音乐的传播在存储和播放等体外媒介发展的加持下开始突破特定的时间和空间限制，过去民族音乐的传播只能依靠口传心授，受限于声音传播的空间，不能够长久留存，其受众范围和传播空间都十分有限。随着技术的发展，磁带、移动光盘和播放器让民族音乐可以被录制留存，并以固化物体的形式载体走向更长的时间、更广阔的地域空间。民族音乐不再是特定时间、特定地点、特定群体表演的艺术，更多人可以在媒介发展中感受民族音乐的魅力。移动互联网时代的到来使得手机走入千家万户，网络基础设施的推广和网络技术的进一步发展催生了如快手、抖音等短视频平台，民族音乐以更富有视觉冲击、短小精悍的视频形式给予大众更为全面的艺术视听体验。数字传播技术弥补了民族音乐传统传播的缺陷，民族音乐的表现形式和视听体验更加丰富，利用数字技术传播民族音乐既契合大学生的媒介习惯，也有益于民族音乐的叙事传播。

运用多种数字媒介渠道向大学生推广民族音乐，凝聚爱国精神和中华民族共同体意识。对于成长在互联网技术快速发展时代的大学生群体，传统的传播手段并不适用于他们，数字化传播手段才能让民族音乐天然切合大学生。民族音乐不仅能够展现我国的多元文化特色，让更多的年轻人了解和喜爱民族音乐，传承和弘扬中华文化，也能够激发大学生的民族自豪感和文化自信。

要充分发挥社交媒体平台的媒介优势吸引大学生对于民族音乐的关注和

参与，鼓励高校学生创作和分享民族音乐内容。要善于利用媒体平台诸如微博、微信和抖音、快手等，大力宣传民俗艺术和民族音乐，广泛宣发民族音乐进校园这类实践活动，制作和分享有关民族音乐的视频、音频、图片等内容。要加快民族音乐数字化建设，为民族音乐传播提供内容，积极发动民族音乐传承人的社会力量，围绕民族宗教委员会对特定民族音乐传承者进行媒介素养培训，鼓励他们运用短视频平台留存、传播民族音乐，弘扬民族文化。如在哔哩哔哩平台许多民族艺术有较大的传播力和影响力，甚至该平台为民族音乐开设专区；在抖音和快手这样的短视频平台，以快节奏音乐和短视频相结合的传播方式让许多具备民族特色的作品焕发了新的生机，山歌等传统民族音乐以迥异于流行音乐的格调韵律席卷了年青一代，充满泼水韵味的傣族歌舞引发了一系列大学生群体竞相拍摄传播，《弥渡山歌》也被民族音乐爱好者拍摄成视频，不断向年轻群体扩散。

因此，新兴数字传播技术是民族音乐向青年大学生群体传播的有力媒介，要善于以大学生所熟知的、喜闻乐见的媒介形式加强大学生民族音乐教育。要在民族音乐教育中融入数字传播手段，对于专业音乐学生和音乐爱好学生可以利用在线教育平台，如网易云课堂、学堂在线等，开设民族音乐相关的课程和讲座，提高大学生的民族音乐素养和兴趣。利用在线音乐平台，如网易云音乐、QQ音乐等，推荐和播放优秀的民族音乐作品，丰富大学生的音乐审美和体验。利用线下活动进行线上传播，如校园演出、讲座、展览等，邀请民族音乐专家和艺术家进行现场交流和表演，增强大学生的民族音乐感受和认同。

开发并结合多种数字技术向大学生群体传递民族音乐背后的故事和情感意义。什么是好的传播？习近平总书记所说的"讲好中国故事""传递中国声音"已经为民族音乐传播提供了根本遵循。数字化技术为民族音乐的故事传播和叙事表达提供了新的形式，民族音乐本身带有特定的故事场景和情感意义，只有让受众身临其境地通过叙事表达获得生命感受，才能达成对情感的共鸣，从而实现对民族音乐的认同和传承。

随着信息技术的发展，数字化传播为民族音乐教育的具身传播和情境感受提供了技术支持。当下的短视频、VR/AR等技术已经不再局限于具体音乐的传播，而是能够通过图像、声音和文本的共同叙事向人们讲述民族音乐背后的故事，跨越时间和空间传达民族音乐的情感意义。从这个角度来说，高校和政府机构以及民族宗教组织都应该不断发掘民族音乐故事的价值意蕴，增强大学生等青年群体对民族音乐的情感认同。此外，一些云技术、游戏技术和虚拟现实技术可以共同构建虚拟的场景空间以再生产民族音乐的共同体意识。充分发挥信息技术对于特定场景的重构和书写的作用，让大学生在共同的空间中了解民族音乐原生态场景并歌唱民族音乐。充满新奇和趣味的感受形式使得每一个个体都能够体会到集体所在和民族意识，在盛大的媒介事件中实现个体对民族的认同。

数字技术为民族音乐传播提供了新的载体，短视频、音频、VR/AR 等技术形式都强化了民族音乐跨越时空的力量，运用好新的媒体技术不仅能够有效遏制民族音乐衰亡的形式，更能够以青年大学生熟知的方式不断扩大民族音乐影响力，使民族音乐以更多方式融入青年大学生的生活中并以此不断涵养民族文化、民族精神和共同体意识。随着数字化传播的深入发展，民族音乐不仅能实现形式的传播，其内容、故事和背后的意义都可以用技术向所有人彰显，更能借助数字技术以媒介形式诠释其蕴含的共同体意识。

（三）加强民族音乐教育的师资建设，主动渗透中华民族共同体意识教育

无论是中国还是西方国家，音乐教育都处于极其重要的地位。古希腊将音乐、修辞和体操并列为人才培育的三大基础学科，在中国，孔子强调"兴于诗，立于礼，成于乐"，由此将乐教视为教育的最后阶段。如今音乐教育仍旧具有重要意义，音乐教育作为美育的重要构成部分，是实施美育的重要途径。为了实现德智体美劳五育并举，必须更好地开展音乐教育，尤其是开展本民族的音乐教育，培育民族精神。在这个过程中，加强民族音乐教育的师资建设是关键，高校民族音乐教育需要培养一批既有专业水平又有教育理念的优秀教师，能够有效地传授知识、引导思想、激发情感。

一是要加强民族音乐教师的专业培训和学术交流。要顺利进行民族音乐教学，教师自身首先要掌握和具备相应的知识和能力。此外，作为民族音乐

教师，除了具备民族音乐相关知识技能，还要和其他学科教师一样具备把知识传授给学生的能力，必须掌握教学理论，包括普通教育理论和音乐教育理论。具体而言，民族音乐教师在教育上要能够很好地组织课堂教学、合理地选择教材并因材施教，要拥有良好的语言修养以及较强的语言表达能力、组织课外音乐活动的能力。在民族音乐知识和理论素养方面则要求民族音乐教师有良好的听赏能力，能够欣赏不同流派的民族音乐风格乃至同一民族音乐不同阶段的风格，可以根据音乐结构进行民族音乐演绎，具备相当的音乐技能。

民族音乐教师不仅要掌握基本的音乐理论和技能，还要深入了解各个民族的音乐特色、风格和文化背景。民族音乐技能和教育能力都需民族音乐教师经过持之以恒的专业培训和大量阅读学术著作，同时不断更新自己的知识和观念，与时俱进，积极参与各种民族音乐的研究和活动，与其他民族音乐教师进行交流和合作，拓宽自己的视野和思路来获得。

二是要加强民族音乐教师的爱国主义和民族认同教育。民族音乐是民族文化的结晶，是各民族人民在生活劳动中智慧的呈现，民族音乐教师向学生传授的前提就是要认同自己所传授的内容，要热爱民族文化、尊重各族人民的智慧成果，要有强烈的国家认同感和民族归属感，要热爱祖国和人民，要尊重和维护国家的主权、安全、发展利益，要抵制一切分裂国家和破坏民族团结的言行。同时，要传承和弘扬中华优秀传统文化，要尊重和保护各个民族的音乐遗产，要促进各个民族的音乐交流和融合，要为构建中华民族共同体贡献自己的力量。

民族音乐教师的爱国主义教育可以通过高校对教师的职后教育完成，一方面学校组织民族音乐专家学者对民族音乐教师的职业技能和现代教育理念进行更新和定时"充电"。另一方面高校要通过多种渠道和形式加强教师的思政引导和教学评估，常态化制度化开展党的先进理论思想教育，牢牢把握住教师的意识形态方向，用党的理论武装教师并贯彻到日常教学活动中去，对于党的会议精神和教育部重要文件精神常学常新，保障民族音乐教师始终坚持党的领导、马克思主义思想的指导，强化民族音乐教师的中华民族共同体意识。同时，高校要建立科学的教学评价体系，以学生和教师的反馈不断提高教学效果，让爱国主义和民族精神在具体教学活动中贯彻如一。

三是要让民族音乐教师在教学过程中主动渗透共同体意识教育，让大学生在欣赏和学习民族音乐的同时，感受到中华文化共同体的魅力和力量。民族音乐本身就是诞生在民族的集体劳动和区域生活中的，它不可避免地与民族宗教信仰、文化思想、民俗习惯、美学观点和价值观念等有密不可分的联系，因此，民族音乐教育是强化民族意识、提振民族精神的有效途径。民族音乐教师必须摒弃割裂各民族音乐的教学理念，更多从中华民族共同体这一高度出发，让学生在情感体验和故事中吸收并接受中华民族特有的精神精华，从而强化共同体意识。

教师可以借助课程思政实现民族音乐和民族精神的交融，引导学生在学习民族音乐知识和乐理的同时深入领会音乐背后的精神内涵。以民族音乐教学的互动引导学生交流并加深对音乐作品的探索，密切民族精神与民乐创作的联系，积极鼓励学生将民族精神文化和共同体意识融入民乐表达和创作中，促进民族音乐的进步和民族精神、共同体意识的传承转化。

教师要以民族音乐这一载体，让大学生感受民族历史和奋斗精神，从艺术的角度树立大学生的中华民族共同体意识，引导大大学生认识到自己不仅是一个个体，也是一个群体的成员，不仅有个人利益，也有群体利益，不仅有个人权利，也有群体责任。通过自己的言行影响和引导大学生树立正确的中华民族共同体意识，让大学生感受到自己是中华民族大家庭的一员，让其为自己是中华儿女而自豪。

民族音乐和民族教育相生相长，要将民族音乐教育贯彻到现代教育体系中，在高校教育中融入民族音乐教育，需要从民族音乐内容基础夯实、媒介手段优化、传播主体建设三个方面加强大学生民族音乐教育，发掘青年群体的民族音乐兴趣和素养，培育民族共同体意识和民族精神。

长期以来，我们对于民族音乐的探索与教学，通常都只局限于单一的少数民族音乐，虽然这种单一性的研究与分析具有一定的意义与特点，但音乐与地域风情的共生共享特点决定了民族音乐不是单一发展的，而是可以多元融合的。因此，对民族音乐展开全面的研究，探索其发展的总体规律，探索其与地域风土人情的联系，将其与铸牢中华民族共同体意识的主题相联系，可以促进其发挥出更大的作用，并有着更加深刻的意义。

在进行民族音乐教育的时候，首先要对学生进行最基本的文化教育，强化民族区域间的双语教育，尽量做到不同文化间的交流不存在障碍，进而达到音乐与文化的情感分享，加强少数民族音乐的传承与保护，开展数字化传播，打造专业的少数民族音乐教师团队，为铸牢中华民族共同体意识发力。中国民族音乐在世界范围内的影响力日渐增强，基于这一背景，中国民族音乐也引起了世界范围内音乐界的广泛重视，与过去相比，对我国民族音乐进行研究的力度也在逐步加大。我国民族音乐研究的形势总体上是向好的，而随着我国对民族音乐研究的进一步深入，中国民族音乐研究的价值必将更加突出。这既有利于凝聚中华民族共同体意识，又有利于维护民族统一、维护社会安定，是我国繁荣发展的必行之举。

第九章

大学生民族
体育教育

第一节　民族传统体育文化的基础理论内涵

一、民族传统体育文化与民族共同体意识概述

民族传统体育文化是中华传统文化的重要组成部分，是我国各族人民在长期的生产生活中形成的具有中国特色的传统文化，是中华民族精神、民族性格的集中体现。它不仅有利于弘扬爱国主义精神，而且有利于促进各民族间的团结，有利于增强中华民族的凝聚力。我国民族传统体育文化起源于远古时代，经历了漫长的发展过程，到今天已成为中华民族宝贵的历史文化遗产，具有中华民族独有的价值理念、道德规范、生活方式、审美情趣和精神风貌。

中国民族传统体育文化具有民族性、地域性和多样性等特点。民族传统体育文化的民族性和地域性，决定了其具有鲜明的文化特征，尤其是随着少数民族地区经济、社会、文化的发展，其在不断的演变与发展中形成了特有的民族传统体育文化，而不同的民族也有着不同的体育文化。

二、民族传统体育文化与中华民族共同体意识的相关理论阐释

民族传统体育文化是指各民族在生产劳动、社会生活中，创造和形成的具有一定规则、形式和内容的体育文化。民族传统体育文化是各民族创造的宝贵财富。中华民族共同体意识是指在全球化背景下，各民族对中华民族共同价值体系和认同机制的深刻认识。其核心内涵包括：一是"各民族"，即国家法律规定的各民族平等的社会主体。二是"共同体"，即由各民族构成

的政治共同体、文化共同体及生态文明共同体。习近平总书记提出的"五个认同"即对伟大祖国、中华民族、中华文化、中国共产党、中国特色社会主义的认同，是对中华民族最深层的认同。三是"命运共同体"，即各民族之间相互依存，休戚与共，荣辱与共，生死与共。四是"文化自信"，即各民族文化都是中华文化的组成部分。五是"命运共同体"，即中华民族在实现伟大复兴的道路上需要相互团结、齐心奋斗。

铸牢中华民族共同体意识有利于巩固民族团结、社会稳定、国家统一。大学生是我国未来建设发展的重要力量，加强对大学生中华民族共同体意识培养是促进民族团结进步的必然要求。通过对某高校大学生民族体育教育情况与中华民族共同体意识培养案例进行研究分析，可以为我国高校更好地开展民族传统体育教育提供一定借鉴和参考。

三、大学生中华民族共同体意识在民族体育中的界定

以民族传统体育文化为视角，可以将大学生中华民族共同体意识定义为：大学生作为中国特色社会主义事业接班人，在大学生群体中全面贯彻落实"五个认同"和"五个共同"精神，不断增强对中国共产党、中国特色社会主义以及中华民族的认同。

高校开展民族传统体育教育不仅有助于增强学生中华民族共同体意识、增进学生对中华优秀传统文化的认同、树立正确的世界观、人生观和价值观，而且对推动新时代高校思想政治工作创新发展具有重要作用。本节以民族传统体育文化为视角，研究大学生中华民族共同体意识的内涵与特征，并阐述民族传统体育文化在民族传统体育中对中华民族传统文化的界定。同时，以此作为切入点来探讨民族传统体育文化如何促进大学生中华民族共同体意识的培养。要想切实推动民族传统体育文化在大学生群体中发挥出铸牢中华民族共同体意识的重要作用，就要坚持以社会主义核心价值观为引领。

四、民族传统体育文化铸牢大学生中华民族共同体意识的时代价值、文化功能

中华民族传统体育文化是中华民族优秀传统文化的重要组成部分，具有

鲜明的民族特色和时代特征。它不仅体现了中华民族几千年来的发展历程，还承载着中华民族传统文化中的民族精神。

民族传统体育文化与大学生中华民族共同体意识的培养具有密切的联系，它们具有相同或相近的时代价值和文化功能。大学生作为中华民族共同体意识培养的主体，对中华民族共同体意识有着更为深刻而全面的认识，他们拥有更强的身份认同和更大的话语权，因此，将民族传统体育文化融入大学生中华民族共同体意识培养之中，具有重要的时代价值和文化功能。

民族传统体育铸牢大学生中华民族共同体意识的时代价值主要包括增强文化认同、促进交流融合两个方面，通过参与民族传统体育活动，大学生可以更好地了解和认同中华民族的文化传统和价值观，增强对中华民族共同体的认同感。民族传统体育具有广泛的参与性和互动性，可以引导不同民族大学生之间的交流和融合，增强彼此之间的理解和包容，为构建和谐校园奠定基础。同时，民族传统体育往往需要参与者之间的协作和配合，通过参与这些活动，大学生可以培养团结协作的精神，增强集体荣誉感和归属感，为中华民族共同体的建设贡献力量。民族传统体育通过大学生这个特殊群体的传承和推广，可以更好地保护和传承中华民族的文化，为中华民族共同体的可持续发展奠定基础。

民族传统体育文化的文化功能，主要表现在以下两个方面：一是促进大学生全面发展的功能，即大学生通过参与民族传统体育活动，能够全面提高自己的身体素质和精神文化素养，增强大学生对中华民族共同体意识的认知，从而使大学生树立起正确的民族观念和国家观念，进而培养起大学生对中华民族共同体的认同感。二是增强大学生凝聚力和向心力的功能，即通过参与民族传统体育活动，加深大学生之间的感情。通过民族传统体育活动，可以促进不同民族学生之间相互学习、相互帮助、相互借鉴、相互交流。

五、民族传统体育文化铸就大学生中华民族共同体意识建设理论

大学生群体是民族传统体育文化的继承者和传播者，能够通过自身的行为来传播和弘扬民族传统体育文化，同时还可以将民族传统体育文化带到自

尚无

己的生活中，进而潜移默化地影响自己的思维方式、行为习惯和价值取向。大学生群体是一个民族团结进步、共同繁荣发展的生力军，他们在民族传统体育文化中具有认同感和归属感。大学生是中华民族传统体育文化传承的主体，他们会以实际行动来践行中华民族共同体意识。大学生必须正确认识中华民族传统体育文化与民族共同体意识之间的联系，深刻认识到民族传统体育文化是中华民族传统体育文化的重要组成部分，从而以高度的民族认同感和爱国情感来增强对中华民族共同体意识培养的积极性和主动性。中华民族传统体育文化核心内涵主要包括以"和合"为核心的思想理念、以"和平"为核心的价值追求和以"和谐"为核心的精神特质，其具体内容主要包括了体育竞技、运动礼仪等，是促进传统民族文化传承和弘扬的主要驱动力。

第二节　推进大学生民族体育教育铸牢中华民族共同体意识的困境解析

一、大学生民族体育教育铸牢中华民族共同体意识的困境概述

以铸牢中华民族共同体意识为主线，把增强"五个认同"作为基本要求，以"八个认同"为基本内容的新时代民族团结进步教育，是高校民族体育教育铸牢中华民族共同体意识的重要途径和现实任务。在高校大学生中开展中华民族共同体教育，要将其作为高校思想政治工作的重要任务和核心内容。

新时代，通过高校民族体育教育铸牢中华民族共同体意识，就是要将民族文化融入学生的思想、学习和生活之中，通过学生喜闻乐见的方式开展民族体育教育活动。但目前存在很多问题，一是教育主体对民族体育的认知存在偏差，存在着"重文化轻实践""重传承轻创新"的现象；二是传统体育文化在高校中的传承与发展受到冲击；三是高校学生对民族体育价值缺乏正确认识，在思想上缺乏主动性和自觉性；四是高校缺乏对学生民族体育的理

论指导。要利用体育教学、课外活动、社会实践等途径，不断增强学生对中华民族共同体的认同感，实现中华民族伟大复兴中国梦。

民族体育的主要功能是增强文化认同、增进民族团结和促进民族交流，但"民族体育文化"与"中华民族共同体意识"是两个不同的概念。传统意义上的民族体育是指以汉族为主体的中华民族共同文化为基础，以少数民族传统体育文化为重要内容，具有鲜明的地域特色和民族特色的体育项目。在中华民族共同体意识视域下，高校民族体育教育是通过各种体育活动，增进各民族之间的文化交流与理解，增进各民族间的情感与认同。而高校铸牢中华民族共同体意识，则是以"共同价值"为基础，以"共同利益"为目标，通过高校教育活动使各民族大学生牢固树立共同维护祖国统一，维护国家主权、安全、发展利益的观念。

在高校民族体育教育中，通过各种形式的体育活动，让各民族大学生充分认识到我国是一个统一的多民族国家，各族人民要像石榴籽一样紧紧抱在一起，共同建设伟大祖国。从这个角度来看，民族体育教育对铸牢中华民族共同体意识具有重要意义。因此，高校要从以下几个方面落实民族体育教育铸牢中华民族共同体意识：一是要以校园体育文化建设为基础，以校园体育活动为载体，实现民族文化与校园文化的有机结合；二是要发挥民族传统体育项目的优势，培养大学生的体育文化素养；三是要充分发挥高校师资优势，加大对高校学生的培养力度。

二、高校体育课程中民族传统体育文化的缺失

在体育课堂教学中，由于受西方体育文化的影响，加之一些教师自身的民族文化素养不高，致使在体育教学过程中，民族传统体育项目处于边缘化地位。甚至有些教师以西方体育项目作为教学内容的重点和难点，学生所学到的知识与技能往往是西方体育文化的技术和方法，而不是我国少数民族传统体育文化。因此，在高校开设民族传统体育课程，就必须重视民族传统体育项目在高校的传承与发展。在高校引入民族传统体育项目，不仅能丰富学生的课余生活，也能满足中华民族共同体意识教育的需要，更是推动民族地区经济发展和社会进步的方式。

高校要充分发挥自身优势，制定切实可行的实施方案，统筹安排体育课程教学内容。如将武术、健身气功、民族健身操等民族传统体育项目引入高校体育课教学中；同时，也可以将现代竞技体育项目引入高校体育课教学。在高校体育课程中引入民族传统体育项目，有助于提高学生对中华民族传统体育文化的认同感和自豪感。

高校要从实际出发，积极探索适合各民族地区特点的教学模式，采用多样化的教学方法和手段，使高校体育课教学与少数民族传统体育项目更好地结合起来。高校在实施民族传统体育课程时，要充分考虑各民族学生的体质和技能情况，并根据各民族学生的实际需要，对教学内容进行合理编排和调整。同时，还要对教师进行岗前培训和定期培训，以提高教师的民族文化素养。

三、民族体育文化资源的开发力度不足

目前民族体育文化资源的开发力度不够，使得民族传统体育文化得不到有效传承。民族体育文化资源是指能够代表我国各少数民族传统体育项目的物质载体，如少数民族传统体育场地设施、服装服饰、乐器、舞蹈等。高校要充分利用各种媒介资源，对民族体育文化资源进行挖掘，并将其整合到体育课程教学中。同时，高校还可以将民族传统体育文化融入校园文化建设中，如将具有民族特色的体育建筑、体育设施引入高校体育校园文化建设中；在高校校园中建立民族传统体育博物馆、民族传统体育展览馆等。

高校应重视民族传统体育文化资源的开发与利用，积极营造有利于民族传统体育文化传承和发展的外部环境，从而推动我国民族传统体育文化的繁荣与发展。此外，高校还应重视民族体育文化资源开发中所面临的问题，如部分民族地区经济落后、交通不便、信息闭塞等问题，这就需要高校充分发挥自身优势，积极利用各种媒介资源，推动我国民族传统体育文化在高校中的传承与发展。

四、高校民族体育共同体意识的氛围营造

高校要加强对校园民族体育活动的宣传力度，在校园内营造良好的民族

体育氛围。一是要积极举办各种民族传统体育比赛，如武术比赛、少数民族传统体育运动会、少数民族传统体育运动擂台赛等；二是要利用各高校的优势，定期举办以少数民族传统体育项目为主要内容的运动会和健身比赛，如民族健身操比赛、民族武术比赛、少数民族传统健美操比赛等；三是要利用网络媒体等现代信息技术手段，开设关于少数民族传统体育项目的专题网站。同时，高校要充分利用各种媒介平台，如微信、微博等，积极宣传各民族大学生开展的各项民族体育活动。通过多种媒介形式，营造各民族大学生相互交流、相互理解和相互包容的氛围，使各民族大学生在感受到中华民族大家庭温暖的同时，增强对中华民族共同体意识的认识。

在高校中开展民族体育活动，需要有较高水平的教师和管理人员。而在现实中，许多高校虽然对教师和管理人员进行了相关培训，但由于对教师和管理人员的培训内容缺乏针对性，致使一些教师和管理人员的民族体育知识、理论水平较低。因此，高校应通过各种形式的培训，提升教师和管理人员的民族体育知识水平。要加强对教师的民族体育知识培训，通过定期举办各种形式的民族体育知识讲座、邀请民族体育专家进行专题讲座等，增强教师和管理人员对民族体育知识的了解；同时也要加强对管理人员的民族体育知识培训，通过举办培训班、座谈会等，加强管理人员对民族体育项目的认识；还要加强对少数民族学生的培训，通过举办运动会、健身比赛、少数民族传统体育知识竞赛等形式，增加各民族学生对中华民族共同体意识的认识。此外，高校要建立健全相关激励机制，对在民族体育方面表现突出的教师和管理人员进行表彰。

第三节　大学生民族体育教育铸牢大学生中华民族共同体意识的内在机制

一、着力推进大学生民族体育教育铸牢中华民族共同体意识的深层指向

近年来，从中央到地方陆续出台了一系列关于民族体育教育的文件，充分体现了党和政府对民族体育教育工作的高度重视。民族体育是我国优秀传统文化的重要组成部分，在中华传统文化体系中具有重要地位。在中华民族共同体意识形成和发展的过程中，民族体育发挥着重要作用，是中华优秀传统文化的重要载体和主要内容，加强大学生中华民族共同体意识教育既要强化其对体育教育的价值认同，也要充分发挥民族体育独特的民族文化内涵和特征，实现中华民族伟大复兴中国梦，实现国家富强、民族振兴、人民幸福。

大学生中华民族共同体意识教育，要引导大学生深刻认识民族体育文化所蕴含的中国传统文化的精髓，在社会实践中引导大学生自觉传承中华优秀传统文化，深入挖掘中华民族传统体育文化内涵。以民族体育教育为抓手，以中国特色社会主义先进文化为引领，深入开展中华优秀传统文化教育，推动中华民族共同体意识在大学生群体中落地生根。以大学生为主要教育对象，深入开展民族体育教育工作，引导学生在参与民族体育教育过程中形成认同中华民族共同体的情感、行为和心理意识。大学生参与民族体育活动，通过"观、感、知"的体验，会对中华民族共同体有更为深刻的认识。

通过参与民族体育活动，学生会对中华民族共同体有更强烈的认同，他们在参与活动过程中会产生丰富的情感体验，这种情感体验将进一步促进他们参与民族体育教育，使他们对中华民族共同体的价值观念有更深刻的认识，这种价值观念是民族体育教育在大学生群体中铸牢中华民族共同体意识的重要基础。学生通过参与民族体育教育活动，对中华民族共同体所蕴含的优秀

文化进行学习，可以培养他们对中华优秀传统文化的认同。在大学生参与民族体育教育活动中，这种价值观念将会促进学生对中华民族共同体的认同。

二、促进就业：大学生民族体育教育铸牢中华民族共同体意识的行为彰显

大学生的就业与民族体育教育是密切相关的，民族体育教育可以增强大学生就业的信心，提升就业质量，让他们更好地服务于社会；可以增强大学生就业的社会适应能力和个人能力，提高他们的个人素养、综合素质，让他们能够更好地适应社会；可以增强大学生的创新意识和创新能力，在社会实践活动中，增强他们的创新精神和实践能力；可以增强大学生的集体意识和团结协作精神，提高他们的人际交往能力。

民族体育教育通过学生个体与群体之间的互动交流来促进学生之间的交往、交流与互助，这有助于大学生增强民族认同感和归属感，能够强化大学生的中华民族共同体意识。因此，民族体育教育在促进大学生就业方面具有重要意义。

民族体育教育铸牢大学生中华民族共同体意识的内在机制如下：在大学生民族体育教育铸牢中华民族共同体意识的过程中，通过让大学生参与到各种民族体育活动中去，来领悟中华民族共同体的精神内涵、强化自己的民族共同体意识，这种文化自觉和实践探索将有助于大学生铸牢中华民族共同体意识。

我们应该对民族体育教育工作给予更多的重视。只有这样，才能使民族体育教育更好地发挥其在促进大学生就业方面的作用。我们要积极地开展民族体育教育活动，充分利用民族体育教育资源，引导学生参加各种形式的民族体育活动。只有这样才能让大学生更好地参与到民族体育活动中去，进而促进毕业生就业。

三、文化自信：大学生民族体育教育铸牢中华民族共同体意识的心理机制

文化自信是一个民族的灵魂，是一个国家发展的内在动力，更是推动中

华民族伟大复兴的精神动力。在大学生铸牢中华民族共同体意识的过程中，要通过民族体育教育活动培养大学生的文化自信，提高他们对中华优秀传统文化的认知度。在民族体育教育活动中，大学生不仅可以通过参加各种民族体育教育活动来增强自己的文化自信，还能更加深入地了解中华民族共同体文化，从而更好地认同中华民族共同体文化。

习近平总书记强调："要引导各族人民牢固树立休戚与共、荣辱与共、生死与共、命运与共的共同体理念。""中华民族一家亲，同心共筑中国梦""各民族要相互了解、相互尊重、相互包容、相互欣赏、相互学习、相互帮助""各民族像石榴籽一样紧紧抱在一起""各族干部群众要牢固树立平等团结互助和谐的思想"等，这些重要论述为新时代大学生民族体育教育铸牢中华民族共同体意识提供了重要理论依据。大学生参与民族体育教育活动，可以通过不断的体验和实践来强化自己对于中华民族共同体文化的认同。

在民族体育教育活动中，大学生通过"观、感、知"的体验，能够深入了解中华民族共同体文化，加深对中华民族共同体文化的认识。大学生在参与民族体育教育活动的过程中，会受到中华民族共同体文化的熏陶和感染，从而更加深刻地认识到中华民族共同体文化所蕴含的丰富内涵，使他们对中华民族共同体文化有更强的认同感。

民族体育教育活动是一个载体，通过大学生的体验和实践，能让大学生更加深入地了解中华民族共同体文化，从而更好地认同这一文化。因此，民族体育教育活动是铸牢大学生民族共同体意识的重要途径。大学生通过参加民族体育教育活动，可以更加深入地了解中华民族共同体文化，从而达到增强大学生文化自信的目的。

民族体育教育活动对大学生文化自信的影响：大学生通过参加民族体育教育活动，能够增强对中华民族共同体文化的认知，从而产生强烈的认同感和归属感，这对于加强大学生中华民族共同体意识具有重要意义。具体来讲，民族体育教育活动有助于增强大学生的民族自豪感，使大学生更加深入地了解中华民族共同体文化，认识到中华民族共同体文化的价值所在，从而更加坚定文化自信。

四、学校教育：大学生民族体育教育铸牢中华民族共同体意识的工具支撑

在大学生民族体育教育铸牢中华民族共同体意识的过程中，学校是一个非常重要的载体，民族体育教育对于大学生铸牢中华民族共同体意识具有非常重要的作用。

高校要加强对大学生中华民族共同体意识的教育和引导，要将民族体育教育融入大学生的教育教学活动中去，通过民族体育教育活动来培养大学生的文化自信，提高他们对中华优秀传统文化的认知度，引导他们进一步增强对中华民族共同体文化的认同感和归属感。

"中华民族是一个命运共同体，一荣俱荣、一损俱损"。这是对中华民族共同体的深刻认识和准确把握，也是中华民族共同体意识的时代表达。中华民族共同体意识，是民族团结之基、民族和睦之本，是激励各族人民团结奋斗的强大精神动力。

高校要充分发挥民族体育教育的功能和作用，通过民族体育教育活动来增强大学生的文化自觉，并以此强化大学生对中华民族共同体文化的认同；要加强对大学生民族体育教育的管理和指导，引导大学生在民族体育教育活动中加深对中华民族共同体文化的认同；要积极探索大学生民族体育教育的有效途径，充分发挥学校这一重要载体的作用，通过深入开展民族体育教育活动铸牢大学生中华民族共同体意识。

民族体育教育活动可通过多种形式来增强大学生的文化自信、增强大学生对中华民族共同体文化的认知。比如，开展民族体育文化进校园、民族传统体育进课堂，设立民族体育文化节等，这些活动可以促进大学生对中华民族共同体文化的了解，进而促进大学生对中华民族共同体文化的认同，引导他们更加深刻地认识到中华民族共同体文化所蕴含的丰富内涵和价值。

第四节　大学生民族体育教育铸牢大学生中华民族共同体意识的内在逻辑与实践路径

一、民族体育教育铸牢大学生中华民族共同体意识的内在逻辑

（一）高校在发展民族体育教育上大有可为

民族体育教育是高校体育教学的重要内容之一，是大学生参与民族传统体育活动，认识、了解、学习民族传统体育文化，树立和巩固中华民族共同体意识的主要途径。民族体育教育以其独特的魅力，在促进大学生身心健康、促进其全面发展方面发挥着不可替代的作用。大学生对民族传统体育文化具有强烈的兴趣和较高的参与度，因此，发挥好他们在教育中的作用，把民族传统体育教育融入大学生思想政治教育工作中去，具有重要意义。

民族传统体育是我国优秀文化遗产之一，承载着丰富的历史文化内涵，蕴含着丰富的思想道德教育资源。在中国历史发展进程中，民族传统体育文化发挥着独特的作用，具有独特的价值。民族传统体育是民族传统体育文化中最具代表性、最能体现民族精神的部分。从思想道德教育角度来看，少数民族传统体育蕴含着中华民族共同体意识这一思想核心，是大学生树立和巩固中华民族共同体意识的有效途径；从心理健康教育角度来看，少数民族传统体育具有强身健体、培养学生良好心理素质的作用。

高校可以开设相关课程，开设民族传统体育选修课，还可以在体育课中安排一些民族传统体育活动内容。同时，高校教师可以利用一切机会向学生传播和普及我国优秀的民族传统体育文化。高校要充分发挥课堂教学主阵地作用，通过专业教师的示范和讲解，让大学生感受到民族传统体育文化的魅力。另外，在开展课外活动时也要充分考虑大学生自身特点和实际需求，为他们创造条件去了解、学习、感受优秀的少数民族传统体育文化，激发大学生参与、学习丰富的民族传统体育文化活动。

民族传统体育文化活动可以通过高校体育课堂、学校体育俱乐部、学校课外活动等途径开展，形式多样。高校可以成立民族传统体育社团，吸纳和培养一些热爱民族传统体育的大学生，在组织形式上可以由校内社团、校外俱乐部、户外拓展等多种形式组成。组织开展民族传统体育比赛或表演，还可以通过各种途径宣传民族传统体育项目，如网络媒体、广播电视媒体、平面媒体等，让更多的人了解和认识这些项目，增强大学生的民族自豪感。要使民族传统体育文化真正走进课堂，高校教师必须转变观念，改变教学方法。

在教学方法上，高校教师可以在传授技术的同时向大学生介绍民族传统体育文化的相关知识和文化内涵。此外，高校教师可以通过组织大学生参加民族传统体育文化活动，如体育比赛、文化节等，让大学生亲身感受民族传统体育文化的魅力。同时，可以通过讲述民族传统体育文化的故事，让大学生了解民族文化的历史和发展。这样，可以帮助大学生更好地理解和欣赏民族传统体育文化，增强对民族文化的认同感。高校教师在教学方法上还要进行多样化探索，除了课堂教学外还可以在课外组织一些民族传统体育社团活动。比如，少数民族运动会、民族传统体育节等活动都是弘扬民族传统体育文化很好的载体和平台。此外，高校教师还可以通过研究型教学、翻转课堂等方式，深入挖掘民族传统体育文化的内涵和教育价值，将民族传统体育融入高校教育的各个环节中。例如，可以将民族传统体育项目引入体育课程，让大学生在学习过程中了解和掌握关于民族传统体育的文化和技能。

同时，高校还可以加强对民族传统体育的保护和传承，通过举办各种形式的活动，促进民族传统体育的发展和创新。此外，高校还可以通过开设相关课程、建立民族传统体育社团等方式，提高大学生对民族传统体育的认识和了解，培养他们热爱民族文化的情怀。一些高校还将民族传统体育纳入课程体系，让大学生在学习过程中深入了解我国各民族的历史、文化和传统。这样不仅可以促进民族传统体育的传承和发展，还可以增强大学生的身体素质和团队协作精神。高校教师可以鼓励大学生积极参与其中，将自己在学校所学到的知识应用到实践中去，体验到民族传统体育文化的魅力和价值。

高校应该为少数民族传统体育项目在学校的开展创造条件，为他们提供足够的经费和场地、器材等支持，也可以通过各种奖励形式激发大学生参与民族传统体育活动的热情和兴趣。激励机制是推动高校开展少数民族传统体育教育、增强大学生民族团结意识的重要手段。激励机制可以从多个方面进行设计，以提高少数民族传统体育教育的吸引力和效果。首先，可以采用绩点评价体系，将少数民族传统体育教育纳入学分管理，鼓励学生积极参与。这样可以激发学生的学习兴趣，同时有助于增强他们对民族文化的认同感。其次，可以举办少数民族传统体育比赛，如运动会、文化节等。这种方式可以增强学生的团队协作意识和竞争意识，同时也能够促进民族文化的交流和传承。

此外，可以通过设置少数民族传统体育课程，让学生深入了解和学习民族文化。总之，激励机制是推动高校开展少数民族传统体育教育的重要手段，通过设计合理的激励机制，可以提高学生对少数民族传统体育的兴趣和参与度，增强他们的民族团结意识。

（二）挖掘优秀少数民族传统体育文化

少数民族传统体育文化在长期的历史发展过程中形成了具有自身特色的价值观念、道德规范和行为准则，反映了各民族在长期的生产生活实践中积累起来的宝贵经验，是各民族文化内涵的集中体现。如彝族的"跳花杆"就是彝族民间流传已久的一项体育活动。"跳花杆"起源于彝族人民在每年农历正月举行的"跳花节"。"跳花杆"又称"打花杆""跳杆"或"打花棍"，是彝族人民在生活、劳动中形成并世代流传下来的一种民族体育活动。"跳花杆"在比赛时需要两个人同时进行，一人持长杆，另一人持短棒，将长竹筒绑于长杆顶端，再将长竹筒横置于地面上，两人需同时向前跳跃，以竹筒所装物的重量为准。通过这个活动既可以锻炼身体，又可以增进彼此之间的感情。

我国是一个多民族国家，各民族都有自己独特的历史渊源、文化传统、宗教信仰和风俗习惯，这些都是爱国主义教育的重要内容。从中国传统体育文化看，少数民族传统体育项目不仅有强身健体的作用，还具有爱国主义教育功能。如我国很多少数民族都有自己特有的对歌、赛马、射弩、摔跤等体育活动。这些活动不仅是民族文化传承和发扬的重要手段，而且也是促进各民族文化交流的重要途径。

藏族人民能歌善舞，他们在长期的生产生活中形成了多姿多彩的传统体育文化。藏族赛马历史悠久，比赛项目丰富多彩，主要有赛马、叼羊等，其中，赛马是藏族最为普及的体育活动项目。它既是藏族群众文化生活的重要组成部分，又是民族传统体育文化的重要内容之一。在西藏各地都有举办赛马活动的传统，也有在草原上举行比赛的传统，有的地方每年都要举行赛马大会。在西藏牧区的群众中流传着这样一句话："没有马背上的民族，就没有西藏的今天。"藏族赛马历史悠久，源于远古时期人们用来祭祀和狩猎时所使用的一种专门用来打仗、训练和比赛的武器——马鞭。赛马会上通常都有赛马表演，在赛马之前会有隆重仪式，以示对草原英雄人物和民族英雄的崇敬和纪念。此外，还有博克、拉马等以藏语方言称呼的民族传统体育项目。博克是一种类似于骑马射箭类的竞技比赛项目，是藏族人民群众最喜爱的娱乐活动之一。拉马是一种用绳索拉着在马背上表演的竞赛项目。比赛时两个人各有一匹马同时站在起点线前，由裁判宣布比赛开始后两匹马开始赛跑，先到达终点线者为胜。"勒布"是藏语对赛马游戏中获胜一方的称呼。将类似的民族传统体育项目融入高校体育教学中，能够更好地提升大学生的民族体育文化意识。

要通过挖掘优秀少数民族传统体育文化，使之成为大学生思想政治教育工作的重要内容。在具体实践中，可以通过民族传统体育教育增强大学生对中华民族共同体意识的理解。如组织开展民族传统体育项目比赛，邀请相关民族地区的同学参加，比赛结束后组织学生进行交流讨论，了解少数民族传统体育项目的开展既要依靠国家和政府的力量，又要依靠学校和社会各界组织的力量。在高校体育教学活动中，通过开展民族传统体育进校园活动、组织民族传统体育比赛、开展民族传统体育文化活动等，为大学生提供参与和体验民族传统体育的机会，能够有效提升大学生的民族认同感。高校要积极与社会各界组织和团体合作，将民族传统体育融入高校体育教学，为大学生提供参与和体验民族传统体育的机会。

（三）增强大学生对中华民族共同体意识的现实体验

大学生在学习、生活中，会经常接触到不同民族的同学和文化背景。在学校这样一个特定环境下，大学生能更直观地感受到不同民族间的差异性，从而形成一种包容、开放的心态，进而推动大学生自觉认同和树立中华民族共同体意识。社会实践活动是大学生增强对中华民族共同体意识了解和认同的有效途径。例如，学校可以通过开展"少数民族体育项目进校园"活动，组织大学生到少数民族地区去学习、了解少数民族传统体育项目的相关知识和文化内涵；也可以通过参与少数民族传统体育社团活动等形式促进大学生对中华民族共同体意识的理解；还可以通过参观博物馆、体验民族文化活动等方式促进大学生对中华民族共同体意识的认识。

民族传统体育是我国优秀传统文化遗产之一，承载着丰富的历史文化内涵。高校应充分发挥民族传统体育教育在铸牢大学生中华民族共同体意识中的作用，不断推进民族传统体育教育在大学生思想政治教育工作中的实践创新。同时，也要认识到民族传统体育教育是一个复杂的系统工程，在实践过程中要注意方式方法。只有这样才能使民族传统体育教育更加符合新时代大学生思想政治教育工作的要求和发展需要。广泛开展多层次、多形式、丰富多彩的群众性主题宣传教育活动，是铸牢中华民族共同体意识最直接、最有效、最务实的举措和方法。要把民族体育教育融入大学生思想政治教育，不断丰富大学生中华民族共同体意识的教育内容，促进中华民族共同体意识与社会主义核心价值观深度融合。

要使中华民族共同体意识真正根植于大学生心中，必须使学生深入了解和掌握民族传统体育的基本知识和文化内涵。当前，大部分大学生对民族传统体育的认知度和接受度还有待进一步提升。根据所调查的大学生实际情况，高校可通过组织民族传统体育比赛、开展民族传统体育文化活动、组织民族传统体育进校园等多种方式，促进大学生对民族传统体育文化的认识和了解，使他们在参与活动的过程中加深中华民族共同体意识。同时，也可以通过与社会各界组织和团体的合作，将民族传统体育融入高校体育教学，并通过开展民族传统体育活动，如趣味运动会、民族传统体育进校园等，使学生在参与活动的过程中了解中华民族的文化传统、历史渊源以及各民族的交往交流交融等方面的内容，从而感知铸牢中华民族共同体意识的重要性。

在组织开展民族传统体育文化活动中，通过集体参与和展示民族传统体育项目的方式来增进大学生之间的交流与互动，持续推进高校民族体育共同体意识的强化与巩固。中华民族共同体意识是国家意识、公民意识、爱国主义精神等多方面因素共同作用的结果，也是在不断实践中形成和发展起来的。我们相信，只要在思想上重视、在行动上落实，在民族传统体育教育方面多下功夫，在大学生思想政治教育工作中多实践，就一定能使大学生中华民族共同体意识得到不断增强和巩固。

二、民族体育教育铸牢大学生中华民族共同体意识的实践路径

（一）"一体"打造——民族体育推动大学生中华民族共同体意识构建

中华民族共同体意识是中华民族对"一体"的深刻认知和情感认同，其本质是"多元一体"的中华民族作为一个整体的存在与发展。在中华文化的历史长河中，各族人民不断交流、融合、碰撞，最终形成了中华民族。各族人民在长期的生产实践中形成了彼此联系、相互依存、休戚与共的关系，形成了共同心理素质和集体无意识。民族体育是中华优秀传统文化中最具代表性和最有生命力的体育文化形态之一，它蕴含着中华儿女团结和谐、努力奋斗的民族精神，凝聚着中华民族共同体意识中团结、包容、开放、共享等核心价值理念。中国人民在历史长河中形成了独特的体育文化，通过体育活动实现了各民族文化的交融，这是中华民族共同体意识形成的基础。

高校是培养未来国家建设人才的摇篮，大学生是未来国家建设的重要力量，民族体育教育中蕴含着中华优秀传统文化，它能够帮助大学生群体形成对中华文化的认同感和归属感。通过开展民族体育教育，不断丰富高校课程体系，为大学生提供更为广阔的发展空间和平台，在潜移默化中培育和提高大学生的中华民族共同体意识，使他们在实现中华民族伟大复兴中国梦、共建"一带一路"、构建人类命运共同体等伟大实践中发挥应有的作用。民族

体育是培养中华民族共同体意识的载体之一，为中华民族共同体意识的形成与发展提供了坚实的基础。高校要通过深入开展民族体育教育培养大学生群体的团结协作、拼搏奋斗等优秀精神品质，充分发挥民族体育教育铸牢大学生中华民族共同体意识的作用。

民族体育是各民族传统文化交流融合、相互交流发展中形成的民族精神文化财富，是实现第二个百年奋斗目标和中华民族伟大复兴中国梦的重要力量。高校以立德树人为根本任务，要坚持以马克思主义为指导，结合高校体育教育专业特点和大学生群体特点开展丰富多彩的民族体育教育活动，进一步铸牢大学生中华民族共同体意识。同时，要充分发挥民族体育教育的功能和作用，通过民族体育教育使大学生进一步加深对中华民族共同体文化的了解，促进大学生的文化自觉和文化自信。

在打造民族传统体育研学基地的过程中，高校应充分发挥自身资源优势，让大学生通过研学基地了解各民族优秀文化、体验各民族不同的风俗习惯，拓宽大学生视野、丰富大学生知识储备，加深他们对中华民族共同体意识的理解和认同。

高校还可以结合自身实际情况，利用少数民族特色优势，将民族特色融入教学内容和教学方法中。例如，体育课中加入少数民族传统体育项目，或利用课外活动时间开展少数民族传统体育活动等。此外，高校还可以通过举办民族文化节、组织民族文化交流活动等形式，加强对少数民族文化的宣传和推广，让学生更多地了解和感受民族文化的魅力，增强对民族文化的认同感和自豪感。

高校可以组织"校园体育节"和"少数民族运动会"等赛事活动为契机，通过开展形式多样的民族特色体育运动项目，促进大学生之间相互了解与学习。可以通过举办各类民族文化讲座、展览和演出，让大学生更深入地了解中华民族的优秀文化，进而促进整个民族的团结和进步。

（二）"两翼"发力——高校体育教育+少数民族传统体育

高校体育教育应进一步深化"以学生为中心"的教学理念，重视实践活动在培养大学生思想品德和精神品质方面的作用，着力打造"三个结合"，即民族体育教育与校园文化建设相结合、民族体育教学与体育竞赛活动相结合，民族体育教学与课外活动相结合，使大学生在体育教育实践活动中提升自身能力，树立新时代的理想信念，将中华民族共同体意识内化于心、外化于行。

高校体育教育要打造"四融合"的校园文化建设模式，即在学校的基础设施建设中融入民族特色元素、在校园环境布置中融入民族元素、在校园活动组织中融入民族元素和在校园文化建设中融入铸牢中华民族共同体意识的内容，如在学校操场上设置民族体育项目展示区，打造成具有浓郁民族特色的运动场，为学生提供更多展示自我的机会；在校园中设置民族文化主题雕塑、在图书馆或教室内悬挂具有民族特色的字画；定期举办少数民族传统体育比赛、开展少数民族特色文艺表演。通过以上三种途径融入铸牢中华民族共同体意识的内容，增强高校校园文化建设与民族传统体育活动相结合的力度，营造出具有浓厚文化气息和丰富情感内涵的高校校园文化"场"。

（三）"三维"共谋——研学基地＋高校＋传承人

民族传统体育作为民族文化的重要组成部分，具有鲜明的民族性、地域性、多样性和历史性。民族传统体育文化是各民族在长期的生产实践中共同创造的，它承载着各民族的风俗习惯和生活方式，它所蕴含的"和而不同"思想，是中国文化思想中一种独特而重要的价值观。高校应充分利用自身资源优势，将民族体育教育作为促进大学生健康成长的重要途径，打造"三位一体"的民族传统体育研学基地。首先，高校可在学校现有场地设施条件下，依托本校场馆和场地设施条件，打造具有地域特色、符合大学生群体特点、能够开展民族传统体育项目的研学基地。其次，高校可通过与当地体育部门、政府机构或企事业单位等建立合作关系，共同开发、建设具有当地特色的民族传统体育研学基地。再次，高校还可以借助当地媒体资源优势，积极利用自媒体平台宣传当地民族传统体育文化，促进高校与传承人之间的交流与合作。

在打造研学基地的过程中，高校可与当地政府、企业、学校等多方合作。其中，政府作为主导力量，可以为基地提供政策支持和资金扶持；企业是主要经费来源方；学校可作为重要参与方。政府、企业和学校要注重突出高校与传承人之间的合作共赢关系，让传承人更好地了解高校对他们发展的支持和帮助。一方面，当地政府可以提供政策和资金支持，例如将少数民族传统体育项目纳入当地体育发展规划、在学校内设立民族传统体育传承基地等；另一方面，政府还可以为高校提供场地和人才资源支持，在校园内设置少数民族特色运动项目展示区域，或与民族传统体育社团合作举办少数民族传统体育比赛等。高校亦可以邀请少数民族传统体育项目传承人担任民族传统体育教师，并为其提供师资培训、开设特色体育课程，例如跳房子、踢毽子、打陀螺、踢毽球等传统民族特色项目。这些项目虽然在不同地区以不同形式出现，但都具有浓郁的少数民族特色，可以促进高校与传承人之间的交流与合作。

高校在体育教学实践中，应充分利用民族特色项目的文化内涵和运动特点，将民族传统体育项目与高校其他课程相结合，如将武术、瑜伽等与文化课程相结合，让学生在学习其他课程的同时了解和掌握民族传统体育文化；或者将民族传统体育项目纳入高校体育教学评价体系，对在民族传统体育项目中表现突出的学生给予相应的奖励，以激励学生积极参与民族传统体育项目的学习和锻炼。

通过以上措施，高校可以将民族传统体育项目打造成高校体育课程的特色内容，使其在高校体育教学中发挥独特的作用，促进民族传统体育文化的传承和发展，推动各民族之间的交流与融合，从而铸牢大学生中华民族共同体意识。

第十章

铸牢大学生中华民族共同体意识的湖南实践

"青年兴则国家兴，青年强则国家强。"[1]各民族大学生是本民族青年中的优秀代表，是全面建成社会主义现代化强国、实现中华民族伟大复兴中国梦的生力军。作为我国中部的教育强省之一，湖南尤其肩负铸牢大学生中华民族共同体意识的历史使命。为此，湖南高校，如吉首大学、中南大学、湖南大学、湖南工业大学、湖南民族职业学院等高校，每年都通过预科班、新疆班、西藏班、少干计划或普通招考等形式，招收一定比例的少数民族学生。少数民族学生民族身份特殊，且处于青年成长可塑期，思想不够成熟、意志不够坚定，容易受到社会上极端主义思想的渗透和影响。尤其在当下全球化、开放化、多元化、信息化趋势加速发展，民族主义"回潮"的情况下，湖南高校普遍加强和改进大学生思想政治教育，下大力铸牢大学生中华民族共同体意识，对于国内其他地区高校具有示范和引导作用。

第一节　创建铸牢中华民族共同体意识宣传教育体系

铸牢中华民族共同体意识需要依托思政课课程体系，也需要专业课课程作为补充。湖南高校积极建立铸牢中华民族共同体意识的课程体系，通过各类课程相互配合、相互促进，不断强化铸牢中华民族共同体意识工作的效果。此外，必要的宣传载体也是创建铸牢中华民族共同体意识宣传教育体系的重要组成部分。

---

① 习近平：《论党的青年工作》，中央文献出版社2022年版，第146页。

一、将铸牢中华民族共同体意识融入高校思政课教学

《教育部2022年工作要点》第十三条明确提出："以增进共同性为方向，推动铸牢中华民族共同体意识教育与中小学德育和高校思想政治工作紧密融合。"对学校加强铸牢中华民族共同体意识教育作出具体要求。高校思政课承担着立德树人的根本任务，是解决"培养什么人、为谁培养人、怎样培养人"这一问题的有效途径，是在青年学生中铸牢中华民族共同体意识的有效载体。将铸牢中华民族共同体意识融入高校思政教学，积极培养一批又一批堪当民族复兴重任的时代新人，是新时代赋予高校光荣而伟大的历史使命。

目的明确，高度重视。湖南各高校积极将铸牢中华民族共同体意识融入高校思政课教学。如湖南科技大学采取"融入式"课程设置方式，将马克思主义民族观、党和国家的民族理论政策法规和民族团结的重要性有机融入"马克思主义基本原理""中国近现代史纲要""毛泽东思想和中国特色社会主义理论体系概论""思想道德修养与法律基础"等有关章节中，重点加强"123456"的教育[①]，把中华民族共同体意识培育贯穿课程建设和课程标准修订全过程，不断增强各族师生对马克思主义民族理论学科体系、学术体系、话语体系的关注和自信。

此外，教务处专门开设"中华民族精神"全校选修课，该课程系统阐明中华民族精神孕育、发展、丰富和完善的历程和时代特征，教育引导大学生深刻认识中华民族精神既是中国人民的特质、禀赋和独特的历史文化基因铸就的，是中华民族在长期奋斗和融合发展中形成的，也是中国共产党领导中国人民在革命、建设、改革的伟大历程中培育、继承、发展起来的，是推动中国发展进步的强大精神动力。

回顾总结湖南各高校的教学实践，其高校思政课教学铸牢中华民族共同体意识的基本经验如下：

在"习近平新时代中国特色社会主义思想概论"教学中，要讲清楚总体国家安全观和党的最新民族政策，增强大学生对中国共产党的理论与领导、

---

① 参见谢丹桔：《新时代非民族高校深入开展民族团结教育工作探究——以湖南科技大学为例》，《当代教育理论与实践》2023年第2期。

中国特色民族政策与民族工作、各民族共命运、实现中华民族伟大复兴的认同感。

在"马克思主义基本原理"的教学中，结合马克思主义的基本立场、观点和方法，开展铸牢中华民族共同体意识教育。比如，在讲解"社会存在与社会意识"的关系时，以中华民族共同体建设与铸牢中华民族共同体意识的辩证关系为例，深入阐释存在决定意识以及意识对存在的反作用。在课堂教学中，引导学生用辩证唯物主义和历史唯物主义的世界观和方法论，全面认识党的民族工作取得的历史成就，从中深入理解"实事求是是中国共产党思想路线的核心""实践与认识的辩证运动""人民群众是历史的创造者"等内容。

在"中国近现代史纲要"的教学中，结合讲述中国近现代史，引导学生树立正确的中华民族历史观；讲清楚中国近现代解决民族问题的进程深刻揭示了中华民族与中国各民族的辩证关系[①]；讲清楚鸦片战争后反抗外来侵略和解决民族危机激发了中华民族意识的空前觉醒，在共御外侮的血泪史中，中华民族实现了从"自在的民族实体"到"自觉的民族实体"的转变，从而让学生从根本上树立起中华民族是"实"而非"虚"的历史观和文化观。湖南工商大学一位老师在课程内容设计中，清晰阐明了近代以来各阶级对救亡图存的探索，从洋务派的器物救国到维新派、革命派的制度救国，从民族资产阶级的实业救国到新文化运动的文化救国，最终中国共产党领导团结各族人民，历经抗日战争、解放战争，夺取了全国政权，建立了中华人民共和国，才探索出一条适合中国国情的社会主义道路。

在"毛泽东思想和中国特色社会主义理论体系概论"的教学中，紧密联系我国解决民族问题的宝贵历史经验，讲清楚新中国成立后党确立了以民族平等、民族团结、民族区域自治、各民族共同繁荣为主要内容的民族政策和民族理论基本框架；讲清楚习近平总书记关于加强和改进民族工作的重要思想是一个科学理论体系，实现了马克思主义民族理论中国化在新时代的历史性飞跃。让学生了解中国共产党百年来与时俱进铸牢中华民族共同体意识的

---

① 参见费孝通主编：《中华民族多元一体格局》，中央民族大学出版社2018年版，第297页。

新篇章，增强对中华民族共同体的历史自觉和理论自信。①

"思想道德修养与法律基础"的教学，注重引导学生提升思想道德素质和法治素养，努力成为堪当中华民族伟大复兴重任的时代新人。在讲解"价值观"时，充分阐释以社会主义核心价值观为引领，各民族文化要与主流价值观相适应，构筑中华民族共有精神家园；讲解"民族团结"时，以大量生动事例，引导学生牢固树立休戚与共、荣辱与共、生死与共、命运与共的共同体理念；讲解"依法治国"时，讲明白建立法治国家、法治政府、法治社会三者之间的关系，讲明依法治理民族事务、法律面前人人平等，使学生牢固树立国家意识、公民意识、法治意识。

讲解"形势与政策"时，联系世界百年未有之大变局和国内外环境更加严峻与不确定带来的困难，讲清新长征路上的目标与志气，引导学生牢固树立国家后备军的政治责任感，坚决维护祖国统一和民族团结，旗帜鲜明反对分裂国家的图谋、破坏民族团结的言行，学深悟透党的创新理论，坚定实现中华民族伟大复兴的信心和决心。

二、课程思政

高校铸牢中华民族共同体意识教育是一个系统工程，思政课程和课程思政要共同发力。专业课是高校学生学习专业知识的主要课程，课程门类多，上课时间长，上课教师多。专业课教师也要积极参与，与思政教师形成互补，共同推进铸牢中华民族共同体意识教育工作的开展。

湖南高校积极利用课程思政铸牢中华民族共同体意识，并积累了新鲜经验。湖南科技大学教务处统筹人文学院、马克思主义学院、艺术学院、建筑设计学院等开设34门民族政策理论相关课程。如民族问题研究、民族学概论、中国建筑与民族文化、民族工艺与设计、民族传统体育、民族民间舞蹈基础、印度民族民间舞蹈、民族民间歌曲演唱与赏析等。②

①　参见中共中央统一战线工作部、国家民族事务委员会编：《中央民族工作会议精神学习辅导读本》，民族出版社2022年版，第176页。
②　参见谢丹桔：《新时代非民族高校深入开展民族团结教育工作探究——以湖南科技大学为例》，《当代教育理论与实践》2023年第2期。

中南大学创办"56度中南"民族文化小课堂,以民族团结进步创建特色项目立项方式,借力学院学科专业优势资源开设诗词、书画、国学、民族舞等课程,培养学生体悟各民族文化丰富之美的鉴赏力,供给中华民族共同体意识认知的文化养料。

音乐课程思政方面,民族音乐承载着民族文化和民族精神,承担着引导人们的行为规范与交流协作的使命。高校是传承民族音乐文化的空间载体和基地,可利用民族音乐课程铸牢大学生中华民族共同体意识。现在已有相当部分湖南高校将区域民俗、民族音乐等地方特色文化纳入高校教育体系,为民族音乐提供展演空间和场地,建设了一大批卓有成效的民族音乐教育传承示范基地。如中南大学曾在学校多次开展民族音乐进校园活动,将学校作为民族音乐传承的公共文化空间,邀请湖南民族乐团在高校开办系列民族音乐专场演唱会。吉首大学音乐舞蹈学院率先建立民族音乐云数据库,以湘西州国家级非遗音乐舞蹈和省级非遗音乐舞蹈资源为基础,用数据库的方式存储、展示民族音乐风采。在湖南有大量民族音乐需要突破传统空间的束缚走向更多受众,从而摆脱民族音乐传承断裂的困境,湖南师范大学以"中国南方少数民族音乐文化研究中心"为民族音乐保护传承基地,大量走访常德、湘西、湘南等地,为土家族、苗族和瑶族民族音乐传承提供了新的载体。

体育课程思政方面,湖南高校结合自身实际情况,利用少数民族特色优势,将民族特色融入教学内容和教学方法。例如在体育课中加入少数民族传统体育项目,或利用课外活动时间开展少数民族传统体育活动等。通过开展大学生喜闻乐见的文体活动,帮助大学生群体了解中华民族优秀文化。开展形式多样的民族特色体育运动项目,促进大学生之间相互了解与学习。高校可以"校园体育节"和"少数民族运动会"等赛事活动为契机,让学生们互相切磋技艺、增进友谊,以促进各民族同胞间的交往交流交融。这是高校将中华民族共同体意识融入大学生日常学习生活中的重要途径。

将高校作为民族传统体育研学基地,将少数民族传统体育项目作为高校的特色课程,让大学生群体参与到民族传统体育活动中来。在打造民族传统体育研学基地的过程中,高校应充分发挥自身资源优势,让大学生通过研学基地来了解各民族优秀文化、体验各民族不同的风俗习惯,加深他们对中华民族共同体意识的理解和认同，也能拓宽大学生视野、丰富大学生知识储备。

三、运用新媒体、书屋、文化墙宣传中华民族共同体

除了课程，湖南各高校还运用新媒体、书屋、文化墙等载体宣传中华民族共同体，使大学生通过了解中华民族历史文化、民族理论与政策等，进一步铸牢中华民族共同体意识。

近年来，新媒体在高校教育宣传中被广泛应用。新媒体集声音、图像、文字于一体，既方便快捷，又简单时尚，深受广大高校学生的青睐。新媒体的普及使得大学生在校园内就能收到外界信息，为大学生的成长成才提供了新契机。目前，新媒体已成为高校铸牢中华民族共同体意识的重要手段之一，有助于开展民族团结教育工作。

湖南高校积极利用新媒体铸牢大学生中华民族共同体意识。如中南大学创设了湖南省高校网络文化精品项目"56度中南"新媒体工作室，依托微信平台，创立"习语润心""铸牢共同体意识""民族文化""民族政策法规""党史国情""民族典型人物"等栏目，创作"一个新疆大学生的亲身经历告诉你新疆到底安不安全"等正能量原创微视频、微图文800余部/篇，将充满正能量的好作品送到学生身边，持续引领学生树立正确"五观"、增强新时代使命担当。其中，为献礼新中国成立70周年和建党100周年精心制作的两部微视频作品《各族师生共唱〈我和我的祖国〉》《唱支山歌给党听》，受到人民网、国家民委官微、高校思政网等推介，播放量超600万，引起良好社会反响。

湖南大学创设了"千年学府石榴籽"官方微信公众号。公众号致力于铸牢中华民族共同体意识，增强民族团结、促进民族融合，为少数民族学生在校的学习、生活、就业提供便利，培养出更多优秀的少数民族人才。公众号定期推送民族团结进步教育知识、民族文化知识、民族政策法规、习近平总书记重要讲话，宣传优秀典型、优秀校友采访，开展少数民族学生学业指导，就业指南等内容。

湖南工商大学打造了"红石榴书屋"，书屋以习近平总书记重要讲话精

神为指导思想，结合"红石榴"概念元素，运用现代主义的造型语言，高举民族团结旗帜，把坚持和发扬各民族心连心、手拉手的好传统，积极引导宗教与社会主义社会相适应的精神融入空间设计中，营造出"红石榴书屋"的民族团结文化氛围。书屋内有文化墙、宣传画，展示了习近平总书记关于铸牢中华民族共同体意识的金句。

湖南科技大学打造了"南门文化墙"，突出展现了各民族共享中华文化的符号和中华民族形象：有弦歌铮鸣、儒学教化的千年文庙，有挺进碧海深蓝、刷新世界纪录的国之重器"海牛Ⅱ号"，还有和谐共处、载歌载舞的56个民族群像，体现了博大精深的优秀传统文化、奋发向上的革命文化、继往开来的社会主义先进文化。学校旨在发挥文化墙的"特殊课堂"作用，启迪思想、温润心灵、陶冶情操、涵养品行，厚植师生家国情怀，画好民族团结进步同心圆。学校把"一墙""一湖""一园"的建设工作纳入本校"十四五"规划。目前"文化墙""石榴园"已建成，"同心湖"正在建设中。

第二节　开展铸牢中华民族共同体意识活动

开展各种行之有效的活动是湖南高校铸牢大学生中华民族共同体意识的重要途径之一。参观红色基地、支教等社会实践以及丰富多彩的校园活动，有助于促进各民族学生交往交流交融，铸牢大学生中华民族共同体意识。

一、参观红色教育基地

红色文化资源蕴含着中华民族团结奋斗的精神密码、中华民族伟大复兴的伟大智慧和中华民族繁荣发展的前进力量。要用红色文化培根铸魂，把红色基因传承好，让中华民族共同体意识根植心灵深处。要读懂红色文化"精神密码"，在传承红色基因中汲取奋进力量。要在提升教育效果中铸牢中华民族共同体意识，增进"五个认同"，助力各民族交往交流交融。要创新传播方式，推动红色文化资源融入铸牢中华民族共同体意识教育，开展有吸引力的新媒体传播，开发有吸引力的文创产品。要教育引导到位，完善分众分层教育机制。要提升人文素养，确保红色文化资源融入铸牢中华民族共同体意识教育。

湖南红色资源非常丰富。湖南境内的党史资源亦即红色文化资源存量丰富，就种类而言有两类：一类是红色遗址，包括革命事件、革命活动的遗址，如长沙新民学会旧址、清水塘中共湘区委员会旧址、湖南自修大学旧址（船山学社旧址）；名人故居，如毛泽东、刘少奇、任弼时等领袖人物的故居。另一类是纪念性场所，主要包括湖南党史陈列馆、毛泽东纪念馆、刘少奇纪念馆、秋收起义文家市会师纪念馆、平江起义纪念馆、湘南年关暴动指挥部旧址纪念馆、湘鄂川黔革命根据地纪念馆、芷江受降旧址和纪念馆、飞虎队纪念馆等。

湖南各高校积极利用湖南的红色资源，组织学生参观红色基地。如中南学子组织学生赴韶山、宁乡红色教育基地参观，湖南大学在民族团结教育月组织"三走、三读、三讲"系列活动、开展革命教育基地主题实践活动，通过走访长沙红色地标，了解老一辈无产阶级革命家的成长历程和丰功伟绩，以及他们的伟大人格、崇高精神和革命事迹，对学生进行爱国主义教育，有利于传承中华民族先进文化，增强"五个认同"，促进各民族大团结。

为深入学习贯彻党的二十大精神和中央民族工作会议精神，有形有感有效加强铸牢中华民族共同体意识，引导学生不断增进"五个认同"、牢固树立"四个与共"的共同体理念，丰富少数民族学生文化生活，使其接受红色教育基地洗礼，中南大学组织新疆、西藏籍学生赴韶山参观学习。通过参观毛泽东故居中朴素的土坯房、修补焊接的家具陈列，了解毛泽东勤俭朴素与廉洁奉公的作风。通过瞻仰铜像、摘帽鞠躬敬礼、敬献花篮，表达对毛泽东深切的缅怀和崇高的敬意。通过参观纪念馆，了解毛泽东艰苦奋斗、自强不息的革命精神。通过走进宁乡刘少奇故里花明楼，了解刘少奇兢兢业业、以"人民勤务员"自勉、一生践行共产主义事业的意义。

学生们参观了湖南自修大学旧址（船山学社旧址）和萧劲光故居。湖南自修大学是中国共产党第一所培养干部的学校，被湖南人民誉为"革命策源地"，为党培养了一批革命干部，毛泽东、何叔衡、李达、李维汉、夏曦、夏明翰等曾在此学习和教书。学生们对湖南自修大学采取自学为主，兼以共同研究、教师辅导的教学方法感触很深，并表示在今后的学习生涯中加强自我学习，扎实掌握科学知识，以便将来更好地回馈祖国，建设祖国。参观第二站是开国十大将军之一、首任海军司令员萧劲光的故居。故居内萧劲光的多幅珍贵照片和生前使用过的遗物生动再现了他不平凡的一生。参观萧劲光的革命事迹图片和文物展览，学习体会萧劲光大将"不忘初心、坚持奋斗"的坚定革命理想信念。通过讲解员的讲解，学生们还了解到："萧劲光将军曾经是一位'旱鸭子'，一点也不懂海军，但国家和人民需要他，于是就克服困难，重新学习。"大家在感受到先辈的伟大人格魅力的同时，深刻体会到社会和谐、国家富强的美好生活来之不易。

在新民学会成立旧址，同学们在讲解员的带领下参观了蔡和森故居、新民学会旧址以及建党先声——新民学会史实陈列，追随伟人初心，感悟新民情怀，学习革命精神。参观结束后，法学院美丽努尔同学结合新民学会的历史给大家上了一堂精彩的"移动"党课，把党课搬进革命教育基地，采用"身临其境"的形式进行现场教学，使少数民族学生牢记党的历史，缅怀革命先烈，坚定理想信念，增强担当精神。分享会上，同学们进行激烈的知识抢答赛，进一步加深了对新民学会历史的了解。信息院穆拉迪力·吾斯曼，土木院次旺欧珠，法学院迪里胡玛·阿力木、拉姆石确等同学纷纷交流、分享自己的参观心得。走革命教育基地主题实践活动，进一步增强了少数民族学生的"五个认同"意识，加强了他们对革命精神和红色精神的了解，促进了各民族同学交往交流交融。

在湖南省立第一师范学校旧址，在讲解员的带领下，同学们依次参观了反映青年毛泽东在湖南省立第一师范求学、任教及从事建党、建团等革命活动史实的6个基本陈列展厅。第八班教室、自习室、阅报室、寝室、水井、工人夜学这些曾在电视剧《恰同学少年》中出现过的实景，生动再现了青年毛泽东对知识的渴望、对社会的关切以及对理想的追求。通过参观，同学们了解了毛泽东在学校期间的思想成长过程，切身感受到"一师"浓厚的学习氛围和前辈们的革命精神，增强了大学生的时代使命感。参观结束后，三位优秀学生代表分享了自己的学习心得与经验，再次展现了"恰同学少年，风华正茂”的家国情怀。随后进行了知识抢答和参观心得分享，外国语学院波她古孜、信息科学与工程学院阿尔曼等同学分享了自己的参观心得。活动结束后，同学们表示此次参观收获很大。此次活动不仅增强了同学们的政治责任感，强化了爱国爱党观念，同时使同学们认识到在面对艰难困苦时，只有始终保持乐观自信的人生态度，才能用青春书写无愧于时代、无愧于历史的华彩篇章。

二、开展系列社会实践活动

社会实践活动，可以帮助大学生体验、了解民族地区风土人情、经济社会发展的情况等，可增强其维护民族团结进步的主动性和积极性，进一步增强"中华民族是一家"的共同体意识。

2022年暑期，中南大学"56度中南"工作室组织了由16名老师带队，200余名各族学生组成的"56度中南民族团结实践团"，赴新疆、西藏11个县、市开展系列实践活动，促进学生间交往交流交融，进一步铸牢中华民族共同体意识。实践活动包括支教、宣讲、实地调研并撰写调研报告、战"疫"志愿服务等。

支教活动。为丰富边疆地区学生的文化生活，提高综合素质，实践团成员在新疆沙湾市、喀什伽师县，西藏拉萨市娘热乡等地开展支教，累计支教时长288小时，300余名青少年受益。第一，在"趣味"上做"加法"。无论是传统文化课还是艺术鉴赏课，实践团成员把课堂变成了欢乐的海洋，提升了小朋友们的学习兴趣。实践团在物理实验教学中采用"游戏+讲授"的模式，在美术绘画课中带引小朋友们发挥想象、尽情畅玩，开展户外写生、趣味运动会等活动，让小朋友们亲近自然、了解自然，提高身体素质促进其全面发展。第二，在课业上做"减法"。实践团成员科学设计课程，减少死记硬背、填鸭式教学、题海战术等应试教育方式，引导学生主动学习，积极思考。成员们用课余时间开设国学经典课程，通过国风讲演、诵读国学经典名篇、观看国学动画视频等方式，提高小朋友们的国学素养，提升语文成绩。第三，在信念上做"乘法"。为加强小朋友们的理想信念教育，实践团成员将红色文化融入声乐教育、电影鉴赏、演讲朗诵等课程，打造形式多样的红色教育课堂。组织学生参观当地红色博物馆，让各族小朋友真正懂得民族团结是我国各族人民的生命线，在心中播撒爱党爱国的种子。第四，在解惑上做"除法"。实践团成员前往学校、社区开展"我们的内地生活"宣讲活动，将46名新疆、西藏籍校友在祖国各地绽放青春的故事，以及自己在内地学习生活的经历讲给各民族小朋友听，激发了他们对未来生活的向往。

宣讲活动。为宣传党和国家的民族政策，实践团成员深入新疆、西藏各地，参观新疆金禾富红色记忆博物馆等爱国主义教育基地7处，开展15场线上线下民族团结政策宣讲，努力做民族团结进步事业的践行者。实践团成员采取线上线下结合的形式，在新疆伊犁州、西藏昌都等地进社区、进乡村，宣讲与百姓生活密切相关的政策。成员们生动形象的"双语讲解"，把党和国家的温暖关怀送到了百姓的心坎上。在盐井纳西民族乡工作的扎西说道："感谢政府，这些年出台了很多推动发展的好政策，相信我们的生活会越来越好。"在新疆喀什地区，实践团成员把一个个生动可感的基层故事与党的百年奋斗史相联系，力求用"小课堂"的形式讲好党史"大故事"，让各族群众从故事中体味红色精神，感悟红色历史的厚重与内蕴。在宣讲中，实践团成员不忘普及医疗卫生安全健康知识。在西藏拉萨、新疆克拉玛依市和库车市，他们贴近当地居民实际需求，因地制宜地开展视力保护、"海姆立克"急救法等医学知识科普活动。在拉萨市龙王潭公园，实践团成员设立双语医疗志愿服务点，为当地老人测量血压，赠送急救医疗物资。一位年过七旬的措姆老奶奶感动地说："孩子们，谢谢你们！希望你们好好学习，未来当个有用的人。"

实地调研并撰写调研报告。2022年7月，习近平总书记到新疆考察，先后在乌鲁木齐、石河子、吐鲁番等地调研，为建设团结和谐、繁荣富裕、文明进步、安居乐业、生态良好的美好新疆指明了方向。实践团成员循着习近平总书记的足迹，在新疆各地进行了关于社区工作、文化传承、乡村振兴等方面的实地调研，参观特色产业基地16处，调研覆盖1322人，形成8篇深度专题调研报告。实践团成员深入乌鲁木齐市、阿图什市的大街小巷，充分了解当地的发展历史和现状，深刻感悟新疆各民族灿烂的文化与各民族交往交流交融的悠久历史。成员们深深体会到，新时代要完成中华民族伟大复兴的历史使命，必须构筑中华民族共有精神家园，使各民族人心归聚、精神相依，形成人心凝聚、团结奋进的磅礴力量。

和谐社会的基础在社区，百姓真实生活写照也在社区。实践团成员在乌鲁木齐县、伽师县等地对社区内的居民进行调查走访，聆听大家讲述自己生活发生的变化，并采访慰问在条件艰苦地区工作的一线干部。发展特色产业是实现边疆乡村振兴的重要支撑。实践团成员在新疆伊犁州新源县、特克斯县，西藏昌都市等地考察当地特色传统文化传承情况，深刻领悟要正确把握中华文化和各民族文化的关系，让中华民族共同体牢不可破。实践团成员在新疆和田雅瓦乡调研，在西藏芒康县走访当地企业，深刻体悟到乡村振兴战略的实施全面增强了农村地区可持续发展能力，缩小了城乡差距，当地居民生活幸福感、获得感显著增强。

湖南科技大学于2008年9月成立了木槿感恩支教团，十年如一日，始终秉持着"用最初的心，做最远的事"的核心理念，坚持义务支教公益事业，创新支教形式，助力地区中小学教育发展，从成立至今该社团已先后在湖南、贵州、广西、青海、甘肃、山西、河南等地的少数民族贫困地区30余所中小学开展暑期公益支教活动，累计开展志愿服务50000小时，义务教育帮扶对象6000余人。志愿者们像木槿花一样"温柔地坚持"支教这一项公益事业，支援贫困地区中小学教育，搭建起了大学生志愿服务与实践平台，把木槿花坚韧、质朴、永恒的精神传递给少数民族贫困地区的孩子们，帮助他们点亮梦想之灯。

吉首大学组织学生赴民族地区推广普通话。为进一步落实《国家通用语言文字普及提升工程和推普助力乡村振兴计划实施方案》，加大民族地区国家通用语言文字推广力度，更好地服务乡村振兴，2022年9月，吉首大学"音舞之声"志愿服务团前往保靖县黄金村开展"推广普通话 喜迎二十大"志愿服务活动。活动中，志愿者举行了语音发音、经典诵读、党史宣讲、红色歌曲传唱等系列教学活动，还有针对性地加入绕口令、手语操等趣味游戏，帮助小朋友们纠正读音，提升说普通话的兴趣，提升普通话水平，引导他们热爱祖国语言，热爱祖国文字，养成说好普通话、写好规范字、用好文明语的良好习惯。此外，志愿者还针对黄金村黄金茶产业发展情况，调研了村干部、村民、茶产业从业人员对普通话的使用情况、使用能力及认知态度等，并进行了现场普及教学，促进普通话在民族地区乡村的运用与推广。

三、校园活动丰富多彩

丰富多彩的校园活动可以促进各民族学生的交往交流交融，进一步铸牢中华民族共同体意识。

吉首大学举办的第三届民族文化艺术节，以"贯彻中央民族工作会议精神，铸牢中华民族共同体意识"为主题，旨在学习、宣传、贯彻中央民族工作会议精神，丰富校园文化生活，传播民族文化，演绎民族风情，发扬民族传统，助力民族团结，厚植家国情怀，增进各民族同学之间交往交流交融，共建相亲相爱的和谐校园，让各民族文化在吉首大学校园里竞相绽放。艺术节包括中央民族工作会议精神宣讲会、吉首大学少数民族优秀学生典型经验交流会、中央民族工作会议精神知识竞赛、民族歌舞会演、民族风情展、游园会等系列。

在中央民族工作会议精神宣讲会暨吉首大学少数民族学生典型经验交流会上，来自湘西土家族苗族自治州民族宗教事务局的理论专家梁世红传达了中央民族工作会议的重要精神，并从历史脉络、核心要义、实践要求等层面进行了宣讲。湖南省2020年"民族团结进步模范个人"荣誉获得者、吉首大学医学院李芳老师说，学校党委高度重视民族团结，把民族团结进步教育放在培养可靠接班人和合格建设者的高度，落实在"立德树人"的根本任务上，努力探索民族团结教育的有效方式，铸牢大学生中华民族共同体意识，让民族团结之花在吉首大学常开长盛。2021年"湖南省首届最美大学生"、吉首大学医学院2017级学生麦麦提图孙·亚力坤（维吾尔族）和2020年湖南省教育工委"战役密码·中国之治"主题微宣讲活动大赛三等奖获得者、吉首大学医学院2018级学生唐浩涵（土家族）结合自身学习实践经历，讲述了对民族团结进步的认识与感受，共同表示只有中华民族全体团结一致，才能实现中华民族的伟大复兴。

在民族歌舞会上，维吾尔族舞蹈《舞之情》、苗歌《你在山那边似彩虹》、藏族舞蹈《踏歌而来》等表演各具特色、精彩纷呈，将现场的气氛推向高潮，给观众演绎了一场视觉、听觉相结合的双重盛宴。

民族风情展在现场共设13个民族展位，各民族同胞推出的特色文化产品与节目，让人目不暇接。维吾尔族学生现场烤起了羊肉串，热情似火的舞蹈带动了现场的气氛，吸引了许多观众；苗族学生的手工艺品令人惊叹，糍粑和腊肉更是让人流连忘返；瑶族学生的十八酿香气扑鼻，引得大家纷纷上前品尝；藏族学生的奶渣、糌粑和青稞酒等食品，尽显民族特色。活动现场人流涌动，气氛活跃。

民族游园会采取闯关制，一共分为5关，同学们通过猜谜语、投掷乒乓球，赢取民族特色小公仔和其他小奖品，在得到奖品的同时也收获了知识。吉首大学民族文化艺术节是学校民族教育环节中重要的品牌活动，用同学们喜闻乐见的方式展现了中华文化的灿烂辉煌和多姿多彩，让同学们在领略各民族文化的同时，能够亲身体验各民族交往交流交融、和睦相处、和谐发展的民族团结氛围。

湖南工业大学根据少数民族学生的特长、特点，开展以彰显民族文化、体现民族特色的丰富多彩的活动。一是以学校为主体，创建了株洲市少数民族合唱团和民族礼仪队，在长株潭"两型社会"建设综合配套改革研究中心揭牌仪式、校庆50周年和60周年典礼、省市委举办的炎帝祭祖、世界包装学年会大会等重大活动中承担迎宾和合唱工作。二是举办了民俗节、民族文化艺术节，以展示各民族的习俗、服饰、歌曲、舞蹈等特色艺术，活跃学生文化生活，增强其民族自信心，如2020年12月校统战部与团委联合举办了民族团结晚会。

湖南科技大学每年定期举办社团文化艺术节、社团之夜、新年文艺晚会等丰富多彩的校园文化活动，有针对性地选取具有民族特色且形式不限的表演节目，传承发展优秀传统文化和少数民族优秀文化。"雪域文化社"等民族特色类学生社团每学期开展社团活动，社团成员定期学习交流西藏少数民族文化，有效加深了各民族学生之间的联系与情谊。另外，搭建少数民族师生交流平台，充分发挥少数民族联谊会的桥梁纽带作用，开展丰富多彩的少数民族文化活动，组织举办民族文化系列讲座、迎新年联谊会等，推动少数民族交流活动常态化，进一步铸牢大学生中华民族共同体意识。如2017年暑假主办潘年英西南民俗摄影作品展，展示了丰富的少数民族生活和文化习俗，摄影展先后在湖南吉首大学、娄底市，以及贵州等多地进行了巡回展示，产生了广泛的社会影响。同时，注重发挥典型引领作用，新疆维族学生沙依热·胡吉艾合买提作为"芳菲之歌"优秀女生报告人，在全省高校作巡回报告，优秀典型事迹得到广大师生一致好评，产生了良好的社会反响。

益阳职业技术学院成立了多民族文化交流协会，定期开展民族体育进校园活动，组织民族舞蹈交流会，开展"舞飞扬"系列文化活动，为各少数民族学生提供沟通交流平台的同时，还为汉族学生提供了解民族文化的机会。学院积极举办或承办各种铸牢中华民族共同体意识活动，如承办益阳市第二届高校少数民族学生联谊会、益阳市"建设伟大祖国 建设美丽家乡"主题演讲比赛。学院积极组织少数民族学生参加各种竞赛。如组织少数民族学生参加全市民族联谊会，在益阳市第三届高校少数民族学生联谊会上，藏族学生达瓦措姆获得优秀奖。如在经典诵读、社团文化艺术节、演讲比赛、知识竞赛等学院活动中，为少数民族学生提供展示的平台。在2020年湖南省大学生"我是答题王"禁毒知识竞赛中，土家族学生王强获一等奖。在湖南省第五届航海知识竞赛中，苗族学生陈文彬获优胜奖。他们充分发挥少数民族学生体育特长，组织参加各类体育竞赛。在学院举办的篮球比赛、足球比赛中，少数民族学生大放光彩。在湖南省第九届少数民族传统体育运动会上，藏族学生扎安泽仁、扎西多加、旦珍旺久、多吉平措、泽巴多吉获得毽球比赛项目团体第二名；藏族学生南色拉贵、陈列达增、次旺占堆获得民族健身操规定动作比赛项目第六名。在湘西自治州2020年全运会上，苗族学生龙吉芬获女子篮球赛第三名。

南华大学举办"端午粽飘香，仲夏民族情"民族团结交流活动。主持人介绍端午节的由来、与屈原有关的历史典故、端午节香囊的相关知识。来自祖国各地的同学分享他们印象中的端午节，王硕同学说："来到南华大学过端午节时，才知道粽子还有咸粽等种类，大开眼界。"少数民族同学表演舞蹈《莺歌燕舞》。师生共同聆听习近平总书记在2019年全国民族团结进步表彰大会上的讲话："我们灿烂的文化是各民族共同创造的。中华文化是各民族文化的集大成。""各族人民亲如一家，是中华民族伟大复兴必定要实现的根本保证。实现中华民族伟大复兴的中国梦，就要以铸牢中华民族共同体意识为主线，把民族团结进步事业作为基础性事业抓紧抓好。"①活动以端午节传递家庭温情、卫护个体生命、追念历史先贤、激扬民族精神为本，在与先贤的对话中，感受伟大爱国诗人人格的高尚，增强中华民族共同体意识与文化使命感，促进各民族师生像石榴籽一样紧紧拥抱在一起，让优良的民族文化传统在现代生活中延续更新。

中南大学56度中南工作室主办"传承非遗文化·共促民族团结"剪纸体验活动。活动围绕献礼党的百年华诞，强化民族团结进步教育，铸牢中华民族共同体意识等核心思想展开。工作室邀请到了湖南省剪纸研究会副会长兼秘书长张询老师讲授剪纸。在学习剪纸团花的过程中，张老师以荷花图案为代表，教授了同学们团花的裁剪方法。剪纸团花作为剪纸的一种布局格式，呈圆形花样、四面均齐。这种装饰格式在剪纸中尤能显示其优异性，由于纸张可折叠，如对角折叠二次、三次、四次不等，便可剪出四面均齐的团花。我国传统的团花剪纸图案代表了圆满，表现团结一心的寓意。活动中，同学们学习剪纸艺术，传承非遗文化，共促民族团结，于实践中感悟剪纸魅力和民族多样文化，在其中体味传统智慧，用自己的手艺表达对中华民族传统艺术的敬仰。活动结尾，所有同学在张老师的带领下，将剪纸作品组合成爱心，象征着各民族团结一心，体现着各族儿女生活幸福圆满，日子红红火火。

此外，各学校还通过积极开展铸牢中华民族共同体意识相关讲座。如湖南科技大学组织了"铸牢中华民族共同体意识"大讲堂，邀请潘年英教授作《人类学视野下的西南民俗图像与地方知识》讲座，黄庆国作《深入学习贯彻中央民族工作会议精神》讲座；吉首大学哈米拉提·买合木提老师为学生宿舍党员工作站的党员们进行"学党史，促团结"铸牢中华民族共同体意识专题讲座。

---

① 习近平：《论坚持人民当家作主》，中央文献出版社2021年版，第283、285页。

第三节　实施帮扶少数民族学生工程

相较汉族大学生，少数民族大学生对于中华民族的政治认同、文化认同、身份认同和价值认同等方面都有待加强。[①]因此，高校铸牢大学生中华民族共同体意识要尤其关注少数民族学生。湖南各高校积极实施帮扶少数民族学生工程，在学业帮扶、经济资助、生活关爱、就业创业帮扶等方面积累了丰富的经验。

一、学业帮扶

少数民族学生大多数来自经济落后的偏远地区，在文化基础和专业技能上相对落后。许多少数民族学生由于家庭经济等限制，失去了很多学习机会，特别是实践性的科目比汉族学生差，如计算机操作、英语听力、普通话、乐器演奏等。针对这一情况，湖南各高校制订并实施了有效的帮扶计划，以帮助少数民族学生突破学习瓶颈。

中南大学成立了56度中南朋辈互助荟，招募以优秀学生党员为骨干的多民族学生义工团队，重点对新疆、西藏籍少数民族学生开展多形式精准化思想引领、学业指导、能力提升、生活助力等全方位帮扶。主要开展的工作有学业辅导、带队引领、学业与职业规划等，从而促进各民族学生交往交流交融，推进新疆西藏籍民族学生及少数民族预科生的学风、学业建设。志愿者分为数学组、英语组、物理组、化学组，辅导对应科目课程、参与直播或录播课。每名志愿者对接两名新疆、西藏籍少数民族同学，帮助其成长，建立"革命友谊"，开展"共前行"活动。

湖南大学对知识基础薄弱的少数民族学生实行特殊考核政策，并开设英语小班教学，学校要求上大课的课程，任课教师要对少数民族学生给予重点

[①]　参见彭尚源：《少数民族大学生的中华民族共同体意识培育途径研究》，《民族学刊》2020年第1期。

辅导。2021年，学生工作部、全体少数民族学生专职辅导员组织了湖南大学"新曦计划学业提升辅导班"。学业提升辅导班开设了数学类（高等数学、线性代数）、普通物理、计算机（C++、paython）等5门难度相对较高的课程。课程由数学院、物电院、信息院等学院的优秀研究生进行授课；通过讲解相关课程的重点、难点，帮助学业困难的学生提高学习成绩，促进各民族学生交往交流交融。另外，考虑到部分少数民族学生家庭贫困的现实，通过建立绿色通道、发放爱心大礼包、奖助学金指标单列、学费减免等方式给予特殊帮助。

湖南工业大学制订"额外培养方案"，即任课教师量身定做教案、给予重点辅导；安排成绩优秀学生与少数民族学生结对子，进行"一对一"的帮助。

高校应当积极帮助少数民族学生，不能因为他们基础不好就降低要求，而要寻求一个恰当的培养基点，帮助他们找到自信心。在技能帮扶中，要鼓励学生充分利用学院的学习资源和人文环境，安排专业优秀的同学为其补课，安排教师帮他们找到学习中存在的问题，给予具体可行的指导提升建议，并监督他们去执行。让他们明白自己是被平等相待的，他们取得的成绩，不是因为他们所在地区的特殊性得到的，而是通过他们自己的努力获得的。只要他们加倍努力，改善知识结构，提升各方面的本领，就会找到自身优势，从而树立自信心。

二、经济资助

鉴于少数民族学生多半来自偏远牧区、山区，家庭经济比较困难，湖南各高校在减免学费、国家助学金、奖学金、困难补助等评定上，向少数民族学生倾斜，以减轻他们的经济压力。

湖南民族职业学院已经初步形成一套奖、贷、勤、助、补和新生入学"绿色通道"等家庭经济困难学生资助体系。基于少数民族学生家庭普遍贫困、文化课成绩基础薄弱的现实原因，在有文化课成绩要求的国家奖学金、励志奖学金、学院奖学金的评比中，对少数民族学生会有限制，通过这个渠道得到国家、学院资助的概率要比汉族学生低。比如，2016年国家奖助学金评比中，全院8850名高职学生中，享受国家资助政策的学生共2058人，资助比例为23.25%。其中汉族受助学生1684人，汉族学生占全体受助学生的81.82%；少数民族受助学生374人，只占全体受助学生的18.17%，比汉族学生低了63.65%。为了解决少数民族学生的实际经济问题，学院在生活补助、学费减免等方面向少数民族学生加大倾斜力度。针对西部少数民族学生来内地的饮食习惯不适应问题，建立民族食堂，给予适当的生活补助。针对少数民族学生需要兼职的问题，学院主动联系用人单位，提供合适的岗位。针对少数民族学生意外疾病的问题，组织各种捐助活动，筹备善款助其渡过难关。逢少数民族的特殊节日，给予慰问、发放慰问金等。加大资助力度，奠定少数民族家庭经济困难学生和谐发展的物质基础。

表7　湖南民族职业学院2014—2016年新疆少数民族学生资助情况统计表

年度/总人数			2014年	2015年	2016年
资助类别	生活资助	受助金额（元）	13160	12222	17476
		受助人数	20	21	18
		受助比例	100%	100%	100%
	资助学金	受助金额（元）	27000	15300	55000
		受助人数	7	7	15
		受助比例	35%	33%	83%
	国家援疆资金（2016年启动）	受助金额（元）	6000		
		受助比例	100%		

由上表可见，2014—2016年，湖南民族职业学院的全体新疆少数民族学生都享受了国家生活补助。2016年国家援疆资金启动，新疆少数民族学生享受每年6000元的国家生活补助，这个办法的实施，使新疆籍的少数民

族学生生活得到了很大改善。^①

在益阳市职业技术学院，少数民族学生除了享受国家给予的减免学费政策以外，在国家助学金、奖学金、困难补助等评定上，同等条件下也获得优先照顾。近年来先后有土家族学生唐植明、苗族学生唐海伦、杨冬菊等获得国家奖学金；土家族学生田大、侗族学生谌胤江、杨阳等获得国家励志奖学金。

一段时期内湖南工业大学少数民族学生达3972人，其中家庭经济困难者有1363人。学校实行资助倾斜政策，划拨专项资金用于少数民族学生路费和生活补助、重大节日庆祝经费等，"奖、贷、助、补、免"一体化资助体系全面覆盖家庭经济困难民族学生。如开展民族学生"金秋助学""春季助学"活动，给予每人2000—3000元的资助，资助金额从4万元逐年增长到10万元。2022年，湖南工业大学举行了第八届少数民族企业捐资助学活动，30名品学兼优的在读少数民族家困生每人获得2000元的助学金。^②这减轻了他们的家庭经济负担，能让其更加安心、专心地学习。

湖南科技大学开通新生入学"绿色通道"，设置勤工助学岗位，每年为少数民族学生发放困难和特殊困难补助等6万元以上，为在校新疆和西藏籍特困毕业生和新生减免、缓交学费近20万元，帮助家庭经济困难的少数民族学生减轻学费压力。

三、生活关爱

关注少数民族学生心理健康成长。少数民族学生因远离家乡，生活习惯不适应，学习基础薄弱，家庭经济困难，贫富悬殊差距大等，部分少数民族学生存在自卑、封闭、敏感等心理倾向。

吉首大学民族预科教育学院实行"一对一"精准帮扶项目。安排专门辅导员跟少数民族学生进行"一对一"交流，交流内容主要包括学生的家庭情

---

① 参见罗春桃：《少数民族高职学生资助服务体系的优化——以湖南民族职业学院为例》，《焦作大学学报》2017年第2期。
② 参见谭筱、孙慧：《湖南工大30名少数民族学生获爱心资助》，《株洲晚报》2022年5月25日。

况、在校学习和生活情况。

通过"一对一"交流，让少数民族学生切身感到学校的关爱，让其对生活更加积极，对学习更加热情，对国家心怀感恩。

湖南科技大学采取的措施有：第一，开设生活关爱通道。尊重少数民族学生饮食习惯，开设清真"三食"专门窗口。第二，开通成长进步通道。加强少数民族学生思想政治教育，选聘少数民族辅导员1名，专职专岗开展少数民族学生管理服务育人工作；细化少数民族学生心理关怀辅导，近三年来为少数民族学生提供了近400人次个体心理咨询和100余场次的团体辅导，学生满意度达93.26%。第三，积极帮扶少数民族学生克服文化、语言差异难适应等问题。学校分别制定专项帮扶方案，将"一对一帮扶"和"团体帮扶"相结合，营造良好的学习交流环境，提高少数民族学生的学习积极性。

益阳市职业技术学院选派院党委委员、副院长潘访华前往新疆少数民族地区深入调研，扎根边疆进行为期两年的扶贫工作，选聘了一名西藏籍优秀辅导员边觉到生物与信息工程系对口管理西藏学生。学院还特别关注少数民族学生心理健康，学院心理健康中心定期组织专门的团体辅导和心理沙龙活动，充分重视其心理动态，进行专题研究，及时为他们提供心理疏导和健康教育。

中南大学构建"阳光成长"心理健康辅导体系，打造心理能量加油站，实现少数民族学生针对性心理团体辅导、素质拓展全覆盖，积极供给发展型个性化心理咨询服务，在心灵的共同成长历程中感悟守望相助的无限愉悦。

湖南大学开展调研走访活动。为深入了解学校新疆籍少数民族学生生活以及家庭情况，全方位提升少数民族学生培养质量，党委学生工作部、招生与就业指导处、学院老师以及内派教师组成的走访组开展在新疆南疆11个县、市开展调研和走访活动。活动包括深入家庭与家长和学生座谈、进入社区了解学生参与发声亮剑活动情况、与优秀校友代表座谈等多种形式。在学生家庭，走访组老师们向家长们全面介绍学生在校表现情况以及学校有关学业、资助、就业方面的政策，同时向家长们详细了解家庭存在的困难、家庭基本情况以及对孩子成长成才的期盼等，并向学生了解暑期发声亮剑活动情况。走访组鼓励家长和学生克服当前困难，学好专业知识并努力提升综合素质，让学生立志成长成才。在当地社区，走访组与社区工作人员进行沟通，对学生在暑期期间在社区的志愿服务表现、发声亮剑活动参与情况以及在社区的反响进行详细了解，并向工作人员介绍学生在校的一些基本情况，也鼓励学生多参加社区实践活动、社区志愿服务活动以奉献社会，提升自己。通过此次走访和座谈，学校深入了解了少数民族学生的家庭和生活情况，密切了家校联系，切实增强了学校新疆籍少数民族学生教育管理服务工作的针对性、实效性。

湖南工业大学也采取了多种关爱少数民族学生的措施。如专门开设心理咨询室和心理健康教育课程。每年12月底，学校都会通过"寒冬送温暖"系列活动为家庭经济困难少数民族学生送去棉衣棉被、慰问金和家校间的往返路费。专设两个民族团结食堂，在中秋节、春节等传统节日以及"三月三""四月八"等少数民族节日，校领导通过座谈会、茶话会和联欢会等形式与民族学生共度佳节。MHK之时，学校组织民族学生统一报名、培训，安排专人送考、陪考。校领导带队，远赴新疆看望和慰问在疆毕业生，关注他们的思想动态，关心他们的生活和工作，并尽力帮他们解决工作生活中的实际困难，为毕业生在疆安心稳定工作付出努力。

湖南民族职业学院罗春桃老师指出，由于长期的家庭境况的影响，有些少数民族学生不能正视自己的贫困现状，往往表现出情绪低落、孤僻沉默、意志消沉等问题。为此，在少数民族资助服务工作中，要重视学生的心理健康辅导工作，提高少数民族家庭经济困难学生的适应能力。第一，建立少数民族学生档案，密切跟踪学生，观察他们的心理变化。对有心理问题的少数民族学生，要进行及时的心理疏导；对心理问题特别严重的少数民族学生，要安排专职心理老师重点跟踪疏导，给予具体可行的指导和及时的鼓励。可安排性格开朗、热心助人的同族同学，帮助其度过情绪低落的时期，帮助其结交更多的朋友。第二，鼓励少数民族学生主动寻求帮助。教会少数民族学生必要的心理调适方法和心理卫生保健知识，如合理化宣泄、自我接纳、自我排解、保持良好的心态等，采取有力的措施，预防和矫治少数民族家庭经济困难学生的心理疾病和心理障碍。第三，在经济资助的同时给予人文关怀。不要将家庭经济困难少数民族学生的信息公布，减少他们因被贴上困难学生的标签而形成自卑心理。[①]

四、就业创业帮扶

大学生就业难、就业压力大等问题已成为全社会关注的焦点问题。随着近年来湖南各所高校扩招，很多少数民族学生远离家乡，奔赴湖南求学，少数民族学生的数量逐年增多。少数民族学生作为少数民族地区宝贵的人才资源，做好少数民族毕业生的就业工作对于加速少数民族地区的经济文化建设，铸牢少数民族学生中华民族共同体意识具有重要意义。

中南大学建立了"就业＋创业"相结合的就业指导服务体系，通过每年组织开展新疆、西藏等地区企事业单位人才需求走访调研，每年开设就业能力提升培训班、建立民族学生职业选择优势训练实验室、支持电商扶贫等创业项目、"一对一"精准就业帮扶等措施，让学生在切切实实的收获中深化一家亲的体悟。还通过微信公众号"56度中南"发布新疆、西藏就业信息，如2023年3月29日发布了5个单位的招聘信息，包括新疆理工学院（26人），国家管网集团西部管道有限责任公司（51人），西部黄金股份有限公司（50人），中国移动通信集团新疆有限公司（130人），新疆宝地矿业股份有限公司（11人）。此外，学校还为少数民族学生提供见习文员岗，以帮助其提高就业能力。

湖南科技大学积极拓宽少数民族学生毕业就业渠道。通过提供招聘信息、组织专场招聘会和校友招聘，帮助少数民族学生提高求职成功率，学校成立了湖南科技大学少数民族毕业生就业创业工作领导小组，加强了对新疆、西藏籍少数民族毕业生就业创业工作的组织和领导。2018年，该校共有12名新疆籍少数民族学生毕业，毕业率达到100%。这12名毕业生当中，2人留在内地在教育培训机构工作，10人选择回家乡，已成为新疆各个行业的骨干力量。[②]

---

① 参见罗春桃:《少数民族高职学生资助服务体系的优化——以湖南民族职业学院为例》,《焦作大学学报》2017年第2期。
② 参见《湖南科技大学突出学校工作特色 让民族团结之花常开长盛》,三湘统战网2019年9月12日。

湖南大学法学院通过召开少数民族学生座谈会，为少数民族同学作就业指导，刘岳峰老师强调面对就业要认真准备、勇于尝试、不断总结，并叮嘱同学们在就业期要留意学院辅导员所作的政策讲解和文件填写指导。郑琼英老师介绍了资助政策，重点讲解了国家励志奖学金的少数民族单列指标与基层就业学费代偿政策，并介绍了往届毕业生的就业经验，鼓励同学们要努力提升自身素质，把握机会不断尝试。

湖南工业大学积极帮助少数民族学生制订职业生涯规划、明确求职目标，就业率稳定在90%以上，如维吾尔族同学依比拉依木·吾斯曼自幼父母双亡，生活艰辛，在校就读期间，学校积极帮助支持他完成学业，并成功应聘就职于中国标签印刷的龙头企业正美集团昆山华冠商标印刷有限公司。

湖南民族职业学院积极做好西藏幼师生岗位实习工作，提高西藏幼师生岗位核心能力。学校结合西藏幼师人才培养方案，对2023届西藏幼师生岗位实习安排进行了充分的调研和周密的部署。西藏幼师生岗位实习既有一般性，又有特殊性。一方面，必须严格按照人才培养的基本要求高质量地完成岗位实习工作；另一方面，要照顾西藏幼师生的文化差异，助力西藏幼师生返藏考取事业编制，顺利走向公办幼儿园教师工作岗位。湖南民族职业学院学前教育学院基于多年的西藏幼师培养经验，遴选和新增了6所有民族教育经验的湖南省民族团结进步模范集体、岳阳市示范幼儿园作为西藏幼师生岗位实习基地，一方面铸牢幼师生中华民族共同体意识，另一方面能结合西藏幼师生的学习特点给予有针对性的实习指导。

后 记

2023年10月27日下午，中共中央政治局就铸牢中华民族共同体意识进行第九次集体学习。习近平总书记在主持学习时强调，党的二十大以后，全国各族人民迈上了以中国式现代化全面推进强国建设、民族复兴伟业的新征程，党的民族工作面临新的形势和任务。全面建成社会主义现代化强国，一个民族也不能少。我们要大力促进各民族共同团结奋斗，为强国建设、民族复兴凝聚磅礴力量；要全面实现各民族共同繁荣发展，让各族人民共享强国建设、民族复兴的伟大荣光。习近平总书记强调，铸牢中华民族共同体意识，就是要引导各族人民牢固树立休戚与共、荣辱与共、生死与共、命运与共的共同体理念。习近平总书记指出，铸牢中华民族共同体意识、推进新时代党的民族工作高质量发展，是全党全国各族人民的共同任务。

2024年9月27日，习近平总书记在全国民族团结进步表彰大会上发表重要讲话强调，我们要全面贯彻新时代中国特色社会主义思想特别是党关于加强和改进民族工作的重要思想，坚持以铸牢中华民族共同体意识为主线，不断推进民族团结进步事业，推动党的民族工作高质量发展。

本书是集体合作的结晶，由湖南省铸牢中华民族共同体意识研究基地之一的湖南工商大学统筹，由基地原主任、湖南工商大学原校长、湖南工程学院党委书记黄昕教授进行框架设计和统稿。具体分工为：第一至四章分别由湘西州委党校李子怡、张永亮、李云、孙沁老师撰写；第五至十章分别由湖南工商大学李坚飞、龙璞、王佩良、杨杨、周文军、黎明老师撰写。

  本书在写作和出版过程中，得到了湖南省民族宗教事务委员会、湘西州委统战部的指导，得到了湖南省相关高校的帮助和支持，同时也广泛听取了高校思政课教师和大学生的意见和建议。尤其要感谢北京联合出版公司的支持，正是你们的无私帮助和耐心沟通，才使我们有了写作和出版本书的信心和勇气。

编 者

2024年10月30日